結網集

一位近代史學者的治史歷程

陳三井作品

代序／做個自求多福的「前浪」

　　社會上或學界過去流行一句耳熟能詳的話，即是「長江後浪推前浪，前浪死在沙灘上」。這句話聽來既傷感又刺耳，多半是「前浪」自我調侃或自我解嘲的話。慢說人生七十才開始，即生、老、病、死也是每個人必經的過程。做為「前浪」的老人，大抵死在病床上居多，應該不可能臨老還上陣殺敵，像加入諾曼地登陸一般有機會枕屍在沙灘上，而是被「後浪」推趕，前進不及終於陣亡吧！

　　西方社會原則上不是個高唱敬老的社會，即使本土社會也已經進化變質到同樣對老人無情、目無尊長的地步。撇開年金的改革、春節敬老慰問金的拒發不提，常見公車上或地鐵上一些壯漢或年輕學子為了迫不及待地滑手機，而旁若無人地霸佔博愛座，並且故作無視老人存在的態度，便讓人心寒不已！因為一旦升格為老人，他的人生多半不再有進賬，而只有掏空付出的時候了。所以，進入高齡銀髮一族的老人，應該知趣、識趣，趁早放下，何況放下或許使世界變寬；其次要捨得，雖有愛也必捐（棄），最好神隱，告別那不再屬於自己而早該告別的舞台，毫不遲疑地把位置留出讓給「新浪」去施展、去表演。這樣不但你的兒女，連你的學生、你的下屬晚輩都將會感激不已！

　　如果你已邁入七老八十，登上耄耋之年，你能夠老而康健，家有老伴；衣食住有老本、老屋；悠遊有錢有閒加上足健；休閒有老友或閨蜜，不必面對殘酷無情的社會，「活得有尊嚴，老得有智慧」，毋寧是人生最大的福報，兒女最大的財富。

　　去年，筆者出了一本《八十文存》，希望「歡歡喜喜，迎接八十」。過了八十，我還需要做個自求多福的老人。我的欲望不高，歸納起來有很卑微的三點：

　　1. 筆者一向不具備「憂國憂民」的偉大情懷，也缺乏一般人道主義者把自己與社會和國家連結起來的力量，而妄想在悲慘的現實世界發光發熱；對於家事、社會事和國事關心而不傷神，能裝聾作啞則儘量保持緘默。何況「江山代有才人出」、「後生可畏，焉

知來者之不如今也？」所以千萬要「服老」，一方面既要看得開，另一方面更要放得下，做一個不令人討厭的「老傢伙」。這是心態上的準備和調適。

2. 老人最忌諱「錢在銀行，人在天堂」。是誰發明這句話：「自己花剩的錢才是遺產」，不必為子女操心過多（最好是不償留子孫），常抱持「該花則花、想吃則吃、能玩則玩」的觀念，若行有餘力，腳力還行的話，不妨多出外旅遊走走，一方面多看看世界之奇與妙，拓寬視野，一方面也遠離俗務之煩，調節自己的身心。

　　筆者為了劍及履及實踐，前年與老妻結伴有了一次北歐五國之行；去年，又再度做了一次西南歐六國的攬勝之旅。對我們這一對老夫婦而言，已算得人生的壯舉了。來年，趁旅行社尚未投下否決票之前，還想有機會再暢遊英倫三島或義大利全境。希望老天保佑！

3. 「活到老、學到老、寫到老」，是筆者努力的目標和服膺的處世原則。「安心變老」、「寬心到老」，了無遺憾！回眸過往，雖然已經出版了專書、論文集、書評和雜著等數十種，對人生沒有留白，但仍覺不夠努力，汗顏不已！所幸每天仍然閱報，讀書如故，筆耕不輟，而且結集成書。希望多用腦、多動腦，讓大腦不停地思索激盪，藉以避免罹患老人失智症。

　　談到出書，永遠是個人樂此不疲的重大事情。特將往日論文集與雜著所未收或遺漏的文稿，重新輸入編排，並把一年來新寫的篇章及時結集，命書名為《結網集》，另加上副標題──「一位近代史學者的治史歷程」付梓。

　　本書計分為四輯，其排序大抵依發表時間先後為原則，茲簡要說明如下：

第一輯　學術又變形：

　　個人並不贊成搞學術研究的人本末倒置，耗費過多的精力和時間分身去撰寫政論性文章，曾於1977年在《中國時報》副刊發表〈學術的變形〉一文公開聲討，引發不小迴響。但個人並不能自外於社會，早年喜讀《中央日報》邱言曦的短論方塊，而於《台灣時報》的「無事不談」專欄亦情有獨鍾，至今拜讀《聯合報》的「黑白集」，仍是每日必修的

功課。因此過去自己不能免俗的刊印了《學術的變形》一本小書，其用意與其說是警世的，毋寧說是自惕的！

　　收在本輯的四十多篇短文，多為《民生報》的「民生論壇」所寫的少作，儘管論點並不週全，文筆也不夠精鍊，不過主要在見證自己一段成長的過程，希望讀者多包涵。

　　第二輯　青史再留痕：

　　年輕時出書，總覺得要找位師長輩寫序美言幾句，以增光彩和份量。職斯之故，筆者在出版《法國漫談》時勞煩過沈雲龍先生，在出版《近代外交史論集》時拜託過雷崧生教授，在出版《現代法國問題論集》時千里迢迢的相煩遠在薩爾瓦多駐節的吳俊才老師。這三位師長對我都愛護有加，至少都一齊伴隨著我成長，一生印象中為拙著寫過序的大概僅此三位。後來，當別人有需要找我寫幾個字時，筆者都義不容辭地儘量滿足對方。無論自己下筆的序、前言或跋，乃至央請長輩賜墨的序，基本上都是平鋪直敘，較少有高屋建瓴的宏遠見解。惟青史留痕，還是有它的一定價值。

　　第三輯　座談兼回憶：

　　筆耕之餘，偶而參加座談或接受口述訪談，所談無非過去一生的點點滴滴，從個人的童年記憶、求學經過、學術探索歷程，乃至某一件史事、某一個單位的人與事，林林總總無所不包。透過個人的或集體的回憶，以建構或補充時代的共同記憶。附帶一提的是，廣東省中山市在胡波先生主持下，有一個訪問兩岸研究孫中山學者的口述訪談計畫，我有幸受邀訪談，此一訪談紀錄已於2016年11月出版。原文長達二萬字，我把它稍做刪節亦收在本輯，以存記憶！

　　第四輯　蜘蛛喜結網：

　　我欣賞蜘蛛於簷下或花間挺立結網所表現的那份毅力，有人形容它有若工程師的嚴肅、藝術家的匠心、企業家的創業精神，所以才能編織出那既細密又精緻的網。人生何嘗不是如此，我們各行各業不是一輩子都在編織各式各樣的網嗎？收在本輯的文稿，有過去完成卻未收入單本成集的，有近一年才寫的新篇，新舊交織，亦猶如蜘蛛結網一般。

　　最後，本書能夠順利付梓，我要特別感謝林弘毅先生的全力配合。他的電腦輸入永遠是既快速而少錯誤的。秀威公司的蔡登山副總編輯和編輯群的愉快合作，同樣值得感念！

陳三井　謹識

2018年2月

目次
CONTENTS

179 ┃ 第三輯　座談兼回憶

第一輯　學術又變形

國小英語教學問題平議

　　國小是否應該教學英語的問題，經過一陣子熱烈討論後，似乎又沉寂下來。教育決策當局面對這個爭議性甚大的問題，迄今沒有進一步明確表示態度，因為一項新決策的實施，往往牽一髮而動全身，在未通盤研究之前，自不能不慎重從事，以免作出輕率的決定。

　　基本上，我們認為這是個仁智互見的問題，很難獲得一致性的看法，其利弊也不是絕對的。凡事有贊成的一面，也可能有反對的一方，端看誰的理由比較充分以及可行性如何而定！

　　從幼童的學習效果而言，專家們多認為語言的學習愈早愈好，君不見許多外語講得流利而又字正腔圓的知名之士（除少數例外），莫不自小在教會或外國學校學習而得。語言和音樂方面的天賦一樣，以及早培養為宜。

　　就功利的觀點看，英語（其實是美語）無疑是當今世界最強勢、最普及通用的語言，從外交、商務、學術、科技到觀光、電影電視，幾乎無往而不利，可曰放諸四海而皆準，台灣更早已成為美語的天下。我們能讓下一代及早具備這項實用的工具，不也是順應世界潮流的一種嗎？何況我們的下一代，在父母的薰陶下，多早抱有出國留學的志願，現在能提早讓他們接觸美語，將來輕鬆通過托福考試，不亦功德無量乎？

　　再就社會的實際情形來說，許多「望子成龍，望女成鳳」心切的家長，早就在幼稚園階段或國小期間，便千方百計把子女送到補習班，「大家說英語」一番！現在如果國小開授英語，只不過化暗為明，甚至還可減輕家長的若干負擔呢！

　　當然，反對的一方也可舉出一籮筐的理由來表示異議，諸如加重學童課業負擔、造成文化失調、助長留學崇洋風氣等。有識之士更可以從師資難求、教法不當、學習環境不良等幾方面，預測到效果不會太好，可能淪為國中英語教學的翻版！

　　據許多關心的家長表示，他們所希望的國小英語教學，毋寧是一種「寓教於樂」，鐘點不多，以唱遊輕鬆方式為之，能從生活中啟發興趣

的教學，而不是國中式填鴨、死背，扼殺興趣的教學。

　　最後，我們建議教育部迅即集合多方專家，針對各項利弊得失深入研究，提出可行之辦法，並早做因應準備。必要時，可委託師大英語系，選擇台北市一、二國小，先行試辦，如效果良好，再逐步推廣！

（原載《民生報》，「民生論壇」，1984年7月11日，第3版）

ABCD，狗咬豬？再談國小英語教學問題

　　走在台北街頭，放眼所見，處處皆是英語補習班的招牌，聽說台北的英語中心已有上千家；平常打開報紙一看，往往都是一些與英語教學有關的大幅廣告，諸如語言學習機、錄音帶以及配合廣播電台空中教學的幾種特定英語雜誌等。

一、擠破頭學英文

　　據報載，孩子們絡繹不絕前往「鵝媽媽教室」登記學英語，往往必須等候幾個月甚至一年才輪得到；新竹工業園區為對回國創業之學人提供服務，特設立採行雙語教學之學校，也成為許多父母爭相奔走希望把子女送入就學的目標；若干指導如何學習英語的工具書也同樣成為排行暢銷書，歷久不衰！

　　這些事實反映了什麼？大家學習英語的風氣為何如此鼎盛？諸般現象豈是說一句崇洋媚外所能解釋？這難道不是我們社會幾十年來文化發展的自然結果？

二、牽一髮而動全身

　　從國人不分老少熱衷學習英語，不禁使人聯想到國小英語教學問題。國小甚至幼稚園階段是否應該教學英語的問題，經過前一陣子的熱烈討論後，由於學者專家意見不一，似乎又沉寂下來。當時，由教育部國教司邀集開會之專家，包括中文及英文語言學家、師專校長、小學校長、幼稚園長等，與會者均認為愈早學英語愈有效果，惟中國人從幼兒階段即學習外國語，易造成文化失調或衝突現象，且目前國語推行工作尚待加強，應將本國語文能力先學好，否則如再學習外國語文，備多分心，可能相對降低效果。教育決策當局面對這個爭議性甚大的問題，迄今尚未進一步明確表示態度，因為一項新決策的實施，往往牽一髮而動

全身，在未通盤研究考量之前，自不能不慎重從事，以免做出輕率的決定。

基本上，個人認為這是個仁智互見的問題，很難獲得一致性的看法，其利弊也不是絕對的。凡事有贊成的一面，當然也有反對的一方，端看誰的理由比較充分以及可行性如何而定！

三、愈早學習愈有利

從幼童的學習效果而言，許多專家多贊成語言的學習應該愈早愈好，最好的年齡是在四至六歲，歐洲許多國家的小孩，小小年紀就能講法、德、義、西好幾種語言，而不影響其母語的學習。大家可以發現，許多外語講得流利而又字正腔圓的本國知名之士（除少數例外），莫不從小在教會或外國學校學習而得。可見語言和音樂方面的天賦一樣，以及早培養為宜。

就功利的觀點看，英語（其實是美語）無疑是當今世界最強勢、最普及通用的語言，從外交談判、商務推廣、學術交流、科技發展到觀光旅遊，甚至電影電視、音樂藝術的欣賞，幾乎無往而不利，可曰放諸四海而皆準，台灣更早已成為美語的天下。對於一個追求現代化的國家，我們能讓下一代及早具備這項實用的工具，不也是順應世界潮流的一種嗎？何況我們的下一代，在父母耳提面命下，多早已抱有「去去去，去美國」的留學宏願，現在能提早讓他們接觸美語，嫻熟美式文化，將來不但輕鬆通過托福考試，而且很快適應留學生活，不亦功德無量乎？

四、助長崇洋風氣

再就社會的實際情形來說，許多「望子成龍，望女成鳳」心切的家長，早就在幼稚園階段或國小期間，便千方百計把子女送到英語中心，或自買錄音帶，或定時聽廣播，「大家說英語」一番！現在如果國小開授英語，只不過化暗為明，把一切納入正軌，甚至還可因此減輕許多家長的精神和財力負擔，何樂而不為呢？

當然，反對的一方也可舉出一籮筐的理由來表示異議。衛道之士可以從「中體西用」的觀點，振振有詞的強調，那不但會助長留學崇洋風氣，造成文化失調，甚至還是民族精神的淪喪！專家學者可以從學習的

動機上大做文章，提出一些「曲高和寡」，可能與廣大社會脫節的高調說法。有識之士更可以從師資難求、教法不當、學習環境不良等幾方面，預測到效果不會太好，甚至可能淪為國中英語教學的翻版。

五、唱遊學英文

　　事實上，據許多關心此問題的家長表示，他們所希望的國小英語教學，毋寧只是一種「寓教於樂」，鐘點不多，以唱遊方式為之，能從實際生活中啟發興趣的教學。筆者也曾問過一些飽嘗學習英語之苦的國中生意見，他們覺得國小是可以在高年級時試行教學英語，但不必列入正常教學之中，可以採選修方式。一般而言，今天台灣學童的英語聽、說能力都相當差，這可能是填鴨式教學，死背強記，只重考試不講究活用的結果。國小選修英語教學，因為沒有這種考試的壓力，可以改變教學方式，或用圖解英文單字，或由英文漫畫認識句型，首先培養初學者對英文的興趣。其次，再進一步訓練學生的聽、講和閱讀能力。學語言，主要就是注重平常練習，要與生活結合在一起，才能啟發興趣；單靠老師的填鴨與不斷考試，不但失去學語言的意義，也可能扼殺初學者的興趣。

六、我們的建議

　　我們的社會，一向比較重視傳統，素來講求「操危慮患」，希望在安定中求進步，而不涉及於改弦更張，所以改革的腳步比較緩慢。在此，我們要鄭重呼籲政府當局和社會各界，正視國小英語教學問題，及早做最妥善的處理。

　　首先，我們建議消費者文教基金會或其他團體做有關問卷，廣泛徵求國中、國小學生及家長的切實意見，做為是否實施這項教學的參考。其次，我們建議教育主管當局把國小英語教學列為未來教育重點之一，集合多方專家，針對各項利弊得失廣泛交換意見，深入探討，提出周全而可行之辦法，並訂下5年至10年中長程計畫，為培訓師資，準備教材早做因應準備。必要時，可選擇台北市一、兩所國小，先行試辦，如效果良好，再逐步推廣。如此將是我們萬千民族幼苗之福，更是萬千家長之幸。

（原載《芙蓉坊》，4卷6期，1984年12月15日，頁91-92）

公務員休假旅遊值得推廣

報載人事行政局擬議自74年度起開辦公務人員國外休假旅遊，並開放金門、馬祖、蘭嶼、綠島等外島做為公僕自強活動的範圍，以推展公務員的休閒活動，並提昇他們參加的興趣和意願。這對於終年案牘勞形，平常難得休假出遊與青山綠水接近的中央級公務員而言，應該是一項莫大的喜訊！

人事行政局主辦公務員休假旅遊及公僕自強活動有年，對於促進公務員的身心健康，助益甚大。筆者有幸，也曾先後參加過溪頭、阿里山、墾丁等處公僕自強活動，對於主辦單位的安排和服務大體甚為滿意。參加過的人，咸認這是一項可以忘掉年齡、地位、財富的旅遊；更是一項可以暫時丟卻公務煩惱的休閒活動，可見它的活動價值是受到肯定的。

但這種用意良善的活動，經久之後也會產生「彈性疲勞」作用。由於地點及其他因素的限制，難免降低了它的原有功效。譬如：

（一）台灣可供遊憩的名勝，可以舒展身心的好去處，不外日月潭、溪頭、阿里山、天祥、墾丁等地方，往往去過一、二次後就沒有太大的吸引力。

（二）由於名額有限，有的機關不得不採取抽籤的方式，因此造成機會不均的現象。有的人常常中籤，於是時常在「休假」或「自強」，有的人則幾年連一次機會都沒有。更有甚者，真正需要休假的人，往往因公務繁忙而一直走不開，倒是若干無所事事的人，年年都有機會出外「逍遙」一番，非僅失去公平，且亦失去舉辦這項活動的真正意義！

（三）休假旅遊由公家全部招待，且可攜眷，但名額甚少，向隅者多。公僕自強活動自己負擔膳食費，但不能攜眷，因此持「太太在，不遠遊」心理的人，參加便不踴躍！

人事行政局能針對過去辦理的績效加以檢討，並提出新構想，以適應「觀光時代」的實際需要，這是進步的作法。我們除原則贊成外，並

願提出幾項建議，以供參考：

（一）國外休假旅遊，初步以近程的琉球為目標，恐吸引力不會太大，以後仍可逐步考慮鄰近的東北亞，或夏威夷等處。

（二）無論休假旅遊或外島公僕自強，儘可能准攜眷一人參加（經費自理），以提高興趣！

（三）對參加過的人，宜有若干限制，以便把機會讓給別人。

（原載《民生報》，「民生論壇」，1984年8月1日，第3版）

對公費留學的一些看法

　　中研院院長吳大猷先生最近在教育部的一次演講中，曾坦率提出廢止現行公費留學的建議，主張寧可將這類教育投資用來改善國內研究所，創造較好的學術環境，以留住較多的優秀人才，用心良苦，頗受學界重視。教育部長李煥隨即表示教育部已決定召開會議，全盤檢討公費留學政策發展的新方向。

　　公費留學行之有年，為國家培育不少優秀人才，今日活躍在政治學術界的俊彥之士，如施啟揚、王曾才、李鍾桂、郭為藩、張京育、林清江等都是當年的教部公費生。公費留學政策容或未能完全配合國家培育人才的目標，但似不宜輕言廢止，個人淺見以為：

　　（一）公費留學已成為不少莘莘學子夢寐以求的榮譽象徵，他們在
　　　　　校期間勤勉向學、努力奮鬥的目標，就是冀望能夠爭取這項
　　　　　最高的榮譽！

　　（二）公費留學對於大多數家境並不寬裕而又有志深造的學子，仍
　　　　　不失為一條可以憑努力獲取的途徑。在目前美國大學學費一
　　　　　年動輒上萬美金，歐日國家生活費昂貴、打工不易的情況
　　　　　下，試問有多少家庭供應得起這筆為數可觀的留學費用？

　　吳大猷院長的另一層用意，比較不鼓勵選送大學畢業生留學，而贊成將對象改為博士後研究人員，他認為後者對國內環境有較充分的體認，有較深厚的本土感情，返國服務的比例會較高。用意在遏阻人才外流，無可厚非。但從學習效果而言，無論就新知的吸收，思想及方法的訓練或外文能力的磨鍊，甚至留學生活的適應，仍以年齡較輕為尚。若要等到念完博士年近不惑才出國，不是衝勁減弱，就是家庭負擔加重，或者思想定型，這時所能做的恐怕只有「淺嘗即止」的「遊學」了。聞教育部昨天對此問題已初步舉行會商，謹提出幾點淺見，以供改進參考：

　　（一）留學期限宜有彈性，凡成績優良者可酌延年限，至其完成最
　　　　　高學位為止。

　　（二）公費留考科目固應配合當前國家建設需要，但不宜過份偏重

科技實用，也應兼顧人文社會科目，尤其多重視德、法、西等語言人才的培養。

（三）博士後出國研究可併入國科會科技人員出國辦理，因為這些人多半已在機關學校任職。

（原載《民生報》，「民生論壇」，1984年8月31日，第3版）

也談行人徒步區的設置

　　據日前本報（民生報）報導，台北市政府都市計畫處已初步完成西門行人徒步區的規劃，並預定76年度編列預算辦理。這對於長期生活在汽機車威脅下的都市居民而言，真是一大好消息。「民生論壇」日前已有社評論列，茲略抒所見以為補充。

　　行人徒步區，顧名思義，該是大城市裡專為行人而設的一隅小天地，讓平日飽受機器文明肆虐的居民，有一塊可以昂首闊步，不必瞻前顧後，不必提心吊膽，不必與汽機車爭道，而有較悠閒心情去逛街、欣賞櫥窗、購物的好去處。行人徒步區的開闢，代表市政建設的一大突破，因為這是真正重視行人權利的開始。行人徒步區的設置，同樣可列為精緻文化的一項重大指標，因為它可以培養國民雍容有度、好整以暇這種工商社會所欠缺的素質，甚至可以化社會戾氣為祥和，減少高血壓、心臟病患者，好處真是不勝枚舉。

　　凡是出過國的人，對於外國大城市的行人徒步區一定留有深刻印象。巴黎、里昂、漢堡、慕尼黑、維也納等地的行人徒步區，雖精緻有別，風光各異，但都具備了一些共同特色，這是台北市可以借鏡的地方：

　　（一）首先，那是名副其實的行人專區、車輛禁區，安步當車走在街頭，但見人群，不見車影，真正做到行人唯我獨尊，旁若無「車」的地步。

　　（二）其次，那是經過精心設計的美化特區，從路面、路燈、花圃到商店櫥窗，甚至整體景觀都煥然一新，不但可吸引市民到此做浮生半日閒遊，復可當做都市櫥窗，招徠過往觀光客。

　　台北市將設置行人徒步區，為首善之都添增特色，這是大多數市民樂觀其成的新猷。但規劃執行時，還有兩點須注意：

　　（一）絕對嚴厲禁止車輛（消防車、救護車除外）在規定時間內進出，包括公車在內，否則便失去意義。區內住家或商店的人貨進出通常可定在上午10時以前或晚上11時之後，當無太大不便。

（二）絕對禁止臨時攤販擺設地攤，以免妨礙市容觀瞻，影響商家
合法權益。

（原載《民生報》，「民生論壇」，1984年9月29日，第3版）

橋藝園地也需要有人灌溉

橋藝是一項高尚而有益身心健康的休閒活動，平日深為一般公教人員及大專學生所喜愛。我們若講求改善生活品質，追求精緻文化，橋藝也該是一種不可或缺的項目。多年來，在許多熱心橋藝人士的提倡，出錢出力、默默耕耘下，國內橋牌風氣大開，橋藝水準已普遍提昇，並在國際橋壇上佔有一席地位。近年來，中國大陸一再派隊加入遠東橋壇的角逐，但我們的國手都能以純熟的橋技和較佳的默契，屢敗強敵，為國爭光！

但整體而論，國內推展橋藝活動的環境，仍遠不如歐美橋藝先進國家。首先，在觀念上，我們的社會對橋牌仍有「使正業荒嬉」的不正確看法；事實上，玩橋牌的孩子不但智力高，而且不會變壞。其次，大、中學生受到課業和升學壓力的影響，雖心嚮往之，但卻不敢多玩，無形中扼殺了橋牌人口的成長。再者，橋賽是一項高度鬥智的遊戲，過程雖然高潮迭起，緊張萬分，但畢竟是一項需耐心欣賞的靜態心智活動，不像籃球、棒球那樣富有刺激，可以吸引上萬觀眾的興趣！最後，我們的社會尚未發展到真正專業化的地步，慢說橋藝學校、電視橋藝、職業橋手一時難以設置，就是國內外重要橋賽的新聞也殊少見報，而各報設有橋藝專欄者，更屬鳳毛麟角。這些都是我國橋運推展難以突破的瓶頸。

像體育項目一樣，橋藝活動也需要獲得政府和社會各界的重視，橋藝園地也需要多加灌溉，才能綻放出更美麗的花朵來。做為業餘的愛好者，個人謹提出幾點芻蕘之見，以供關心橋運人士之參考：

（一）籲請金融工商界仿照成立籃、足、棒球隊辦法，網羅橋界新舊高手，成立橋隊，共同為提昇橋藝水準而努力。

（二）籲請報紙、電視加強各類比賽的報導，各大報宜闢橋藝專欄，邀請國手名家執筆，以滿足廣大讀者的興趣！民生報一向對體育休閒活動提倡最力，似可率先倡導。

（三）橋藝領導單位宜重視紮根工作，注意新血的培植，並建立各項制度，整體提昇水準。

今年是我國橋藝界重要的一年，自10月下旬起，我們將陸續派出男女四支代表隊，分別參加奧林匹亞和遠東橋賽。在此，我們除了祝福他們載譽歸來外，也深盼社會各界有新的配合作法，共同為推展橋運而努力！

（原載《民生報》，「民生論壇」，1984年10月24日，第3版）

大學教師升等著作的審查

　　報載教育部最近決定從下學年度起，大學院校教師升等的審查將採「先審後升」的辦法，以澈底解決黑牌教授問題。此項做法立意至善，也關係到數萬大學教師的權益問題，值得一談。

　　目前，大學教師的升等，往往必須連闖校內和教育部兩關，才算正式通過。一個人如從講師幹起，經副教授、教授三級，必須連過六關，承受六次精神極大壓力。由於升等攸關個人權益至大，所以人人莫不全力以赴，以拿到「紅皮」（教授證書）為最高目標。這其中學殖深厚，有專門著作者固然很多；但平時不作研究，逢升等才趕寫一篇薄薄文章，純粹為混資格者也不在少。甚至有抄襲、翻譯、僱槍手代勞者。至於送審過程中，託人情、找關說者更是屢見不鮮。

　　個人以為，過去教育部對著作的審查，似乎只做到形式上的要求，而未顧及實質的問題；只重視送審作品的單篇水準，而未整體考察送審人平常的研究情形和相關成果。因此，由於審查人的寬嚴不一，難免會發生「劣幣驅逐良幣」的現象。

　　不管「先聘後審」或「先審後升」，基本上現行審查辦法對於師資的品質管制，或整體研究風氣的提升，似乎助益不大。因此，個人建議，教育部不妨仿照博士學位考試辦法，將教師升等審查交給各大學自理（五專仍由教育部辦理），採一審制，以節省人力和財力。理由如下：

　　（一）各公立大學普遍均設有學審會，對於校內教師著作的初審，若學校辦學認真者，反比教育部嚴格。授權後，相信各校為維護榮譽與經費之考慮，當不致放寬標準，濫送人情。

　　（二）目前國內一般名教授的外務甚多，單就審查一項而言，各校學報論文、國科會著作獎助、各種學術獎金的著作通通要拜託審查，如果再加上升等時的兩次審查，則此類外務必更形忙碌，不但無法細閱，而且曠日費時，影響當事人權益至大。若改為一審，即可節省一半人力。

　　（三）目前各公校人事普遍凍結，若無人退休，後來者即使年資已

屆又有著作，不一定立即能升等補缺，故擔任講師、副教授已十載八年者比比皆是。新陳代謝已甚緩慢，何必在形式上多一道意義不大的限制呢？

（原載《民生報》，「民生論壇」，1984年11月11日，第3版）

整頓交通且可從小處著眼

　　由於汽機車數量的快速成長，台北市原有馬路及新開闢之道路，均逐漸有不勝負荷之感！加以新建大廈應留設之地下停車場位置亦多違規使用，而建築法規迄未修訂——規定凡新建房舍必需附有停車場，因而更使停車場大感不足。因此，到處是路邊停車、違規停車，嚴重影響交通的流暢，使台北市處處阻塞，大有寸步難行之慨！

　　為了解決此一問題，最近由專家、學者組成的交通顧問小組，擬訂了一套「促進交通流暢實施方案」，共開列二十餘項具體辦法，將以三年時間逐步實施，這該是治本的長久之策。這幾天台北街頭也出現了一批便衣交通警察，手持照相機，肩掛警用無線電對講機，到處逡巡，獵取鏡頭，取締違規行駛的車輛，這也是治標的辦法。

　　除了標本需要兼治之外，茲就個人平日觀察所及，提出若干較不為人注意，但卻同樣妨礙交通流暢的小事，籲請有關單位加以重視：

　　一、「公車專用」停車站視若無睹——台北市路窄車多，公車或自
　　　　行車專用路線無法普遍設立，情有可原；但「公車專用」停靠
　　　　線行之有年，並劃有黃線嚴禁其他車輛停放，但其權威卻迄未
　　　　建立。逼使公車非外線停靠不可，如此自然影響後續車流，跟
　　　　著停滯難進。建議交通警察優先告發這類違規。

　　二、騎樓、紅磚道窒礙難行——台北市的很多騎樓和紅磚人行道，
　　　　常為多排機車橫豎霸佔，有的已淪為地攤和飲食攤的營業地
　　　　盤，致使行人行走不暢，甚至趕行人下馬路與汽機車爭道，實
　　　　在既危險，也增加交通的雍塞！把人行道還給行人，這應該是
　　　　大多數市民共同的心聲！

　　其他諸如在幹道任意調車，在巷道隨便停車的情形，隨處可見，台灣的停車實在太自由了。故在此除寄語駕駛朋友培養守法精神，多為整體著想外，更呼籲有關單位，取締違規，一定要持之以恆，從小處著眼，澈底執行，不能一曝十寒，讓少數不遵守規矩的駕駛人存有僥倖行

險的心理。如此，交通的流暢，便可事半功倍矣！

（原載《民生報》，「民生論壇」，1984年12月15日，第3版）

大家若能少跑機場多好

　　電視新聞中經常出現的畫面是：高級官員或民意代表出國返國，那種送往迎來、冠蓋雲集的盛大場面；每當體育選手出國參加國際性比賽載譽歸來，更是一字排開，守候在入境大門一一與選手們握手，好像非如此不足以表示對國手們的歡迎和禮遇；每年到了暑假出國熱季，從往昔的松山機場到今日的中正機場，也都是萬頭鑽動，擠滿了送行的人潮。凡此，都充分顯示，我們的社會是一個「人情味形式」特別濃郁的社會。

　　日前亞東關係協會駐日代表馬樹禮先生返國履新，接任中委會祕書長，在機場歡迎的除了少數幾位高級官員外，並未出現像往常的盛大歡迎場面。中央委員會及各工作會正副主管基於倡導風氣等理由，除聯名寫了一封情詞並茂的信，推派代表前往致歡迎之意外，並未一窩蜂趕到機場湊熱鬧。風行草偃，這實在是令人耳目一新的可喜現象！

　　送往迎來，乃人情之常。尤其男女情侶乍離，或久別老友行將重逢，偶一為之，情有可原！若是機關首長或同僚同事出國回國，大隊人馬丟下公務，開到機場列隊迎送，展示虛華場面，實在大可不必。在一個分秒必爭的現代社會，許多人都視到機場迎送為畏途（路遠也是事實！），但往往礙於情面，不得不去！這不但是個人時間和精力的浪費，更是公家汽油和辦事效率的無謂浪費！以後機關首長出國開會或考察，應一律免此繁文俗禮。大家若能少跑機場，把有用的時間和精力放在公務和各項建設上，為新的一年開創更燦爛的佳績，那該多好！

（原載《民生報》，「民生論壇」，1985年3月3日，第3版）

不對等的「學術外交」

　　近五年來，隨著「漢學會議」、「中華民國建國史討論會」等國際性學術會議的次第舉辦，增加了國內外學者相互切磋的頻度，也連帶刺激了國內研究風氣的蓬勃發展。更由於大型會議的頻頻召開，歐美、日、韓名學者絡繹於途，有的甚至年趕二、三場，他們若把台灣譽為「學術活動最活躍」的地區，並不為過。

　　但客觀冷靜來說，在此地所召開的國際會議，與國內學者在外國所參加的學術會議，拋開論文的水準與討論的情形不談，在基本上有相當大的差別，茲分述如下：

一、在籌備方面，我們所動員的人力之多，所耗費的精神之鉅，乃至動輒一、二千萬元經費的大手筆，恐怕都是國外難以比擬的！

二、在招待方面，國人向以「好客」自居，為使「賓至如歸」，除了來回機票、觀光飯店食宿全包外，提論文當主席或評論，往往另給酬勞；會後，更有免費招待參觀遊覽節目。平常則大員邀宴或親朋同行競相作東，使客人席不暇暖，遍嘗各地風味的佳肴。反觀國內學者出外開會，往往還得向教育部或國科會等單位申請旅費補助，並繳一筆為數可觀的大會註冊費，食宿自理，少有招待，相去不啻千里！

三、在服務方面，為使來客對台灣有良好印象，我們幾乎做到從機場到機場的全天候服務。接機、送機固不必說，就是旅館或會場也設有專人，不眠不休的為客人做簽證、訂位、換機、探親訪友等各項服務，無微不至。臨走所遺留的大批資料和贈書，更有專人打包，免費郵寄，服務到底！試問，這樣週到的服務，有幾個地方比得上？

四、在論文出版方面，每次會後所出版的論文集，洋洋數百萬言，所費不貲。凡與會者必寄一套，提論文者另贈抽印本若干，均免費寄送。而國外會議出版論文集者並不多見，若有，可能另外收費，待遇完全不同。

　　筆者做這些比較，目的不在給熱心促進學術交流的人士澆上冷水，只想指出我們的「學術外交」，仍有堅守立場，不必「打腫臉充胖子」之處。免費招待，一流服務，固是我們招徠遠客之道；但有朝一日，將會議品質提昇，以紮實的論文、認真討論的態度，吸引一流學者願意自費前來，同樣是我們努力的目標。

　　（原載《民生報》，「民生論壇」，1985年4月13日，第3版）

五專增加招生名額的問題

　　教育部有鑑於國中畢業生投考五專的意願甚高，而錄取率略嫌偏低，最近在一次研討會中原則同意，將酌增名額，以滿足青年人的希望，這對於有志升學五專的青年學子，實是一大福音！

　　五專係以教授應用科學與技術，養成中級實用專業人才為宗旨。過去因師資設備稍差，而不免有「大專招牌，中學師資」之譏；近幾年來情形已大有改善，若干辦學優良的公私立五專甚至已成為青年學子嚮往之所，有的寧可捨棄大學方帽子而選習「一技在身」。在高中、大學升學競爭日趨白熱化的今天，報考五專不失為另一條出路；但僧多粥少，要考取理想的五專也不容易。以去年北區五專聯招為例，總共十一萬人報考（其中包括高中、師專的重複報考者），僅能容納一萬多人選校就讀，錄取率約只百分之十二左右，倘能酌增名額，讓真正想念五專的人有更多的機會，既可落實對技職教育的提倡，復可緩和三年後的大學升學競爭。

　　五專招生名額增加的多寡，當視國家建設需要，以及各校辦學績效暨各科就業市場而定，這些教育部自會有全盤考慮和決定，在此不擬多說。我們最關心的是，隨著五專招生名額的增加，五專師資的提昇問題。一般而言，五專由於地位不上不下，在聘請優良師資（尤其專業科目）方面，甚難與一般大學競爭。若徵求海外具有碩士、博士學位的人才，由於本身前瞻性不夠，應徵者恐怕也不甚踴躍，即使來了，有更好機會便「跳槽」。故常聞主事者為聘請好教授到校兼課而到處打躬作揖，而成為「非不為也，實不能也」。

　　五專生理論上已無升學壓力，但若師資不予全面提昇，實在很難令學生士氣不低落。這一點教育部與國科會實在責無旁貸。茲提出幾點建議，以供參考：

　　（一）推廣大學客座教授、副教授制度於五專，以助其延攬海外
　　　　　人才。

　　（二）國科會研究計劃與專題獎助之申請暨科技人員出國進修之遴

選，應推及五專老師，最好酌留名額，以資鼓勵。

（三）一般課程師資，應多任用國內碩士班以上畢業生，若能透過青輔會統籌辦理，以杜倖進、請託，當可更加健全。如此名實相副，五專既有大專招牌，其師資也不比大學遜色！

（原載《民生報》，「民生論壇」，1985年5月16日，第3版）

欣聞大學將設立研究人員

　　據報載，教育部最近擬訂了公立大學研究人員延聘辦法草案，經呈報行政院核准後即可實施。據大學法第廿一條：「大學得延聘研究人員從事研究工作」。故草案規定，學校依研究、實驗、輔導等需要可延聘研究人員，分為研究員、副研究員、助理研究員、研究助理四級。除依計劃從事研究等各項工作外，具有講師以上教師資格者，得支援相關科目之教學，但每週教學時數以不超過四小時為限，且不另支給鐘點費。

　　這個辦法若獲得實施，無疑是高等教育制度上的一大創新突破，對於延攬海內外專才、活化大學人事，甚至振興大學研究風氣，均將有莫大助益。茲略抒管見如下：

（一）目前公立大學教職之難求，已是眾人皆知之事實。國外學成歸來，若無特殊專長或背景，實不易覓得一枝之棲。國內博士、碩士班畢業生之屈就講師、助教者，更大有人在。沒有缺額固然為問題之關鍵，但鐘點的安排也煞費苦心。有了研究人員之設，上述缺額的瓶頸與鐘點的顧慮，即可迎刃而解！

（二）在某次大學校長會議上，曾有校長慨嘆，學校中若干教師已有逐漸重視研究而忽視教學之趨向。研究人員的設立，使教學與研究任務有更明確的分工，或可彌補這個缺憾。今後，凡研究興趣比較濃厚的教師，經其本人同意，不妨由學校改聘為研究人員，減少授課鐘點，俾專心研究，以發揮研究潛能。學校在安排課程上，也可請其多指導論文，或擔任「研究方法」、「專題研究」、「論文寫作」等課程的講授，如此各得其所，互蒙其利，對於整體學術研究水準的提昇，當有助益。

　　過去，無論教育部或國科會對於大學的各項獎助，往往大「公」無「私」，或先「公」後「私」，較少做到「公」「私」兼顧。對私立大學一視同仁。事實上，最需要鼓舞士氣的，還是私立大學的教師。希望

設立研究人員的良法美意，也能由公立大學推廣到私立大學，俾為國家多延攬一些人才，並共同為振興研究風氣而努力。

（原載《民生報》，「民生論壇」，1985年6月21日，第3版）

「抗戰建國史會」的幾個構想

　　為了紀念抗戰勝利四十週年，並激發國人研究這段歷史的興趣，中央研究院近代史研究所訂於8月2日至4日舉辦「抗戰建國史研討會」，宣讀論文二十九篇，邀請國內外學者專家約一百四十人，共同研討抗戰期間有關政治、軍事、外交、經濟、文化思想各方面之歷史，以瞭解抗戰建國之真實歷程，並釐清對抗戰史實之若干歪曲和誤解。

　　籌備一次學術研討會，實非易事。當此會議前夕，筆者忝為研討會的執行人，若把當初會議設計的幾個構想公諸於世，藉以引起社會各界的重視和注意，並收拋磚引玉之效，或仍有實質的意義。這幾個構想是：

（一）計劃約稿。以研究專長找人，論文內容兼採並納，使其儘量涵蓋抗戰歷程的每一層面，並反映全國上下一心，堅苦卓絕，團結禦侮，死守山河的全貌。

（二）培植新人，獎掖後進。一般學術會議，往往多由名角登場主唱，新人較少機會表演。這次除敦請老帥大將出馬壓陣外，也儘量鼓勵後起之秀出頭，估計他們的論文約佔三分之一。史學界薪火相傳，後繼有人，這是可喜的現象！

（三）聯絡學術，擴大參與。學術之研究和發展，貴能由點的突破帶動面的提昇，如此始不致有「孤芳自賞」、「千山萬水我獨行」的寂寞感。這次為了擴大參與，除史政文獻機構外，並邀有關之文武大專院校二十所的學者專家出席，藉收聯絡學術，促進學術發展之功。

（四）先寄論文，加強討論。研討會的成敗，除繫於論文的素質外，討論過程的是否熱烈，討論內容的是否富於建設性，也攸關緊要。為提昇論文，我們努力做到了徵稿「三部曲」——提前約稿、不斷催稿與從容截稿。為使討論熱烈，我們把已經鉛印好的大半論文先行寄發，俾出席人先讀為快，再針對問題準備發言。同時，也將酌量延長討論時間，讓人人

　　有機會發言，真正做到「大家參與」、「人人有備」而來，
以建立學術會議的良好模式。
　　以上四個構想或做法，卑之無甚高論，不敢自詡是這次研討會的特
色，但至少是我們博采眾議、取法乎上，想努力達成的主要目標。希望
大家多給我們鼓勵支持，共同為提昇我國的學術水準而努力。

　　（原載《民生報》，「民生論壇」，1985年7月31日，第3版）

大學聯考科目的再商榷

　　報載，76年大學聯招科目研究專案小組最近開會確定，兩年後各類組全體考生將一律加考「基礎科學」一科，理工醫農類考生則另加考「本國史地」。這一建議方案，已報請教育部大學入學考試委員會，作決策時參考。此一改革措施，關係無數考生前途，也為萬千家長所熱切關注，我們實在不能保持緘默！

　　大學入學競爭愈來愈激烈，這是眾所共知的事實。為了考取理想的學校和科系，甚或只求勉強上榜，數以萬計的學子從高二開始，即三更燈火五更雞，全力以赴，埋頭苦讀。他們每天奔波於家庭、學校和補習班之間，沒有假日，沒有運動，犧牲娛樂和睡眠，長期生活在聯考的煎熬之下。雖則面黃肌瘦，近視加深，精神疲憊不堪，但為了自己前途和不負父母期望，也只好默默忍受！如今原來的六科之外，又醞釀增加到七科、八科，無異加重他們的負擔。別小看一科「基礎科學」，它包羅萬象，將使他們頭更大，背更馱！而「本國史地」上下古今數千年，上窮碧落下黃泉，也足夠他們華髮早生！

　　據專案小組表示，考生一律必考「基礎科學」，是為遵循新課程標準精神提升全民科學素養，理工醫農考生加考「本國史地」則希望他們也能具備起碼的人文素養。構想雖好，但我們很懷疑，透過電腦閱卷方式所得到的片斷知識，會與「科學素養」、「人文素養」多大相干？我們不瞭解，理工醫農考生既已加考包括物理、化學、生物、地球科學在內的「基礎科學」，何以還要選考物理等其他科目呢？何不讓它一元化，把題目加深，以有別於文法商類考生的「基礎科學」就可呢？我們更不明白，在高喊發展科技、獎勵資優生的大前提下，記憶科目的比重卻愈來愈大。所謂「科學素養」或「人文素養」的培養，有很多方式，經由考試一途，恐怕是最下策。在大學裡，在社會上，我們還可透過研討會、夏令營、巡迴營、講習班等方式為之，興趣一來，水到渠自成，何必急於一時呢？

　　莘莘學子所背的聯考十字架已夠沉重，大人們忍心再用許多大帽子

加重他們的負擔嗎？請可憐可憐孩子們吧！

（原載《民生報》，「民生論壇」，1985年9月9日，第3版）

師大學生為何教學意願低落

　　根據師大學生輔導中心的調查顯示，師範生只有百分之二十七點六決定終生從事教育事業。師大教授張春興最近也指出，自73年度師範教育法實施生效後，即發生在一千四百位畢業生中，有二百七十多人以賠償公費方式，要求除去擔任教師分發資格，顯示師範生任教意願低落。

　　師範生士氣低落，顯示專業精神不夠，值得檢討。但在檢討之前，我們不能忽略幾個相關因素。換言之，要求教師提昇專業精神，必須相對的顧到以下幾個前提：（一）職業聲望受到社會適度的尊重；（二）待遇合宜，勉可仰事俯蓄；（三）進修有門，可滿足人類上進的心理；（四）學以致用，工作要求合理。

　　教師的工作辛苦而清高，多數人既選擇這一行業，也都能甘於淡泊。近年來由於待遇的不斷調整，又有國中、國小教師的免稅「優惠」，情況已較前改善，不少教師出門有車代步，這是可喜的一面。但自師範教育法公布，嚴格實施服務滿五年始可進修的規定後，無異「封殺」了師範生的前途和出路。師範生享受公費待遇（儘管每人每年單位成本只十二萬元，尚不及台大的廿萬元與陽明的廿四萬元），理應有所「回饋」，才不致造成投資浪費。但教育是百年樹人的工作，我們若把眼光放大，專業精神加寬，看到許多國小教師經過不斷努力，由中學教師而大學教授，同樣在教育崗位上服務，我們能說這是投資浪費嗎？我們忍心再對這種「進修美談」加以限制，而不予鼓勵嗎？

　　再者：目前師範生的分發已面臨「瓶頸」，很多人分發不出去，即使勉強分發，也多學非所用，甚或改辦行政，這叫他們如何培養專業精神呢？據瞭解，擔任國中社會科目者除輔導課外，每週要上廿四小時，面對那麼一個「頭痛時間」，每天在聲嘶力竭之餘，並沒有快樂的感覺，有的只是職業疲勞，想的是趕快服滿廿五年，提前退休，另謀出路，這又豈是我們樂見的事實。

　　教育部長李煥說過，辦教育要多為青年人著想！我們忍心眼見那麼

多未來教師興沖沖的進來，而又頹喪的半途離去嗎？

（原載《民生報》，「民生論壇」，1985年10月4日，第3版）

談國中師資的供求問題

目前中學師資的來源，大致有三個管道：（一）國中由師大、師院結業生統一分發；（二）公私立高中多由研究所畢業生中擇優或憑人事關係甄拔；（三）高職似採「門戶開放」政策，可容納較多一般大學畢業生。三者之間也有互動情形，其共通之處即一職難求。在此專談國中師資的供求問題。

最近師範院校的分發實習問題嚴重，且頗受各界矚目。其最大癥結，即分發出現了瓶頸。以今年師大為例，實際分發者為一千二百五十八名，按台灣省百分之六十三，台北市百分之二十七，高雄市百分之九，金馬地區百分之一的比例，依其成績、志願及戶籍所在地，分發各國中任教。這些結業生雖透過省市教育當局，勉強分發到各校實習，但造成不少困擾：

（一）超額分發——由於師大、師院招生名額由教育部核定，與國中實際需求師資不能密切配合，所以造成超額分發，校方必須想盡辦法「消化」他們。

（二）供求不均——即「該來的不來，不該來的來了」，為了遷就現實，只得學非所用，屈任非本行科目，甚或改辦行政。

（三）臨時放棄——有的因個人因素辭職不就；有的嫌離家過遠，或交通不便而不得不放棄。

從另一角度看，分發也有其實際的阻力。以毗鄰台北市的台北縣為例，它是分發的大熱門，但教育局若每年接受分發，就無法辦理縣外介聘。不但阻塞很多中南部老師想調到北部服務的機會，也同樣封閉了許多民意代表關說的路子。難怪若干聰明的國中校長，往往故意匿報缺額，做為人情之用。

師範生分發問題由來已久，非一朝一夕可解決。在此我們鄭重建議：

（一）師資培養的科別、數量必須統一規畫，宜定期做調查、統計、分析，隨時彈性調整招生數目，以符合實際需要。這個工作教部責無旁貸，亟宜成立師範教育司，以加強功能的發揮。

（二）必要時，宜從減輕國中教師鐘點著手，以資容納。

（三）放寬對「實習」的認定，凡因特殊理由留校擔任助教，或在其他相關機構實習者，也應予承認，藉此減輕分發的負荷。

（四）每年分發作業，宜及早展開，俾當事人與校方早日溝通，以加強適應。

（原載《民生報》，「民生論壇」，1985年11月16日，第3版）

莫讓觀光客視旅遊為畏途

　　農曆開春以來，一架華航七三七飛機在澎湖外海失事之後，最近又有一輛載有日本觀光客的遊覽車在南投附近墜落山崖，造成八死八重傷的慘劇。

　　旅遊本來是一件快樂愜意之事，但你我共同經驗，每逢親友出遊或子女參加畢業旅行，家人總是日夜提心吊膽，寢食難安，原因無他，安全堪慮也。在寶島旅遊，不客氣的說，稱得上「危機四伏」，生命隨時感受威脅，因為：

（一）大部分名勝風景區，例如日月潭、溪頭、杉林溪、八通關、惠蓀林場、天祥、太魯閣、知本森林區、中橫及南橫公路等，都位於山區，出入道路狹窄，又多曲折，平常單車通行都已間不容髮，若遇會車或濃霧能見度低或天雨路滑時，更是驚險萬分。所以每次遊罷歸來，總讓人有「揀回一條老命」的深刻感受。有位朋友全家開車共遊中橫，歷「險」歸來後，發誓再也不敢拿生命作賭注。

（二）遊覽車小姐的服務，堪稱世界第一流週到。除沿途不斷介紹名勝風光、播放音樂、唱歌助興外，還經常穿插帶葷笑話，或引導全車老少輪番表演，同樂一番。歡笑中，固能解除旅途寂寞，但也最容易喪失「憂患意識」；在連續爆發的掌聲和笑聲中，駕駛若稍一分心，偶一不慎，即可造成「一失足成千古恨」的悲劇！

（三）旅途所見，從交通標誌到道路安全各種設施，普遍仍嫌不足。尤其對坍方的處理，常不能做到機動搶修，而貽誤戎機，增加肇事的頻率！

　　以上所述，不在危言聳聽，以扼殺大家旅遊的興致，而在提醒每個人隨時注意旅遊的安全，不貿然涉險，不拿自己的生命開玩笑！特別要呼籲有關單位，從觀光局、公路局到各地方政府，儘速對各風景區的出入道路做通盤檢查，該拓寬的想辦法拓寬，並改善路況，加強各種安全

措施，使意外事故減到最低限度。

　　加強風景區的道路安全，不要讓觀光客視到台灣旅遊為畏途，這在我國觀光呈負成長的今天，應是提倡觀光發展的正途！

　　（原載《民生報》，「民生論壇」，1986年2月27日，第3版）

沒有張嗣漢的瓊斯杯

　　一年一度的瓊斯杯國際籃球邀請賽即將開鑼，正當國手們閉門勤練，卻傳來旅美猛將張嗣漢因學期考試關係，無法如期返國效力的消息。這一來不但可能影響中華隊的實力和演出，並且讓成千上萬等待再度欣賞張嗣漢優美球技的球迷大失所望！

　　籃球固是一種講究團隊合作的運動，但個人的優越體能和純熟動作，仍是克敵致勝的基本條件。張嗣漢個人彈性好，爆發力強，善用智慧打球，尤其去年他在瓊斯杯那種滿場奔馳跳躍的奮戰不懈精神，一直讓萬千球迷印象深刻！

　　今年的比賽，缺少這樣一位「偶像型」的好球員，固然為各方所惋惜，但對於我國籃運的正常推動，卻不無「失之東隅，收之桑榆」的貢獻。張嗣漢的例子，讓我們想到一些不能不說的話：

（一）從科技、學術、文學、影視到體育各界，我們的社會一向抱有「尊洋崇外」、「遠來的和尚會念經」的心理，平時不一定注意人才的培養，更吝於對它的獎勵；但為了成績，卻喜歡「揀現成」，走「徵召」、「借將」的捷徑，更不惜一擲萬金，高薪聘請「客卿」來充場面。張嗣漢固是難得的上駟之材，但他沒有時間參加集訓練球，為此加以割愛，不僅係事實之必然，也是應該維持的一項良好制度。

（二）瓊斯杯只是邀請賽性質，中華隊若能過關斬將，力克日韓強敵，表現出色，當然值得興奮；否則，我們應將眼光放遠，藉此積極培養新血，讓新人多上場吸取國際比賽經驗，以爭取明年亞洲杯的好成績為努力目標。

（三）以往中華隊都有主將副將之分，主將打累了或演出失常，教練往往不敢輕易調派副將上場，因此長期坐冷板凳的國手大有人在！希望孫立忠教練能克服患得患失的心理，放手施為，儘量讓大家有表現的機會，以發揮整體的力量，而不必太計較眼前的勝負！

總之，沒有張嗣漢的瓊斯杯，或許不如去年有看頭，讓觀眾如醉如癡，但若由此激發中華隊的昂揚鬥志，努力奮戰，也未始不能締造佳績！

（原載《民生報》，「民生論壇」，1986年5月17日，第3版）

為各式學術會議把脈

近幾年來，台灣學術界活動頻繁，節目繽紛，幾乎已到每週必有小會，每月必開大型研討會的地步。表面看來，蓬勃熱烈、萬紫千紅，是很可喜的現象；但若深入觀察，則仍有一些共通問題，值得省思。

（一）為開會而開會——學術會議的召開應有一定的目標和主題，不該淪為為開會而開會。由於種種條件的限制，一般事前很少主動設計一些討論小組（Panel），而多半視來稿加以臨時編排，如此既難能解決學術上一些尚未解決的重大問題，也未能針對若干值得討論的新問題有所討論，結果只能炒炒冷飯或談論一些枝節小問題。在此情況下，召開會議的實質意義便不大！

（二）籌備匆促，作業緩慢——籌備一次有規模像樣的會議，至少在一年前便應展開約稿。國內由於會議接連不斷，頂多半年前，甚至有一、二個月前才臨時拉稿湊數的，真是強人所難！論文一拖再拖，遲遲不交，這是司空見慣之事。結果影響打字、排印、校對，往往要到宣讀時才能看到它的全貌，根本無暇細讀，更遑論討論的深入了！

（三）不諳學術會議行規——研討會不是演講會，它的精神是質疑辯難，大家齊鳴共奏，最忌自拉自唱式的獨白。常見若干「名家」，擔任主席則口若懸河，滔滔不絕，旁若無人；做評論則天馬行空，不知所止；發言則一馬當先，漫無邊際，不知所云，不僅自尊自大，言多必失，且因佔用和浪費大家時間，回報的不是掌聲，而是噓聲！

（四）明星主義掛帥——國內經常舉行的大大小小會議雖多，但請來請去多是一些老面孔，久而久之，自然而然製造出一批「明星學者」和「開會專家」。「明星學者」有寫不完的稿債，真是苦不堪言；「開會專家」有出席不完的會議，也是疲於奔命。文章一寫多，品質自然不敢保證；會議一多，分

　　身乏術，只好蜻蜓點水，到處趕場。

　　學術會議經過把脈，雖有以上這些症狀，但若能對症下藥，精簡次數，不求虛名，講究實效，對於整體學術風氣的激勵和學術水準的提昇，仍可收到立竿見影之功！

　　　　（原載《民生報》，「民生論壇」，1986年9月20日，第3版）

國中「黑牌教師」何去何從？

在大學院校裡，有未經送審的「黑牌教授」，這是大家早已熟知的事情；而國中有「黑牌教師」，大概是最近幾年才爆發出來的新聞。

為了消化師大、師院的結業生，許多省市國中，每年都超額分發，但任課時數排不出來，有的甚至淪為事務員，有的乾脆在家坐以待「幣」，所以雖「收」實「拒」；而有課教的新老師，也往往學非所用，有的學家政而教史地，或學歷史而教英文、數學，因為試教科目與原來專長不符，無法辦理正式教師登記，這是「黑牌教師」形成的原因，對校方和教師個人，都造成很大的困擾！

目前的情況是，從大學、專科到高中、國中的教師，均已接近飽和，缺額有限，而每年求職的人數有增無減，在僧多粥少的情況下，無論新近學成回國或剛畢業的青年，想謀一棲身之所，都不太容易。這也是新設立的大學或高中特別受到大家關注的原因。過去研究所畢業，可以留在大專院校任教，再不濟也有高中可以暫時「委屈」，現在出路愈來愈窄，碩士跑到國中任教，已屢見不鮮。在如此高度熱烈的競爭下，師範生的分發自然連帶受到影響。所以，師範生的分發問題，不僅是教育規劃的問題，應該也是整體教育人才的供求問題。

我們的教育規劃，像經濟發展一樣，傾向於膨脹性的成長。站在主管教育的立場，為了提升國民的知識水準，為了滿足社會的需求和家長的願望，也為了緩和升學競爭的壓力，往往設法開放大學，增設新系所，擴增招生名額，尚惟恐不及，那有再減班減少名額的道理？再就學校的立場而言，校長、院長或系主任，誰都不願背負減班減人的歷史罪名，這是可以理解的。

但無論如何，「黑牌教師」是無辜的！他們一度是聯考窄門的優勝者，何況國家還花費了四年公費，教育他們，現在怎能任令他們投閒置散、學非所用、抑鬱難伸，甚至等待遣散呢？這應該不是師範教育的本意，也不是國家培養人才之道。希望教育有關當局正視師範生的分發問

題，並早日謀求「黑牌教師」的妥善解決。

（原載《民生報》，「民生論壇」，1987年6月16日，第4版）

紀念抗戰談學術「反制」之道

　　從6月底開始，全國各界為了紀念抗戰五十周年，紛紛展開多采多姿的活動以為慶祝。這些令人目不暇給的活動，大致包含三方面：一是報紙推出紀念特刊和專載專訪；二是三家電視台製作特別節目，並重播一系列抗日愛國影片；三是各公私團體舉辦紀念會、演講會、展覽會和研討會。是的，抗戰是我中華民族血與淚交織而成的一頁壯烈史詩，我們當然難以忘懷。面對日人的一再篡改教科書，中共的不斷歪曲史實，與歐美若干自由派學者的偏差論著，我們當然無法保持緘默！問題不是每年到了這時候，臨渴掘井，到處張羅，找一批人冷飯新炒，辦一辦熱鬧的活動，就算有所交代了。

　　面對歷史，我們應該有前瞻性的作法，有根本的「反制」之道。而「反制」的最佳武器，就是學術的對抗，就是鐵證如山的資料之提供與詮釋。要知道，軍事的抗戰雖然已經結束，但學術的抗衡卻永無休止！

　　為了迎接這一場必須三面作戰的學術性艱苦硬仗，我們需要遠見，更需要魄力。在此謹提出三點建議，以供參考。

（一）新聞局等單位宜儘速簡化外國書刊、幻燈片、錄影（音）帶的進口辦法，並開放大陸學術性研究資料，才能知己知彼。要知道讓我們的學者專家蒙著眼睛上場作戰，不但貽笑大方，而且可能每一拳都擊在空氣裡，打不中論敵的要害。

（二）建議黨政軍史政機構，加強人手編列預算，早日刊布所藏的各種檔案，讓史學家享受利用素料自己研究與發表的樂趣。

（三）比照中華經濟研究院或國際關係研究中心的辦法，成立「中華民國現代研究中心」，一方面延攬各大學文史暨社會科學碩士、博士班畢業生約五十至一百名，從事檔案與資料之搜集、整理、翻譯與校注等基本工作；另方面網羅海內外專家參與各項專題研究，如此每年所費不多；但假以十年的培養和訓練，必有所成，必可蔚成一股壯碩的學

術生力軍，屆時那怕歪曲的史實不能澄清？何愁誣蔑的宣
傳不能洗刷？

（原載《民生報》，「民生論壇」，1987年7月9日，第4版）

談教師的跳槽與甄選

　　每年暑假至開學期間，各級教師照例會有一次大搬風，上下互動，此去彼來，交流頻繁，充分顯示我們的社會並不全是個停滯僵化的社會，也有它朝氣蓬勃、生命躍動的一面，這實在是可喜的現象。

　　歸納這些流動，大致不外以下幾種情形：（一）國中教師往高中高職流動，高中教師（有碩士以上學位者）往專科學院流動，普通大學教師則往有名大學流動，這是一種「成就導向」的上升式流動；（二）中南部或東部或偏遠地區教師，因居家或為子女教育方便，往北部或城市遷調，這是可遇不可求，屬於工作地點的更換；（三）私立學校教師往公立學校活動，這是尋求工作保障與生活安定的一種跳槽；（四）在原機關不獲重視，有志難伸者另謀發展，這是「良禽擇木而棲」式的流動。遷調成功者，可說都是幸運者；既跳槽而又能找到理想的棲身之所，算得上是人生的成功際遇了。

　　教師跳槽，既然合乎人性本能，不管是自己主動，或他人有意挖角，主事者不妨以寬宏大量和坦然諒解的態度來面對它，不必存有「我待他不薄，他竟然跑了！」的心結，而跳腳生氣。教育是服務廣大人群的清高工作，人才應為社會所共享；退一步想，凡事無不可包容者，能放人處且放人，在手續上儘量予人方便，則彼此不傷和氣。

　　跳槽的結果，自然產生缺額的問題。國中教師出缺，照例由師範生統一分發，問題較單純。高中教師有缺，便引發求職者的激烈競爭。據報載，新成立的內湖高工只甄選四十三名教師，卻有一千餘人報名筆試‥成功高中今年只缺四名老師，卻有五十多人參加甄試。在僧多粥少的情況下，各校奉命個別辦理甄試，結果累得人仰馬翻，苦不堪言。為了建立公平、公正的用人制度，公開甄選確有必要，首先可以考慮的是：各校不妨聯合甄選，按志願分發，以杜絕人情！

　　此外，為提升大學的學術水準，加強校際之間的師資交流，大學教師的新聘，也應該確立公開的甄選制度，這可以列為大學法修訂的一項參考。讓學術界門戶或派系講究「純種」的時代，隨著大學法的改訂而

逐漸消失，不也是社會多元化、開放化潮流下應有的進步嗎？

（原載《民生報》，「民生論壇」，1987年9月3日，第3版）

報紙增張與學術資訊服務

報禁解除，報紙將自明年元旦起增張，各界對此一新措施，莫不寄予深切期望。

一般學界朋友反映，目前的報紙（除少數例外）通常基於篇幅有限和新聞價值的理由，對學術資訊的提供，普遍呈現不足，較難在平衡報導的原則下，做到充分媒傳的程度，也即未能充分發揮資訊服務的功能。

時下報紙對學術資訊，最常見的有下列幾種處理方式：

（一）「淡化」──純學術性活動，往往吸引不了記者到場採訪，即或發有文稿，也不見得有篇幅刊出。平時但見消息儘量「淡化」、簡化，甚至縮水到幾批小字，蜷伏在最不起眼的角落；遇有重大新聞或突發性事件，更會慘遭全面「封殺」的下場。

（二）泛政治化──有時版面看似很多，但長篇大段，儘是一些披上學術外衣，了無新義的官場致詞和頌詞，使真學術無地可以容身。

（三）割裂斷章──有些報導不是有頭無尾，就是斷章取義，或只突顯其中某一論點，令讀者茫無頭緒，無法採摘比較完整的資訊。

有些報紙，文教記者頻頻走馬換將，似乎令人產生他們並不很受重視的印象。以採訪中研院院士會議為例，每屆都可以看到不少的新面孔，他們對中研院情形、院士選舉辦法，乃至候選人的學術成就，若事先沒有基本認識，如何能做到深入的採訪與報導？

報紙增張後，它的媒介影響力擴大，相對的，它的社會責任也加重。在匡正社會功利主義趨向，和提升純學術研究風氣上，它也有一份責無旁貸的重任。那麼，一切似宜先從加強學術資訊的服務開始。對此，筆者有兩點基本建議：

（一）每日應保持固定比例的版面，除報導重要文教消息外，也應兼顧國內外各種學術、教育、藝文團體的活動。

（二）仿外國報紙如法國「世界報」、「菲加羅報」辦法，每週開
　　闢固定專刊，分門別類，以學術性為主，知識性為輔，類似
　　雜誌期刊的功能一樣，傳輸各科新知，介紹新書出版訊息，
　　撰寫書評或人物傳記，以加強各類學術資訊的服務。

（原載《民生報》，「民生論壇」，1987年12月9日，第4版）

橋牌活動收費不能殺雞取卵！

　　報紙增張後，媒傳的廣度和密度隨之增加，橋牌、圍棋和象棋，同被歸類為智慧休閒活動，今後大家雨露均霑，各顯神通，當可預期。

　　橋藝活動在台灣，雖不如籃、棒球之熱烈興盛，但始終擁有廣大的潛在人口，深受公私機關員工和在校學生的喜愛，則不待言。我國橋手過去在國際橋壇上，向有赫赫之名，去年在百慕達杯賽一路過關斬將，勇奪初賽冠軍、決賽第四名，就是一次不俗的演出。可惜近年來的橋牌人口已有明顯下降趨勢。以台北規模最大的國際橋藝中心為例，過去全盛時代，每月比賽桌數，旺月到達一千五百桌，淡月也有七、八百桌之譜，如今旺淡月則呈一千與五百之比，減少很多。每月舉行的四人制杯賽，過去常有四十隊以上參加的紀錄，現在則剩寥寥可數的十幾隊而已。

　　橋社為挽回不景氣，也為了生存，不得不採取高收費、高獎金的措施，以廣招徠。普通杯賽已從去年的五百元調整為一、二千元，像鳳凰杯、凱撒杯等全國性雙人賽，每對收費一千二百元；下月即將舉行的普騰杯埠際賽，更創下論隊賽一萬五千元、雙人賽二千元的新紀錄。

　　這種高收費、高獎金的措施，只為高手著想，不顧一般橋友的經濟負擔，實無異殺雞取卵，飲酖止渴！其結果，往往是「多家烤肉一家香」，或少數人得獎，多數人「摃龜」的局面。久而久之，不但扼殺了一般橋友的興趣，也妨礙橋運的正常發展，甚至對於青少年身心，恐怕也會有負面的影響。

　　總之，橋賽高收費、高獎金的辦法，或能收效於一時，並非長期開展橋運的康莊大道。貴族化少數人自樂的導向，有違開放解嚴的原則。筆者建議，採分級分類等制度化辦法，以合理的收費，不同的獎酬，更多的得獎機會，吸引新舊橋友，讓大家在休閒過程中，磨練智慧，提昇水準，這才是橋藝紮根之道和落實做法。

（原載《民生報》，「民生論壇」，1988年1月3日，第3版）

對歷史公案的一些看法

　　歷史是人類經驗的累積，英國哲學家培根曾經說過：「歷史使人明智。」意思就是說，多讀歷史，不但可以歷練人生，也可以悟出許多做人處事的道理，更可以獲得處常應變的法則，使我們變得更加聰明。可見研讀歷史，除了增加智慧和知識外，還是有它的實用性的。

　　但歷史同樣帶給我們不少無法解決的困惑和疑問。一般而言，尤其在中國，有關宮廷鬥爭、外交秘辛、時代悲劇、黨派紛爭、人物恩怨等問題的研究，往往成為「禁忌」之所在，鑑於若干當事人依然健在或其他某種顧慮，資料遲遲未予公開，令真相撲朔迷離，因而造成一件件歷史疑案。

　　最近解嚴之後，在社會輿情的同聲呼籲開放聲中，若干民意代表緊追不捨，政府也順應輿情，有關單位近日再度公布了楊亮功的「二二八事變調查報告」及陳誠等九人小組的「孫立人事件調查報告」。（編按：此兩報告當年都曾公布過）對於發生在台灣的這兩大歷史公案，不但產生了「讓資料自己說話」的好處，也多少具有「撥雲見日」的功效。由此預見，長期籠罩在「禁忌」陰影下的史學研究和歷史教學，已有突破性的正常發展，這應是從事史學工作者馨香禱告所希望看到的一樁盛事，也是史學發展該走的一條康莊大道。

　　解決歷史公案的最佳方法，莫如定期而主動的將史料公開，提供大家研究。國人首先要建立檔案史料係屬公有財產、而非特定機關或私人的「禁臠」的共識。因此筆者建議：在一陣新聞熱潮過後，各有關機構不妨把燙手的「資料山芋」拋出，將各項原始檔案鉅細無遺地移交國史館或中央研究院典藏，藉供海內外公私團體或個人有興趣者，自由參考研究，讓史家各憑本事鑽研，各憑良知說話，真相自然會在客觀比對和理性探討中，豁然呈現。只要人人具備這樣的「開放心靈」和態度，則所謂「禁忌」也者，就不成其為禁忌了；所謂歷史疑案，也就能層層剝開，沒有什麼大不了的神祕性了。

　　有了這次對歷史公案的處理經驗，相信今後朝野上下都會有更明智的做法！

　　　　　（原載《民生報》，「民生論壇」，1988年3月18日，第9版）

為合理化學費政策催生

　　教育部長毛高文日前在立法院表示：該部已成立專案小組，研究學費合理化問題。昨日報紙也透露，教部正研擬徵收研究生學費。在目前中央政府編列教科文預算尚未達到憲法所規定的百分之十五，一塊小「餅」為各方爭食，經費並不算寬裕的情況下，這不失為今後教育改革可以思考的方向，希望能有突破性的進展！

　　政府過去為貫徹教育機會均等的理念，減輕低收入家庭的負擔，並避免刺激物價的波動，一向採取低學費政策。這種由政府提供，幾近標準化、大眾化，堪稱廉價式的公共教育政策，真正受惠者卻未必是低所得家庭，反而較多是中高收入的家庭。其結果，不但造成地方財政的重大負荷，降低了教育品質，而且有違公平的原則。

　　筆者並不贊成高學費政策，但沒有理由讓少數人一直享受教育優惠。為求公平起見，今後應訂定一個合理的學費政策，其理由主要有二：

（一）高中、高職以上至研究所教育，係選擇性教育，而非義務教育，政府無需長期大量補貼。據估計，政府負擔一位大學生，每年需費十萬元以上，高中生則為四萬元，但所收學費平均大約只及七分之一，實在不成比例。

（二）目前我們的國民平均所得已到達五千美元，一般家庭已負擔得起較高的學費開支，這由許多家長肯花大把金錢將小留學生送出國、讓孩子們念私立明星學校、或到補習班補習，便可窺知。

　　基於上述理由，茲提出下列建議以供參考：

（一）對於私校收費，宜採彈性開放政策，由政府訂定上限標準，而由各校衡酌辦學宗旨、績效與所提供條件，自行在規定內訂出收費標準。

（二）高中高職以上教育，既屬選擇性教育，公立學校也應將其教育成本，適度反映於學費，以減輕財政負擔。而以較大比例的教育經費辦好國民教育。

（三）研究所應比照大學部收取學費，而以助學貸款代替現行的獎
　　助學金。

（原載《民生報》，「民生論壇」，1988年5月3日，第9版。）

轉系可以辦理得更公平嗎？

　　大學聯考一向背負著「一試定終身」的罪名，事實上學生入學後，若發現志趣不合，或擔心將來出路不佳，仍有一線生機可以補救，那就是轉系或轉學。

　　轉系好比同校生在玩「大風吹」，有的固然出之於興趣的考慮，但多半是冷門往熱門擠，因此有些科系可能走掉了大半，幾乎唱了空城，而一些熱門科系則趁此機會端架子，高抬身價。在僧多粥少、競爭激烈下，結果自然是幾家歡樂幾家愁，因為能達成願望者，畢竟只是幸運的少數而已！

　　轉系有門道，也有佛曰「不可說」的一面。大致來說，各校標準不一，寬嚴有別。上焉者由全校各單位主管共組一委員會，訂出成績取捨標準和優先順序，再按名額多寡擇優錄取；下焉者由系主任等少數一、二人手操生殺大權，並無客觀而絕對的標準，但憑個人一時觀感的好惡而做出決定。甚或傳聞亦有關說、送禮等情事，不一而足，造成該取的未取，不該取的反而上榜的現象，不免怨聲載道，校園裡瀰漫著憤恨不平的聲音。

　　筆者以為，轉系關係到學生的第二次抉擇，為了公平起見，應尊重當事人的權益，辦理過程應該絕對公開，並儘可能做到公平、公正的原則。下面是幾項相關的建議：

　　一、各系錄取辦法與標準或有關之特別規定，應經校務會議通過，並事先明載於校刊或學生手冊之中；

　　二、讓申請者可以多填志願，增加選擇的機會；

　　三、各系缺額應事先公布，避免出現保障名額；

　　四、分發作業應公開討論進行，必要時得邀請學生代表列席參觀。

　　在此，還要特別呼籲有權做決定的人，應抱持為系擇才的大公無私精神，不偏不倚，澈底杜絕人情關說。

　　每年此時，又到了各校轉系申請的時候，主其事者不能不慎，不可不慎！

　　　　　　（原載《民生報》，「民生論壇」，1988年5月23日，第9版）

橋藝活動亟待大力推展

　　我國橋藝水準，一向在國際與亞洲橋壇上赫赫有名。遠者不論，去年百慕達杯，中華隊一路過關斬將，勇奪初賽冠軍，並獲得決賽第四名，令人刮目相看。今年6月在新加坡舉行的第一屆遠東橋藝大賽，我們囊括了公開組冠、亞軍，女子組冠軍及青年組亞軍，十足證明我國橋手實力之雄厚。

　　受到上述輝煌戰績的鼓舞，加上建弘電子兩次出錢大力舉辦普騰杯大賽的刺激，最近我們的橋牌人口已有顯著的增加，這是一個很可喜的現象。

　　橋藝活動值得重視、倡導和大力推展，主要理由是：

　　一、適合國人智慧休閒活動，有益身心健康；

　　二、投資最省最少，而收效最顯最著；

　　三、有廣大的人口來源，尤其大、中學青年學生源源不絕。

　　但要想進一步在國際性競賽場合與人一爭短長，仍須政府和民間的大力支持，更有賴於傳播媒體的密切配合，多闢篇幅報導，才能激發興趣，並提昇水準。更切盼企業界有人能仿應昌期先生成立圍棋基金會的佳話，結合各方資源，成立一個橋藝基金會，如此便可規劃一系列前瞻性的大計：

　　一、確立橋藝獎金制度。仿獎勵體育選手辦法，凡代表國家參加比賽成績傑出的橋手，按等級頒發獎金。

　　二、寬籌出國比賽經費，鼓勵多組隊參加各項國際大賽與埠際賽，繼續為國爭光。

　　三、採建教合作辦法，網羅在校學業成績優良之橋藝新秀，定期訓練，早做培養，而頒以助學金，期其橋藝與學業並進，術德兼修，將來蔚為大用。

　　如此，中華橋界當有一番蓬勃的新氣象，不但接棒有人，而且假以五年十載，應可在國際橋壇上綻放出耀眼的光芒。

　　　　（原載《民生報》，「民生論壇」，1988年7月26日，第5版）

不能只以「胸懷大陸」為滿足

自政府開放大陸探親後，「台胞」探親的探親，觀光的觀光，開會的開會，接洽生意的接洽生意，一時絡繹不絕於途。他鄉遇熟人，彼此心照不宣，這是屢見不鮮之事，甚至成為歸客茶餘飯後的談助。

在一片「大陸熱」下，大眾媒體從不落後，華視播出的「錦繡河山」影集，已是許多家庭每集必看的節目；報紙長篇累牘刊載大陸作家的作品或訪談紀錄，也幾乎到了喧賓奪主的地步。此情此景，真正是「兩岸猿聲啼不住，輕舟已過萬重山」了。

所可惜者，在大陸政策「猶抱琵琶半遮面」的情況下，兩岸真正最需要接觸的體育、文化和學術界人士，卻始終無法邁開大步。體育團體赴大陸參加比賽，在「正名」的自我設限下，仍在原地踏步，看不到突破性進展。所謂「大陸傑出人士」也因為「傑出」標準難定，一直遲遲不能成行。最近，教育部更轉飭各級學校，凡教職員未經報備允准，私下前往大陸觀光、參加學術活動者，將列入紀錄，做為「不續聘」的參考。凡此種種，宛如唐僧的金箍咒，攪得孫行者滿地打滾，動彈不得！

回顧幾十年來的民族精神教育，不是一直強調台灣與大陸骨肉一體、血脈相連嗎？我們再三告訴下一代，台灣所要尋的文化之根在大陸，台灣所要覓的歷史源流在中國。那麼，鼓勵到大陸尋根覓源，該是天經地義之事，為何有那麼多不必要的顧慮呢？身負教育百年大計重責的教師，從中小學老師到大學教授，讓他們到大陸實地觀光，看一看壯麗的錦繡河山，親炙一番五千年的悠久文化（這些都與共產黨無關），以收教學相長之效，這有什麼好擔心的呢？學術機構的人員能夠親臨其地，做一番田野調查工作，蒐集一些研究資訊，交換一點最新研究心得，不也是提昇學術水準的一種作法嗎？但為什麼相關的明確辦法，總是讓人左等右盼，甚至千呼萬喚出不來呢？

我們立足台灣已經四十年了，為了迎接這一股尋根熱潮，我們不能只消極地以「胸懷大陸」為滿足，所以向決策當局呼籲，不要再舉棋不

定、踟躕不前了！惟有勇敢的邁開大步前進，劍及履及透過文化、學術、體育各層面的深入接觸，才能開創嶄新的局面！

（原載《民生報》，「民生論壇」，1989年2月24日，第5版）

開啟國內政治的新局

　　被譽為才識機敏，氣度恢宏、政治經驗豐富、統合力強、最了解台灣社會脈動的李煥先生，在國人的殷切期盼中，經由李登輝總統提名，立法院通過同意權投票，即將接下重擔，出組新閣。

　　面對高張的民意和民主開放的聲浪，新內閣能否突破過去沉悶的政局，當最為各方所關切。為了開啟新局，振奮人心，預料必將有若干令國人耳目一新的觀念和作法，個人願在此略抒幾點管見：

一、建立人才無所私、用人唯公的觀念。人才是展佈新局的必要條件；但國人一向講究師承、家世門第、親戚、地域、淵源等各種關係，由此形成黨中有派，派中有系，彼此長期壟斷或瓜分政治資源的現象。只要是圈內自己人便是人才，永遠有玩「大風吹」遊戲的特惠，一定獲得優先安排，照顧或酬庸。所以有人被拔擢了，必說他是某系的人馬；有人丟官下台，必說他跟錯了某某人。一日為官，便終生為官，這不是政治革新之道。今後，應建立人才無所不在、化私為公的共識，用人一秉「專才、專業、適才、適所」的原則，這才是國家之福！

二、改變政治可怕的觀念，唯有落實民主的作風。在這次黨政人事更迭中，有兩位夫人不約而同的透過新聞媒體，道出了「政治真可怕」的感慨。政治之所以讓人有「真可怕」的恐懼感，主要因為它是只許少數人玩的「禁忌」遊戲，以致「天威莫測」。其實，在民主體制下，政治本是透過公平的規則，多數人都可參玩的遊戲，得失固有所憾，實在沒有可怕的道理！何況莎士比亞說過：「人生如舞台，每個演員上了台也須下台！」準此，對於進退，便可以平常心看待了。

三、新閣應有更大的代表性和包容性。面對解嚴後瞬息萬變的社會脈動，執政黨必須掌握先機，隨時對內閣做必要的調整因應。此時若能重新考慮政治資源的分配，使其更具代表性和包容

性，甚至年輕化、專業化，則無疑將是一局先聲奪人，可振奮人心的好棋！

（原載《民生報》，「民生論壇」，1989年5月31日，第5版）

現代人的夢魘

——一票難求

　　春節又快到了。看到新聞媒體一再報導，各地民眾從台北、花蓮到澎湖，為了購買春節前後的返鄉機票，必須於深夜露宿街頭，耗費不少精神與時間排隊，才能搶購一票在手，令人既表同情，復覺得不可思議。這與出國旅遊時，顧客坐在旅行社舒適的沙發上，和年輕而又服務親切的女經理洽談行程的愉悅氣氛，實在有天淵之別！

　　排隊本是現代人遵守公共秩序、無傷大雅的一種生活經驗。但像這樣帶著寢具、夜以繼日的排隊方式，卻是一項很令人痛苦的經驗。僧多粥少，供不應求，依序排隊，表面看來好像是一件合理之事，其實不然。因為強迫民眾放下工作，犧牲睡眠，去虛擲偌多寶貴的時間，不但是開倒車不進步的做法，對於分秒必爭的現代社會，更是一大諷刺。

　　台北市因為小汽車增多了，為了紓解日益癱瘓的交通，有人想出依車號輪駛的限制措施。這就像人口增加了，限制某部分民眾隔年才能返鄉過春節一次，畢竟不切實際。解決春節航空旅運的瓶頸，長遠之計，要靠有關當局及早對國內旅遊市場做前瞻的規劃。不要落到像台北市的交通已經寸步難行，而捷運系統仍然「千呼萬喚出不來」一樣。治標上，可比照鐵公路的辦法，多加開班機，增加機位，以應旅客需求。若機位一時無法相對增加，何妨採用電話訂位的方式，較為便民，以免造成讓民眾餐風飲露排隊的不雅畫面。據聞，民航局除台金航線外，暫時不敢貿然答應電話訂位。事實上，主管單位所要督導的是飛航安全與服務品質，對於售票方式，大可採取開放態度，讓航空公司有更多的自主權。

　　畢竟，那麼多人帶著寢具露宿街頭，等購機票的畫面，對於擁有七百億外匯存底，國民所得超過七千美元、名列亞洲四條龍之一的中華民國而言，並不是一件光榮體面之事！這是「經濟奇蹟」之後，一個值得大家共同深思的問題。希望明年的春節，不再出現同樣的畫面。這不僅意味國內旅遊事業的真正起飛，更是國家進步的一大表徵！

（原載《民生報》，「民生論壇」，1990年1月18日，第2版）

兩岸文化交流不宜再蹉跎

　　自政府調整大陸政策之後，一般民眾的關心點各有不同：榮民老兵盼的是返鄉探親；台籍同胞想的是觀光旅遊；體育界爭的是參加比賽；演藝界要的是演唱與拍片；藝文、學術界期待的是開會與交流；工商界在意的是考察與投資。儘管焦點各有不同，但急切想「交流」的心情，卻沒有兩樣。

　　可惜的是，決策當局似乎不完全瞭解民眾需求的迫切性；也漠視兩岸民間交往日益頻繁的事實。在研擬「兩岸人民關係暫行條例」時，不是顯得牛步化，便是缺乏通盤的規劃。雖然政策上走的是「逐步解禁」，但不免讓人感覺到：內容支離破碎，寬嚴搖擺不定。在法令一直趕不上現實的情況下，其結果便是任令大家偷跑盜壘，左衝右突，然後見招拆招，左支右絀。看來政府做得好累，而民眾也並不完全滿意。

　　兩岸的學術文化交流，和其他的民間交流活動一樣，不必以「泛政治化」的眼光來看待。例如，過去遺留在大陸的檔案和材料，是中華民族共同的寶貴資產，沒有理由不讓研究者去分享共用。不參考這些檔案而寫出來的歷史，其誰信服？再說，四十年的兩岸隔絕，不僅已形成若干學門學術人才的斷層，也可能就是造成此間學術根基薄弱的原因之一。對此，有識之士早有論列，希望政府當局能夠正視。

　　為了傳承文化香火和擴大「台灣經驗」的影響，在此鄭重建議以下三點：

　　（一）取消法令上一切不必要的限制，以促進並加強兩岸公私團體　　　　個人間出版品的交換與文物成品的流通。

　　（二）除比照出國開會辦法，儘量讓學者專家赴大陸參加各項會議　　　　外，也希望因學術研究之需，允許作較長時間的訪問停留。

　　（三）同時，「來而不往非禮也」，宜明定開放一般大陸學者專家　　　　來台開會、訪問的時間表，以符合交流的本意和精神。

　　往者已矣，四十年的寶貴時光已經一去不復返地虛擲了，我們沒有理由再蹉跎！今天不趕快做，明天將更後悔！

　　　　　　（原載《民生報》，「民生論壇」，1990年3月7日，第2版）

為公務員出國休假旅遊進一言

　　為鼓勵公務人員的士氣，人事行政局所研訂的「中央機關試辦公務人員國外休假旅遊活動」實施計畫，已獲行政院核准；今年度內將試辦兩個梯次，名額在七十人左右。兩梯次的目的地分別為泰國、馬來西亞、新加坡與日本、韓國。

　　此一活動的最大特色是：可以把公務員的視野和觸角，由國內延伸到國外。這個構想，對於長年案牘勞形，很少有機會出國的中下層公務員而言，除可一開眼界外，並可藉此調劑身心，誠然是一件值得稱許的創舉。

　　人事局在旅遊項目的安排方面，除觀賞一般的文化設施、自然景觀外，還包括參訪重要經建設施、各級行政機關，以瞭解其行政管理、運作及便民服務事項等。可見在一般的觀光活動之外，尚含有吸取別人長處，藉「他山之石以攻錯」的深意。但令人擔心的是，這種別具意義的旅遊活動，倘若設計不周、準備不足，很有可能像國內的「自強活動」一樣，不但淪為純休閒式的旅遊活動，甚且久而久之，因為該參加的不能參加，反而變成少數冗員的「專利」。這便與設計的原意背道而馳了。

　　為使這種活動更具深度，達到寓旅遊於考察和研究的效果，謹在此建議：將活動與國內政局的發展需要相結合。最近國內政局紛擾，棘手問題層出不窮，例如：僑選立委與雙重國籍問題、僑生升學與優待以及僑校的存廢和發展問題、移民與對外投資設廠環境問題等，在在都值得中央級公務員重視，並取得共識。因此，在行前，若能透過安排，邀請相關部會如教育部、經濟部、僑委會等派員先做背景說明，或與研究海外華人問題的專家學者舉行座談，相信必有助益。到達目的地之後，也應多安排與僑社人士接觸，實際認真考察僑情，並儘量蒐集相關資訊帶回，供各界參考，方不虛此行。

　　經過這番「洗禮」的公務員，不但增廣了自己的見識，今後在處理各項問題時，也將因知識層面的開闊，而會有較為客觀而持平的態度。

這才不辜負休假旅遊的美意，也無愧於做一個能回應時代要求的中央級公務員。

（原載《民生報》，「民生論壇」，1990年3月22日，第2版）

海外華僑的心聲和建議

　　歷時四天，以「邁向九十年代僑務新里程」為主題的全球僑務會議落幕了。來自七十九個國家及地區的五百餘位僑學界代表參加了此項有「華僑國是會議」之稱的盛會；但在閣揆風潮影響下，似乎沒有受到媒體太多的注意，也未獲得國人應有的重視和關切。

　　全球華僑會議除討論四大議題外，也在國是會議籌備會召集人蔣彥士的主持下，舉辦了一場真正的華僑國是座談。會中發言盈廷，針對憲政改革與大陸政策熱烈發表意見。以下是他們的部分心聲：

　　——憲法不能隨便「凍結」或修改，其精神應予尊重和維護。

　　——臨時條款有其正面功用，不可任意取消。

　　——僑選立監委根據憲法而產生，不能輕言廢棄；其選舉辦法可以修改。

　　——民進黨的若干不當言論和暴力脫序行為，應依法懲處，以重振公權力。

　　——大陸政策應以維護台灣安全為前提，暫不談國家統一問題，以免迷失方向。

　　遠客的這些心聲，不一定與趨向改革的廣大民意同音；但無論中聽與否，至少應受到有雅量的主人適度尊重。

　　全球僑務會議除了共策僑政發展方針，以開創僑務新機運外，也通過了一項極具前瞻性的具體建議，那就是「請政府獎勵海內外學者，專題研究華僑歷史及華僑社會，重修華僑志，並籌劃成立華僑博物館」。其中以華僑志的重修，尤具時代意義。

　　猶憶民國41年舉行的第一次全球華僑會議，曾產生一項具體成果，就是華僑志的編纂。但該匯編出版於45年，距今已近三十四年。隨著時勢的推移，世界各僑居國家及地區政治、社會與經濟各方面已有重大變遷。我們根據舊時資料已無法掌握確切訊息。所以，結合海內外學者專家重修華僑志，一以「存史實而彰我僑胞之功業」，一以「藉溝通瞭解之助，收團結合力之功」，並「鑑往知來，為僑政措施之參考」，不但

有其事實的必要，而且更是「今天不做，明天將後悔」的鴻業。

（原載《民生報》，「民生論壇」，1990年5月3日，第2版）

整頓流動攤販並非小事

　　流動攤販困擾台北市，由來久矣。他們公然霸佔騎樓、人行道、天橋、廣場、地下道等場所，大模大樣違規營業；尤以西門町、公館一帶、統領百貨附近及士林等地區更為密集。但這種地下經濟行為不僅嚴重妨礙交通，而且有損市容觀瞻，更影響正規商家的營運，有時其令人深惡痛絕的程度，簡直可與治安惡化、交通癱瘓等量齊觀。而每見三、五成群的婦女穿梭於紅燈前的車陣中叫賣玉蘭花，在虎口下討生活的情景，卻又令人感傷。

　　外縣市的人初到台北闖天下，最省本厚利的營生就是擺地攤。地攤擺久了，由無案逐漸升格為有案，然後可在為收容他們而建的現代化市場中獲配攤位。如此方便的「創業」形式，前「富」當然後繼，於是攤族們無不呼朋引戚，嘯聚而來。台北市有此「德」政，攤販焉能根絕？根據有關單位統計，台北市現有的有案攤販約為六千名，無案攤販在二至三萬名，其一年的總營業額高達二百四十二億元，真是不可等閒視之！利之所在，難怪大學生改「文」歸「流」者亦頗不乏人；甚至外國觀光客也跟進搶「攤」──只要我能賺錢，管他別人死活。法令值幾何？交通、市容又與我何干？

　　攤販問題，原本最棘手，不易管理；何況國人一向不太守法，又講究人情。但「冰凍三尺，非一日之寒」，今天所以落到這樣的地步，無非是大家姑息縱容的結果。面對攤族的盛行，寄望商家挺身而出捋其虎鬚，或市民拒買以行消極抵制，恐都是不切實際的想法。歸根結柢，唯有靠主管單位大刀闊斧，伸張公權力，從法令的設計與執行的嚴格雙管齊下，才能有效地予以根除。

　　在法令設計上，不妨從嚴格管制外縣市人口申報入籍著手，並追查攤販貨品的來源，必要時可對地下工廠採追蹤考察，予以嚇阻。亦可定點設立類似的跳蚤市場，讓販者與顧客各得其所！

　　但最重要的是嚴格執行，不可虎頭蛇尾，心存顧忌。如此標本兼

治，讓舊販無厚利可圖，新族無隙可生，假以時日，攤販問題當能獲得解決。

（原載《民生報》，「民生論壇」，1990年6月5日，第2版）

學術資訊與文化交流

　　台灣因熱錢滾滾，投機風盛，所以不久前被外人譏為「貪婪之島」，未免有損國家形象。另一方面，正由於國家財力逐漸豐裕，「台灣錢淹腳目」的關係，我們才有能力繼美、日之後設立國際學術交流基金會，以各種方式資助世界各地的中國研究，透過學術文化交流管道，以提升國家地位。這真是一個有趣的反諷！

　　推展國際學術文化交流，除了必須投注龐大的基金及人員的有效管理外，資訊的蒐集、研判與運用，也是不可忽視的一環。學術資訊之於學界，就如同商情之於商家一樣重要。「無資訊」（un-informed）形同盲人騎瞎馬，難免主觀臆斷；「資訊不足」（under-informed）則可能造成摸象推斷，兩者都不是學術出擊的正規做法。唯有「充分掌握資訊」（keep-informed）或「精通善用資訊」（well-informed），才是促進交流，進而為中國文化振衰起敝、重新在世界上定位的不二法門。

　　萬丈高樓從「知己知彼」起。在知己方面，過去創編的《全國文化機構一覽》、《台灣人文暨社會科學研究機構現況》、《中華民國學術機構錄》，比較偏重於機關的介紹。在知彼方面，如《世界各國漢學研究論文集》、周著《漢學論集》、李著《法國漢學論集》等都有其開創性的貢獻；可惜資料多已陳舊，亟待補充更新。「漢學研究通訊」與「近代中國史研究通訊」的相繼推出，可以彌補若干資訊的不足，但仍不夠周全及系統化。當此兩岸關係改變、文化交流升火待發之際，對大陸學術資訊的全面蒐集，同樣是刻不容緩之事。

　　資訊的不斷蒐集和整理，對於推展學術文化交流，既是如此迫切而重要，則相關權責單位如教育部、文建會、國科會、新聞局，乃至中央研究院、國關中心、漢學研究中心、蔣經國學術交流基金會、太平洋文化基金會等，實際掌管或負責推動學術文化交流的機關團體，亟宜統合人力物力，共同成立一個「國際學術資訊採編小組」。期以五年時間，針對世界各地（含大陸）與中國研究有關之機構與人才，完成電腦建檔

工作，建立一個全國性的資訊網絡，彼此聯線共享，如此當可嘉惠士林不淺。

（原載《民生報》，「民生論壇」，1990年6月14日，第2版）

修史宜先做好準備工作

　　省主席連戰最近在省議員的建議下，為因應當前環境的需要，已指示省文獻會積極從事「台灣近代史」的編纂。據報載，這部字數達百萬言的巨著，起自1840年，下訖民國79年，將包括二二八事件、美麗島事件及近代黨爭等敏感問題在內；所需經費為九百一十萬元，預計三年後問世。

　　修史若能引起大家對歷史的重視，當然是一件值得鼓勵的好事。但平心而論，此時此地，在主客觀條件並不充分具備的情況下，想編纂一部立場客觀，既合乎學術規格、又能讓各界滿意的史書，並不容易。

　　修史的第一步，必須要有堅實的史料作為基礎。令人擔心的是：這橫跨一個半世紀所需要的各種材料，尤其是光復以後的材料在那裡？有沒有經過系統性的整理編目？能否完全開放、提供給學者專家參考？在在恐怕都成問題。行「無米之炊」或率爾操觚，是敬業的史學工作者所不取的。

　　其次，撰寫一部集其大成的通論性史著，更必須建立在前人的研究成果上，取精用宏，縱橫參證，始可達到「體大思精」的境界。但試問我們過去的研究成績（除了荷據與清代兩段稍有可觀外），是否足夠構成「聚沙成塔」，起「萬丈高樓」的堅實基礎？亦有問題。

　　近年來，隨著台灣史研究風氣的蓬勃開展，民間與學術界已默默做了一些有助修史的工作，這是值得稱道的。而中央研究院台灣史田野研究室致力搜集古文書，及祭祠公業與寺廟台帳資料，台大與省文獻會及外國學術機構所合作進行的「中美荷日公藏台灣史檔案手稿資料之搜集、整理與聯合目錄之編製計畫」，更是開拓史料視野的良好典範。

　　總之，歷史是一門嚴肅而鄭重的學問，不可躐等急功，求其速成。修史更宜先從平日重視搜集史料和整理工作開始。

（原載《民生報》，「民生論壇」，1990年10月12日，第2版）

「警察故事」頻傳的省思

　　警察是所謂人民的褓母，負有維持社會治安，保護人民生命財產安全的職責。惟最近警界「狀況」頻出，不斷上演一些離譜的故事，從侵占滿天星手錶、參與擄人撕票到因勤務爭執而拔槍射殺同僚等，對警察形象實構成重大傷害。

　　警察職司風紀，是打擊邪魔歪道的第一線人員，設若本身操守不正，如何糾正他人？警察若竟與黑道掛鈎，為非作歹，社會治安焉能不惡化？社會風氣焉能不敗壞？這是民眾感到憂心與困惑的地方。

　　其次，警察在肅槍、查流氓、抓要犯、破重大刑案過程中，因大意、草率、欠缺敵情觀念等疏忽，一再賠上寶貴的性命，甚至發生自購防彈衣而不能防彈的悲劇。手中有武器的警察都不能自保，試問如何能保護手無寸鐵的百姓呢？這也是民眾感到困惑的問題。

　　最近民意測驗顯示，「治安內閣」整頓治安的績效，仍獲社會的肯定。本著「關心治安，人人有責」的想法，筆者願提出兩點淺見，以供當局參考。

（一）「又要馬兒好，又要馬兒不吃草」的時代已經過去了。設立破案獎金的辦法，並不足取。建議政府優先寬列經費，強化警察武器與各項現代化配備，從精神上、制度上提高警察的社會地位，而於物質上改善其待遇，並暢通其升遷管道，以全面提昇警察的工作士氣。

（二）精兵與專職分工的時代已經到來。警察與士兵一樣，貴精不貴多。加強與發揮警力，不全在於量的增加，而更有待於質的提昇。我們不敢奢望警察都有電影中藍波以一當十的神勇，但至少在提高素質、改善待遇、加強訓練後，能有單兵作戰、智擒歹徒的勇氣和能耐。至於平常值勤、巡邏、查戶口、取締攤販等一些例行性的工作，不妨多訓練女警充任。如此各有所司，職責分明，於工作效率的提昇，當有其助益。

　　否則，若治安繼續惡化下去，我們恐怕只有重金禮聘藍波或動用「機器戰警」代勞了。

　　（原載《民生報》，「民生論壇」，1990年12月6日，第2版）

波灣戰火為我們暴露出的問題

　　無論打開電視機或翻閱報紙，長篇累牘的中東戰況報導，讓我們直覺感到這世界真像一個「地球村」，令人難以置身事外。朋友間聚會晤談，話題也總圍繞著中東問題打轉。換言之，波灣所引發的戰火，不管你願不願意，從市井到豪門，已直接間接闖進你我多數人的日常生活中，成為每日必所關注的一件大事。

　　波灣戰爭是一場史無前例的現代科技大對決。在螢幕上觀賞「愛國者」飛彈空對空攔截「飛毛腿」的精彩畫面，令人嘆為觀止。但在新聞資訊充滿西方觀點之餘，這一場戰爭或多或少也為我們暴露出一些不可忽視的問題來。

　　第一，它再度暴露了我們學術界根基薄弱、人才不足的缺點。大眾媒體在別無選擇的情況下，一如過去所發生的重大國際事件一樣，臨時製造出不少新出爐、卻從未寫過相關專文的「阿拉伯通」或「中東問題專家」來。這些學者專家，誠如尹建中教授在民生論壇所指出：「幾乎無一人真正通曉阿拉伯世界事務者，更乏人從文化、歷史的角度來詮釋這場戰爭。」甚至，有的受訪者，其見識還不如作專訪的記者。問道於盲，何忍卒睹！再說，坊間書肆至今難見一本內容嚴謹詳瞻的「阿拉伯民族史」或「中東近代史」中文著作，學術根基之薄弱，可見一斑。

　　第二，它同樣暴露了我們學術界的勢利作風。我國學術界一向遵循「唯美派」。在「美雨」之外，頂多裝飾一點點的「歐風」，而缺乏應有的獨立自主性。因此，一切唯美國馬首是瞻，以歐洲為風尚，彼此吹捧而哄抬成「顯學」，而獨占豐厚的學術資源。相對的，世界其他廣大區域的研究，便受到忽略，成為乏人問津的冷門偏僻之學。在學術資源大多遭到壟斷下，試問有幾人能甘於寂寞，真正無怨無悔的為「學問而學問」從事研究呢！

　　天下沒有速成的專家，學術更沒有廉價的收穫。要想為學術打下堅

實的根基，並匡正偏頗的學風，端賴政府、社會和學術界痛切反省，共同努力。

（原載《民生報》，「民生論壇」，1991年1月26日，第2版）

學術研究與社會運動的分際

　　從事學術研究和參與社會運動，有其本質上的差異。學術研究貴乎冷靜平和，客觀理性；有一分證據只說一分話，不妄下斷語，更不宜作誇大之詞；最好能排除個人感情上的好惡或外在因素的影響，如良警辦案，老吏斷獄，始能清澈透明，不偏不倚。而社會運動講究的是痛快淋漓，激情是尚，允許用感性、聳人聽聞的言詞來激揚群眾的情緒，以達到主觀訴求的目標。

　　再者，學術研究不能簡單化，要在不疑處有疑，容許有不同的看法，可以提出不同的解釋。如此，才能將錯綜複雜的事實總相全貌呈現出來。而社會運動多採單一化，必須目標一致、行動一致，才能凝聚力量，擴大效果。總之，社會運動好比「火上加油」，學術研究則形同「潑冷水」，這是兩者最大的分野。當然，火上加油往往比潑冷水容易，有時也更能博得社會的喝采！

　　以爭議多年的二二八歷史事件為例，由於事關受難者的清白，更宜謹慎從事。最近，行政院與民間分別成立了研究小組，將對此一事件作深入的訪查研究，預定於明年元月中旬提出報告，向社會交代。擔任執筆的兩小組成員都是省籍的台灣史研究精英，相信以他們的學術素養，在良性競爭、資料互補的原則下，必可突破禁忌，「不容青史盡成灰」，進而化解省籍情結，撫平歷史傷痕！

　　為了讓研究小組在短促期限內，能全力以赴，專心從事；在此，謹提出兩點建議：

　　第一：呼籲社會各界，尤其大眾媒體，儘量不在研究過程中去訪問、干擾他們，或請他們演講、參加座談等，讓他們能真正做一個學術研究的「行動者」。

　　第二，更盼望兩小組的執筆學者，懍於本身任重道遠，不以一時的榮辱為念，不做「媒體英雄」，儘可能不汲汲於發表一得之見。並且，最好從「鬧熱滾滾」的社會運動中，暫時退居幕後，做一個冷靜

的「旁觀者」。

（原載《民生報》，「民生論壇」，1991年3月3日，第2版）

學界對兩岸學術交流的一些期望

　　儘管現階段的兩岸關係既複雜而又微妙，雖然六四事件對兩岸的交流不無短暫的不利影響，但加強台灣與大陸的學術關係，以提昇中國的學術水準，早已是海峽兩岸學術界的一項共識，這是一種不能倒轉的（irreversible）趨勢。

　　在當前談政治統一尚非其時的情況下，先從民間的文化交流與非政治性的學術交流入手，應是比較可行之路。在此一前提下，交流毋寧是一種「兩蒙其利」的互惠工作。兩岸學術文化經過四十年的分途發展，互有短長，尤其在人文社會科學的領域裡，交流當可發揮互補的作用。就學術環境言，台灣是個開放性的社會，資訊發達，討論風氣自由，研究空間呈現多元而又蓬勃的發展，研究出版經費也比較寬裕易籌。大陸則考古出色，檔案資料豐富，人力充沛，能觀照的方面較為廣闊，故若能加強雙方的交流與合作，定可發揮「合則兩利」的益處，使中國人的研究成果更為豐碩，學術水準更加提昇。

　　惟純學術性的交流，在現階段仍受制於政策考慮與法令的不明確，以致窒礙重重，不易開展。學界所關切期望的是：

　　（一）學者教授到大陸參加各項學術會議，不必「掩耳盜鈴」地引用探親的名義，而應名正言順地以開會的名義前往。

　　（二）開放大陸學者教授到台灣來參加學術會議，或演講或短期訪問講學。

　　（三）只要通過學術審查，台灣學術刊物可以刊載大陸學者論文，台灣學術機構可以為大陸學者出版專著。

　　（四）學術機構可以正式編列預算或運用預算，讓研究人員到大陸搜集資料或從事田野調查；也可以邀請大陸學者來台從事同性質工作。

　　（五）台灣與大陸可以共同舉辦學術會議，雙方研究人員可從事合作研究或出版事宜。

　　以上數點，亟盼有關主管單位通盤考慮，訂出明確可行的辦法，並

印發各界，以供申請或辦理之參考。最重要的是，應簡化各項手續、縮短審查期限，一者表示對大陸學者的尊重，一者可節省此間申請機構的時間和人力。

（原載《民生報》，「民生論壇」，1991年7月27日，第2版）

忍教青山長蒙塵
——為選定山豬窟掩埋場進言

　　台北市政府環保局為了應急，在饑不擇「地」的情形下，率爾選擇南港山豬窟做為垃圾掩埋場，並在黨政協調的運作下，由市議會通過了預算。這真是一件違背民意、不得民心的措施。表面看來，本案似乎已經塵埃落定；但實際上餘波盪漾，後遺衝擊方興未艾。

　　日昨，環保局在南港中研院舉行一場說明會，與會的中研院同仁在長期與垃圾山為鄰，飽受惡臭痛苦之餘，群情激昂，紛紛對環保局的作法，提出強烈質疑。歸納大家的意見，約有以下數端：

（一）山豬窟原屬保護區，身負環境保護重任的環保局卻反其道而
　　　行，不但不努力去保護青山綠水，反而罔顧法令，變更都市
　　　計畫，不免對保護區造成汙染與破壞。若與環保的使命相對
　　　照，真是一大諷刺。

（二）南港雨水多，山豬窟地勢高，且位於水源上端。僅此兩點理
　　　由，便可說明其不適合垃圾掩埋場的設置。

（三）在整個決策和規劃過程中，有關單位不但閉門造車，而且顯
　　　然忽視民意，未充分溝通，更置中研院的強烈反應於不顧，
　　　殊有不妥。

（四）市政措施欠缺整體計畫，七拼八湊，因陋就簡，頭痛醫頭，
　　　腳痛醫腳，全無效率可言。所謂「回饋地方」，往往只流於
　　　高調與口號；甚至淪為畫餅充饑，有如鏡花水月。

　　為此，與會學者對於全市垃圾的處理，提出一些根本性、長遠性的建議，其要點如下：

（一）應從大都會的觀點作整體考量。本市與台北縣唇齒相依，公
　　　共建設應不分彼此，故有賴兩地首長推心置腹，協調溝通，
　　　共謀解決。

（二）建立「受益付費，受害賠償」的觀念，由此成立專款或基
　　　金，才能真正落實對地方的回饋。

（三）垃圾車行駛應另闢專用道路。尤其在外環道路未開闢之前，

不得使用掩埋場；否則，必將使原本已經癱瘓的交通雪上加霜。

（四）摒棄掩埋土法，除提升焚化爐的運作功能外，儘量採取填海造新生地的方式。

（五）若政府在行政上無能力、無效率做好垃圾處理工作，理應開放讓民間經營。

（原載《民生報》，「民生論壇」，1992年2月25日，第2版）

兩岸學術交流的新衝擊

　　四十六年沒有到過大陸的中研院院長吳大猷先生，終於啟程前往北京、天津，參加多項科技研討會，為兩岸的學術交流邁出一大步。

　　兩岸的學術交流曲折多變，雖始終難以擺脫政治的糾葛，但大勢所趨，殆已形成一股「不可逆轉的」（irreversible）、「無法抗拒的」（irresistible）潮流。其對研究近現代中國史所構成的衝擊和影響，更不容忽視。簡而言之，如果雙方均一本學術歸學術、政治歸政治的立場，則將可產生良性的互動關係，茲說明如下。

　　一為資訊、資料將更具互補性：過去因政治對立的緣故，兩岸隔絕，資訊難通，造成資料分散、或各有所偏，以致研究者難免閉門造車，各說各話，一旦兩岸正常交流，便可首先在資訊、資料方面，建立起更大的互補作用。

　　二為研究工作將更具挑戰性：資料的開放和流通，無形中將使研究工作更富挑戰性。除了不能閉門造車外，更無法挾資料以自重，或恃資料而冒充權威。近現代史家必須面對更多的同行專家，其所受的挑戰性之大，不言可喻。

　　三為觀點將更具客觀性：在資料既不能獨珍自祕、復須隨時考慮同行問難質疑的情況下，雙方研究者在下筆時，自會更謹慎，立論自會力求客觀，甚至也會自覺地揚棄一些不必要的意識型態或八股教條。

　　四為出版將更具時效性：兩岸研究工作者若在資料、語文能力、學術背景、人力配備等條件方面，逐漸接近；而研究題目又相同的情況下，則寫作的速度和出版時間的快慢將決定一切，形成「先出版者生存，後出版者遭淘汰」的激烈競爭局面！

　　綜合上述，兩岸學術交流乃屬於「你追我趕」，兩蒙其利，具有正面意義，值得大力推動的事情。雖然挑戰性加大，競爭性增強，但若因而使研究參考資料更完整，研究觀點更客觀，成果出版更快速，則何樂而不為？尤有甚者，由此，不但可開拓研究新領域，豐富研究內容，提升研究水準，甚而可使近現代中國史在解釋上更周延、完整。這應也是

有識之士樂觀其成之事！

（原載《民生報》，「民生論壇」，1992年5月20日，第2版）

兩岸學術交流的省思

　　近幾年來，兩岸學術交流頻繁，並已獲得若干實質的成效。這是得來不易的善果，盼雙方善加珍惜。

　　放眼看當前的兩岸學術交流，因受到兩岸政治緊張關係的制約，幾乎原地踏步，難有突破。目前所能做的，不外在既有的基礎上循序漸進，乘勢而行，量力而為，不冒進，不求一步登天。以下四點雖屬老生常談，但仍有待努力和加強。

（一）出版品與檔案資料的交換

　　　　這是最簡單可行的項目。兩岸都有可觀的學術出版品（包括期刊學報）與豐富的檔案資料，若能透過機關團體定期而制度化的交換，將可截長補短，發揮互補互利的功效。

（二）傳統式邀訪

　　　　屬於短期參訪性質，無論個人或學會團體均可，旨在先做接觸，進行瞭解，為以後進一步的發展合作鋪路。

（三）蹲點計畫

　　　　即在某一定點或機構，做較長時間之訪問研究，短者一個月，長者半年，融講學、搜集資料、切磋觀念於一爐，對於學者和研究生幫助最大。

（四）輪流舉辦三邊研討會

　　　　以雙方共同感興趣並較無政治敏感性的主題，定期輪流在兩岸三地舉辦研討會。囿於大陸學者來台不易，港澳可以搭起較積極的橋樑角色。

　　筆者近五年來曾到大陸各地參訪、開會座談、旅遊觀光不下十次之多，願就個人交流經驗，略抒所感，做為今後兩岸交流的參考。

（1）　開大門，走大道

　　　　兩岸學術交流既有其正當性與必要性，熱心倡導人士爭先恐後，推動進行的機關學會亦所在都有，以致研討會之多，交流項目之雜已到了令人目不暇給，甚至泛濫成災的地

步，稱得上「八仙過海，各顯神通」。惟真正以人才為本，以專業為對象，大公無私，大開大闔，兼具前瞻宏觀視野者似乎不多，泰半講究本位主義，為少數壟斷，其結果不免演成一流人才卻步，專家不屑一顧，三、四流人才充斥的關門自導自演情形。長此以往，不僅無補於兩岸研究水準之提升，更非交流應行的康莊大道！

（2）尊重、包容、體諒

　　大陸過去由於受「左」的思想影響，一般而言，「禁區」多，意識形態包袱大，教條化傾向強，而學術研究的探索和爭鳴氣氛較不濃厚。台灣則是個資訊發達，同質性低，資本主義開放多元的社會，一切以追求自由化、自動化、國際化和民主化為目標，人人愛表達「異」見，講究「愛拚才會贏」。兩者初交相接觸，不免有若干扞格之處，貴在相互尊重、包容，並設身處地為對方著想而有體諒之心。台灣學者固不必動輒以民主、自由傲人或以「經濟奇蹟」自炫，甚至專斷的要求對方揚棄八股教條；大陸學者也要體認，並非大部分的台灣人（包括所有現住民）都贊成與「祖國」統一，「一國兩制」更未必是和平統一的萬靈丹。當然，這些具有爭議性的敏感課題，不必成為學術交流的主要話題，徒傷感情。

　　總之，學術交流的目的，除增進感情、促進瞭解外，主要在互相觀摩學習，從資料和學術成果的交流，觀念的溝通到互信的建立，都是消除兩岸長久以來因政治對立所產生的隔閡必不可少的前置作業。學術論壇，好處是可以「百花齊放」，不妨「百家爭鳴」，既能容納異見，終在求同存異。不像政治舞台或外交玷壇，必爭得你死我活，玩的是另外一套零和遊戲。

（原載《亞洲研究》，第35期，2000年6月，頁22-24）

令人憂心的當前政治生態

在當前金權、派系橫行無阻的情況下，社會脫序的嚴重性日甚一日，人人自我意識膨脹，民主政治的運作已明顯變質，浸假而衍生出一些令人憂心的政治心態來，那就是：

一、強出頭心態——人有上進、不甘落居人後的心理，是可以理解的；但凡事不可強求，佛家講「隨緣」，先賢也有「水到渠成」之說。若不度德量力，自以為很行，愛拚才會贏，事事強出頭，人人攘私利、奪大權，爭先恐後，目中無人，更完全無視於社會公義，徒然造成一批批政治速成軍和暴發戶，實非民主政治之福！

二、放狠話心態——金權政治一走上不歸路，許多政客型人物，雖嘴巴說絕不戀棧，但卻到站也不想下車。強求硬爭不得，便反彈，放狠話。例如，因競選提名不成而脫黨者有之，燒黨證者有之，甚至聚眾脅迫者亦屢見不鮮。還有的因調職不稱意，亦透過媒體放話推波助瀾，為自己造勢。最近的「倒王」風潮，既得利益的財團、地主、政客甚至不惜動用泛政治化的鬥爭手段，實在不必要，也是不值得鼓勵的行徑。

三、小園丁心態——園丁的優點是自然樸素，腳踏實地。缺點則是眼光短淺，視野平近，局限自己於小天地之中，容易流於小房東式的自我陶醉，缺乏理想，更談不上世界觀。政治人物著眼的多是一黨一派的私利，而少有觸及大是大非者，其與小園丁心態有何差別？

政治固是眾人之事，但官位與民意代表的席次有限，絕無法完全滿足那麼多想「出頭天」者的權力欲望。

政治雖說也是殘酷而現實的，但我們在當今政界已完全看不到「其爭也君子」的表現。我們目睹的只是一幕幕爭強鬥狠、完全是「力」的表現；真應了一句「壞人在台上唱戲，好人在屋裡哭泣」的話，那才是令人憂心忡忡之事！

（原載《民生報》，「民生論壇」，1992年10月8日，第2版）

今人入仕，風骨何在？

　　放眼今日政壇，無論「府」、「院」或「黨」的發言人，乃至綠營中從中央到地方的眾多頭角崢嶸民意代表，充滿一堆巧言令色之徒，扮演的無非是「領袖」的化妝師，毫無風骨地擁抱神聖不可批評的「領袖」，想方設法為「主子」的一言一行或政策辯護，喜賣弄學問（例如行政院發言人把核能電廠比喻葉克膜、急救時才使用的說法），往往嘴角生波，可以到顛倒黑白、不問是非的地步，幹的只是護主心切、強詞奪理、勤快駁斥，甚至對敵人潑尿灑酸的伎倆。看在民智已開的老百姓眼裡，實在多此一辯。從年金改革、一例一休、轉型正義、兩岸關係、新南向政策、同婚議題、宗教團體法、非核家園、能源政策（包括限電措施）、前瞻計畫到國家語言平權等，莫不如此！政令固然得宣導，政策當然需要溝通辯護，可言多必失，而且不入流或經不起檢驗的政令或政策，有時可能越辯越糟，適得其反！何況古人常說：「為政不在多言」，切記！切記！

　　猶憶當年，馮玉祥不滿各種會議太多，浪費大家時間，曾書一聯，內容如下：

　　　一桌子水果，半桌子點心，那知民間疾苦？
　　　三點鐘開會，五點鐘到齊，是否革命精神？

　　政府遷台後，有人仿馮聯寫下當今政壇情況如下：

　　　一樓子計畫，半屋子方案，那知民間疾苦？
　　　三點鐘開會，五點鐘賣台，是否禍國殃民？

　　做人要有風骨，入仕更要風骨。風骨典型不遠，信手拈來二例，以與讀者分享。

　　有德者必長壽，年近九十才往生，曾在黨、政、文、教各界服務數

十年，也與僑聯、僑協（曾任常務理事多屆）結緣的梁子衡先生，自詡「少年懷壯志，中歲亦不凡，白頭懷鐵筆，一怒動河山」。最近重讀他的遺著《山居隨筆》，頗有感觸。在「細說李登輝」（民國92年2月1日撰）一篇中，他很傳神地敘述兩人的關係，茲援引如下：

> 我曾是李登輝的「朋友」，我們曾有多次「面敘」：一次是僑聯開會，請他蒞臨「訓話」，我以秘書長身分迎他蒞場，尾隨他步入禮堂，中央社記者攝取一鏡頭，在照片上加上「亦步亦趨」一語送我留念。另一次他競選總統，由李元簇先生陪他蒞臨台北小城舍下賜訪（作者按：梁老係資深國代。手上握有神聖一票，這是拜票的訪問），前後停留半小時，未發一語。元簇先生要他講話，他僅說：「小城很清淨，空氣好，空氣好！」另一次是我在他擔任國民黨主席時請辭一黨職，他約見慰留。我說，「我早上來，晚上就想走了。我覺得您們在爭權奪利，不是為國為民，我不願趨炎附勢，結果我辭准了。」[1]

梁老對任何人、任何事都敢愛敢恨，敢怒敢言，有超越政治人物的風骨，他不僅不阿諛「人主」，且敢犯顏批評「人主」的過失。其實擁抱「領袖」不難，但當「我本有心向明月，奈何明月照溝渠」時，再留便不值一文錢！

再舉一例。老成謀國的沈昌煥先生，他是外交界的元老耆宿，一生事業以此為主，除奉派出使四方外，曾兩度出任外交部長，但不以此為限。在行政部門他曾先後輔佐中華民國四位總統，並擔任過國安會秘書長、總統府秘書長。民國77年在李登輝擔任總統期間，沈在中國國民黨第十三屆第十二次中常會（10月12日）發言，批評台灣工商考察代表團訪問蘇聯，「雖係民間性質，但有官員參與，決策過程隱晦，既不知行政院會及相關部會中有誰參與，也沒有在中常會中慎重討論，就已經突然成行，是否表示我反共國策已有改變？又何如以現況演變下去，其後續影響又如何？他一再申言，談話完全基於黨和國家利益，而非針對任何人。」[2]

[1] 梁子衡，《山居隨筆》，第三輯，僑聯叢書，2005年8月，頁40。
[2] 原紀錄甚長，參閱石之瑜編著，《台灣最後一位保守政治家——沈昌煥在「復興基地」的見證》，翰蘆圖書出版公司，2003年11月，頁42-52；另見：郝柏村，

　　五天之後，沈的總統府秘書長職位便被免去。

　　沈昌煥先生在中常會的歷次發言，每次均鏗鏘有力，擲地有聲，涉及國是會議籌備、蒙藏委員會存廢、大陸院士來台開會、台獨黨綱等決策。據聞，他曾把《蘇俄在中國》一書摔在出席中常委的面前，質問大家是不是蔣的反共政策都不要了？當場連李登輝主席都噤若寒蟬，而中常委們則面面相覷！沈有他個人的執著，當《國統綱領》通過之後，沈的反應更是怒目橫眉。

　　風骨也者，當然不是一朝一夕鍛鑄而成的。

　　希望執政諸君，知所分際，言所當言，讓我們老百姓有朝一日能刮目相看！

（原載《僑協雜誌》，165期，2017年11月，頁52-57）

〈老成謀國的沈昌煥先生〉，參閱石之瑜編，《寧靜致遠、美麗人生——沈昌煥先生紀念文集》，2001年10月，頁133。

第二輯　青史再留痕

《學術的變形》後記

　　有些做官的，或有權參與決策學術大計的，並不真懂學術，或真正重視學術，甚至只想拿學術當工具，這是政界與學界之間一道很難逾越的鴻溝，也是我國學術始終不能振衰起敝，蓬勃發展的癥結所在！

　　20世紀70年代，是一個專業化時代，是所謂「專家政治」的時代，沒有高深的學問做基礎，不以學術領導、掛帥，一切的「起飛」也罷，「發展」也好，恐將是「沙上築塔」，或「空中樓閣」，到頭來只是曇花一現而已！在臺灣放眼所見，不學無術的人尸位素餐，或外行領導內行的情形仍比比皆是，這是「學術無用論」的最好註腳！也是學術的最大不幸！

　　臺灣這幾年來報紙、電視、出版事業的強有力發展（近乎托辣斯式的！）對國家社會有其正面的貢獻，但也有其負面的影響！由於大眾傳播與出版事業的發達，促進了學術的社會化、世俗化，讓學者專家走出「象牙塔」與實驗室，與廣大的社會群眾相結合，於一般國民智識水準的提昇具有莫大的貢獻！這是大家有目共睹的好現象，也是從事文化工作者所努力追求的目標！

　　我所引以為憂的是，可能由於大眾傳播工具的巨大影響，從而造成學術的扭曲現象。例如電視之深入人心，已有逐漸取代正規教育的趨勢。而電視連續劇所塑造的歷史印象，恐即將成為一般人心目中的歷史影響。學術的變形，此其一。

　　再者，在知名度與稿費滾滾而來的雙重誘惑下，學院中若干最富潛力的學者，開始「應召」粉墨登場，或寫雜文，或填方塊，或上電視，久而久之，若從此演成不務正業，或者本末倒置，視學術為無物，則個人便期期以為不可！況流風所及，年輕後起之秀群起效尤，視此為登龍捷徑，則更非國家學術之福！學術的變形，此其二。

　　個人因在學術機關服務，由於工作上的接觸，感慨良深，故本著「愛之深，責之切」，以及「恨鐵不成鋼」的心情，執筆為文，鼓吹國人重視學術，呼籲同行不輕易「賣身」，保持學者應有的風骨。

　　本書之作，與其說是警世的，毋寧說是自惕的！因為收在書中的大半篇幅，也是個人多年來「不務正業」，「學術變形」的結果。希望由於本書的出版，可以使我不務正業的生涯告一段落，同時也象徵重理舊業的開始。

　　特別感謝藍燈文化公司的丁穎先生，沒有他的鼓勵與支持，這些「存貨」一時是不會結集問世的！照說，出書該是一種快樂，但明知道這種文章沒有銷路，把自己的精神快樂建築在出版家的經濟痛苦上，則反而是一種罪過！由此，對丁穎先生的作法，更令人加深一層敬意！

　　在忙碌的10月，內人林夏玉女士幫忙校對工作，而在整理稿件的過程中，也提供了若干寶貴的意見，極為可感，順此一併致謝。

陳三井　謹識

1978年10月

《周雍能先生訪問紀錄》前言

　　周雍能先生，號靜齋，江西省鄱陽縣人，生於光緒21年（1895）陰曆9月初2日。先生出身鄱陽世家，然幼失怙恃，賴叔嬸撫養長大，刻苦自勵。年14，考入饒州府中學，因讀先賢先烈書刊而萌發民族革命思想。旋即投筆從戎，考進南昌陸軍小學肄業，期能以身許國，而挽國家積弱之勢。然未及三載，武昌革命爆發，南昌響應，先生奮起參與，並加盟共進會，前赴九江、南京參加贛軍北伐。迨南北和議成，贛軍遭遣散，始再返南昌入江西講武堂肄業。

　　民國2年夏畢業，適二次革命爆發，李烈鈞組討袁軍發難於湖口，先生被委為調練團第二營營附，與北軍鏖戰於湖口前線之新港、迴峯磯一帶。民國3年，參加討龍濟光之役，任攻城軍炸彈隊隊長，事敗逃港。民國4年冬，因朱卓文之引介，晉見總理於東京，並加入中華革命黨。民國5年春，奉鄧鏗之命與菲律賓革命同志李思轅等潛入汕頭起義，驅走潮梅鎮守使馬存發，但功敗垂成，且被拘禁；旋獲釋放，乃負笈北平匯文大學（教會所辦，燕京大學前身）進修，得償求學宿願。

　　民國9年3月，於策動潮梅駐軍工作失敗後，先生返上海於環龍路44號中國國民黨本部服務，擔任總務部幹事工作。時值革命低潮，為開展海外黨務，旋奉總理之命，前往古巴成立古巴總支部並創辦「民聲日報」，成績斐然。民國11年10月，先生承古巴、美國兩總支部同志之推舉回國慰問因陳炯明叛變而蒙難之總理，自是追隨總理，參與機要，先後擔任秘書、大本營第一旅旅長、湘軍第八路司令、贛軍警備司令等職務。

　　民國15年7月，北伐軍興，先生及陳立夫被任為國民革命軍總司令部秘書，分兼文書、電報兩科科長，隨軍入湘贛。迨北伐軍克復江西，先生因蔣總司令之命被委為贛北財政處處長，籌措北伐軍費，整理財政，備極辛勞，亦著成效。同時擔任九江海關監督兼江西交涉員，不顧英艦砲轟，將九江租界收回，並開徵二五附加稅，為外交史上值得大書特書之事。民國16年2月，江西省政府成立，李烈鈞任省府主席，先生

任省府委員兼財政廳長，不久共軍發動「四二事變」，先生憑機智不但助李烈鈞脫險，且自身避開巡邏者耳目，輾轉至京滬，參加南京國民政府，先後出任南京市財政局局長、安徽省財政廳長、上海特別市政府秘書長等職，其間尤以受市長張定璠倚重，主持市政期間最長，規隨前任市長黃郛，廣羅人才，努力建設，奠定大上海市政之始基，最受讚譽！

18年4月，滬市易長，先生一度赴美考察市政。22年5月，先生應黃郛之邀，任行政院駐平政務整理委員會調查處主任，對華北五省及三特別市之民財建教作有系統之調查研究，貢獻殊多。抗戰前後，應吳鐵城、俞鴻鈞之邀，先後出任上海特別市政府參事、秘書長、廣東省政府顧問、廣東僑務處處長、重慶煉油廠廠長、中央黨部專門委員室主任委員、財政部秘書長等職，或大義凜然與日本軍方周旋，或出生入死主持澳門黨務工作，或宵旰勤勞為長官分憂，均功在國家。

民國25年，因鄱陽士紳之推舉，先生當選為國民大會代表。制憲國大因抗戰軍興，延至35年11月15日始在南京召開，先生以江西省區代表出席，並當選為主席團。翌年元旦，憲法公布，政府改組，先生膺任僑務委員會副委員長。37年，當選為立法委員。38年大陸變色，先生舉家遷臺，經常出席立法院會議，曾先後擔任預算及交通委員會召集人，謇謇諤諤，持正不阿。公餘主持國民外交協會，並協助包德明女士創辦銘傳女子商專，先後擔任常務董事、董事長之職，於國民外交之推動暨百年樹人工作，亦不後人。

先生自民國53年6月26起至9月12日止，在其同安街72巷15號寓所，先後接受本所訪問共12次。訪問工作由沈雲龍教授主持，陳存恭、陳三井兩人紀錄，初稿因三井出國由存恭兄整理。稿成多年後，先生擬重作口頭補充，適存恭兄準備出國，乃由三井整理成篇後再送呈先生修改潤飾，遂以「雲水蒼茫一葉舟」為題，先後發表於《傳記文學》者共6篇，未發表者1篇，亦即本訪問紀錄第8至第14篇部分。結合存恭兄所整理之前編，乃構成一完整而有系統之訪問紀錄。

出版口述史訪問紀錄，開放珍藏之史料給學者研究參考，為本所新近既定之政策，三井於去年夏秋之交自法國三度進修歸來，聞悉此一開明措施，當即與先生連繫，並徵得其本人同意，將此訪問紀錄整理付梓，一者為當代歷史多存一份重要文獻，一者藉此祝賀先生九十嵩壽。

　　本訪問紀錄付梓期間，承陳存恭、沈松僑兩位先生編輯策畫，並代為校對，費神良多，特此致謝！

陳三井　謹識

1984年5月4日

《白瑜先生訪問紀錄》前言

　　白瑜先生，字上之，湖南華容縣人，生於光緒24年（1898）農曆正月15日，8歲喪母，賴其外祖姑張秀卿女士撫育。其外祖姑終身未嫁，平日吃齋禮佛，言教輔以身教，晚年邑人曾以「秀老仙君」尊稱其賢，大恩至今猶為先生所常懷念！先生父親謹言公，早年在外追隨康梁從事維新活動，及失敗返里後，乃創辦縣立第一初等小學，所聘教席維新人物與革命派兼而有之，儼然一推翻清政機關也。

　　先生幼讀私塾，及縣立高等小學畢業後，於民國4年秋考入湖南省立第一師範就讀，與蔡和森（林彬）、蕭瑜（子昇）、毛澤東（潤之）先後有同窗之誼。民國8年五四運動發生，湖南學生群起響應，參加驅逐張敬堯之罷學運動，且目擊毛澤東種種陰險狠毒行徑，特加戒慎恐懼，兩人從此反目。

　　民國9年，先生加入國民黨，10年夏赴新加坡，從事黨務工作，後因殖民政府興大獄，遂遭驅逐出境。13年春，由星馬返國，曾肄業國立南京東南大學1年。14年秋，入廣州黃埔校本部校長辦公廳秘書室任上尉編纂課員，為蔣校長整理演講文稿。

　　民國14年秋末，先生帶職考取莫斯科中山大學留俄，15年10月成行，在校中恆與中共同學辯論。16年7月返國，適值清共與蔣中正先生下野，故備受冷遇。北伐後，任中央軍校政治教官。23年7月公費出國，先後於倫敦政經學院與美國密西根大學進修，得暇並赴德、法等國考察，25年返國。27年7月，三民主義青年團成立，擔任經濟處副處長，草擬各項工作計畫，以促進國民經濟建設。未幾，經濟處裁撤，改任經濟部專門委員。28年春，中央訓練團成立於重慶，任課務組組長。在大陸時，曾先後兼任吳淞中國公學、國立上海商學院、國立暨南大學及國立中央大學教授。

　　民國37年，當選立法委員。來臺後，立法院討論「耕者有其田案」，因提出「農業企業化」之主張而引發軒然大波。民國48年，國立政治大學在臺復校，出任國貿系教授兼系主任。54年任期屆滿，仍為專任

教授，其間並曾兼任東吳大學教授。62年榮退，改聘為兼任教授，授「貨幣銀行學」等課程。公餘之暇，先生著述甚勤，先後於《企業與管理》、《自由中國》、《民主評論》、《中華雜誌》等刊物，發表有關經濟發展之論文約20篇，其後復於《傳記文學》及其他雜誌刊載回憶錄式之文稿亦達20餘篇。晚年移居美國，生活起居頗不習慣，且回顧國內，各項改革正殷，深以未能共濟時艱為憾！

　　先生自民國51年12月15日起至52年6月5日止，先後接受本所訪問3次，所談主要以毛澤東之作亂與先生之留俄為範圍。訪問工作由郭廷以所長、張朋園先生先後主持，馬天綱、陳三井兩人紀錄，初稿由天綱兄整理。本年初，本所口述歷史小組決定刊印此一訪問紀錄，囑三井重閱一遍，亦順便作若干修正與補充。其發表於《傳記文學》之文，亦徵得劉紹唐社長之同意，選擇其與訪問內容相關者附刊於後，俾收相互參酌之效也。

　　本訪問紀錄付梓前後，承官曼莉小姐複印資料，校勘原稿，並編製目錄及索引，費神良多，李慧玲小姐亦協助校稿，特此一併致謝！

陳三井　謹識

1987年3月1日

《袁同疇先生訪問紀錄》前言

　　袁同疇先生，字梧江，光緒27年（1901）1月5日生於湖南省汝城縣南鄉之杲（古）塘村。袁氏始祖溥公，於宋英宗時任禮部尚書，由郴州遷徙於此；世代簪紳，邑中望族。父先才公，貿遷有成，資兼文武，惟屢試不第，乃捐資贈貢生；初娶朱太夫人早逝，繼娶殿華村宋太夫人，嫻淑溫順，生先生暨弟正東。先才公歿時，先生年僅7歲，弟正東甫3齡，端賴宋太夫人撫孤督教，得以成立。

　　先生少聰穎，好讀書，惟正當科舉已廢，私塾停辦，先從族叔丹梯公讀三字經。民國2年，入縣立濂溪高小就讀，前後3年。畢業後，入「鵝湖書院」修國學1年，奠定經史詩文基礎；繼考入郴郡聯中，後轉學至長沙船山中學。在船山，承名師貝允昕、石廣權等教誨，受益良深，故曾撰「船山名師錄」以記之。會五四運動起，先生被推為「驅毒」（指驅逐湖南督軍張敬堯）校代表，奔走呼號，不遺餘力，終不見容於軍閥，未及參加畢業會考，而憤走上海，與吳芳、卜道明等組「滬濱工讀互助團」，得上海名流邵力子、沈玄廬、李石岑等之贊助，張東蓀、陳獨秀之函賀。嗣因常於《民國日報》、《時事新報》發表作品，漸有文名，蒙邵力子等人推介，乃得獲准入復旦大學插班就讀。

　　先生之寫作，以鼓吹社會改革運動為尚，時當五四運動之後，新思潮勃興，大家均有改造社會之願望，故常與邵力子、沈玄廬、張東蓀、陳獨秀等會面。陳獨秀為示拉攏，曾親訪先生居處，邀其共同組織「社會主義青年團」（即SY），先生即與「滬濱工讀互助團」8人集體參加。其後兩人意見不合，從此分道揚鑣！

　　民國10年，先生自復旦畢業後，作南洋之旅，至吉隆坡，目睹當地殖民政府壓榨華僑之苛政，加之共產分子不斷散播邪說，乃結合友好，創辦《南洋評論》，以鼓吹反共及灌輸民主自由思想為職志，並開設「南溟學館」，以為傳習國學之所。不久為共黨所忌，向殖民政府誣陷，先生因之被捕繫獄，幸得廖仲愷報請國父設法營救，始得釋放，並

遣返廣州。

　　民國13年抵穗後，正值蔣中正先生奉國父之命籌創黃埔軍校，先生承戴季陶、廖仲愷介紹，加入中國國民黨，並薦與蔣公入軍校工作，先後歷任軍校辦公廳秘書、中國國民黨黃埔軍校特別黨部常務委員兼校史編纂委員會總編纂。北伐時，隨軍至武漢，因積勞成疾，奉准給假前往日本，一面就醫，一面入日本大學選修文學及政治經濟，為時年餘。迨北伐功成，國府定都南京，始奉蔣中正先生電召回國，先後膺任湖南省清黨委員、湖南省黨部委員、湖南感化院院長、湘粵邊境討逆民團總指揮、湖南省地方自治籌備委員會委員、內政部簡任秘書、考試院參事、高等考試典試委員等職。

　　抗日戰起，重參戎行，先後任軍事委員會政治部設計委員、第六戰區戰地黨政委員會中將委員兼秘書長。勝利復員，任中訓團甄訓考核組軍簡一階組長、國防部文職人事司中將司長，主辦退役軍官十餘萬人之轉業考試及分發工作，懋積丕著，迭蒙勛獎，一時譽為文武人事之橋樑。行憲後，於原籍汝城膺選第一屆國民大會代表。

　　民國38年先生來臺，代表國防部接收日本賠償物資，用充我國軍公生產設備，於生產事業管理委員會統一調配運輸下，順利完成任務。旋任國營臺灣糖業公司監察人、董事、中國漁業公司董事長等職，於生產事業獻替良多。先生體質素弱，早年即患鼻咽癌，憑持毅力，與惡疾搏鬥達30餘年，頻年復患氣喘，終以年高體衰，而於民國75年3月20日病逝榮總，享壽80有6。老成凋謝，知者同深悼惜。

　　先生自民國52年3月15日至5月10日止，先後接受本所訪問4次，訪談內容以早歲求學經過暨抗戰前從政經歷為主。訪問工作由張朋園先生主持，馬天綱、陳三井兩人紀錄，初稿由三井整理。76年歲末，本所口述歷史小組初步決定刊印此一訪問紀錄，三井先徵得先生表弟宋承書教授之同意，並承其提供若干資料與珍貴照片，乃著手進行。按民國70年秋，先生八旬晉一之辰，曾蒐集新舊作若干篇，彙印成冊，書名《往事如煙八十年》，分贈親朋好友，惟流傳並不廣。值此先生訪問紀錄付梓之際，特精選其訪問內容較為相關者11篇，並自上海《民國日報》「覺悟」副刊找到先生所發表之〈往汕頭去〉、〈西湖遊中寄之華〉兩文，合為附錄，並同刊出，一者聊補先生生前未能覓得舊作之缺憾，一者亦可藉此對先生之文采與思想有較多而完整之瞭解也。

　　本訪問紀錄交排前後，承官曼莉小姐複印資料，校對全稿多遍，並

編製索引，忙碌而辛苦；另煩張力先生設計封面，特此一併致謝！

陳三井　謹識

1988年5月8日

《郭廷以先生訪問紀錄》出版後記

校完最後一校的郭師廷以（量宇）訪問紀錄，有如釋重負的感覺。同時也有一些話，順便在這兒向量宇師的親友和讀者做一個交待。

民國51年10月，郭師找我進近史所，主要就是參加口述史的訪問工作。到53年9月我出國的短短兩年期間，先後追隨沈雲龍教授、張朋園學長訪問過的人物正好有十人之多，而其中感覺精神壓力最大，工作最吃重的就是郭師自己的口述了！

郭師的口述自己歷史工作，開始於53年3月。他因公務繁忙，通常選擇週末下午，由朋園兄帶著存恭兄和我，到和平東路的師大宿舍進行，主要取其清靜不受干擾。往往從下午2、3點鐘到晚上9、10點鐘，郭師連續講七、八個小時（除中間吃飯略事休息外），毫無倦容，我們做學生的在旁全神貫注傾聽，振筆疾錄，並得隨時注意錄音帶的轉動，也不敢有一絲鬆懈，精神壓力之大，可以想見。以後天氣逐漸轉熱，郭公館並未如現在家家戶戶多裝有冷氣機，因此在悶熱的日式房屋內揮汗連續工作數小時，確實也夠辛苦。

這種辛苦對當時還年輕的我們並不算什麼，最麻煩的是整稿的工作。每次長談下來，聽錄音整理的結果，多在一、二萬字左右，往往必須連開幾個夜車方能把初稿趕出來。更傷腦筋的是，量宇師的河南口音和腔調都不是很容易聽懂的，他所講的地名和人物也多聞所未聞，不是一般地圖和工具書所能查到的，所以所費的力氣特別大。聽不清楚或查不到的，下次談話時又不便，也沒有時間多問，只得把問題留在初稿上，讓他自己修改。可是，他的工作甚忙，改得又仔細，全稿雖早就整理好送請他過目，但一直到他去世前都沒有改完。所以訪問紀錄中如有錯誤之處，應該是我和存恭兄的責任。

訪問雖苦，但在訪問期間，也有幾件苦中有樂，值得追憶的事情。第一，郭師平時頗予人有不苟言笑、嚴肅冷漠的感覺，但在訪問過程當中，談到童年趣事和求學情形時，常常表露出幽默風趣的一面，興奮時也會呵呵大笑！一到大熱天，他上身只穿一件短袖白汗衫，感覺上便平

易近人多了。第二，郭師的記憶力實在過人，舉凡他所經歷過的事情或所看過的資料，小至一支童謠，一個微不足道的小人物，他都記得一清二楚，都能過目不忘！這除了他極富歷史細胞外，應該歸功於平常就能觀察入微，處處用心，事事用心。第三，郭師興致好時，常在訪問告一段落之後，帶我們到當時臺北的一些有名餐館（如真北平等）小吃一頓，除藉此打打牙祭外，也有機會在酒酣耳熱之時，聆聽他論古說今，月旦人物一番，增加不少的見聞。

　　量宇師的口述，雖共只進行了十五次，但前後時間卻拖了五年之久，因為從第十一次後中斷了四年才又恢復。由於時間拖得長，朋園兄和我都先後出了國，後來幾乎剩下存恭兄一人獨挑大樑。58年5月，郭師因講學出國，口述工作自動停止，關於她籌備近史所的艱苦經過和以後的種種發展都沒有時間再談，這是很可惜的一件事。相信郭師也是抱憾而終的！

　　全稿十五次紀錄，我因當時忙著準備出國，只整理了三次，其餘十二次由存恭兄獨力完成，最為辛苦。出版時，我們把呂實強先生所撰的〈辛勤開拓中國近代史研究的郭廷以先生〉，呂實強與張瑞德兩先生合撰的〈郭廷以先生簡歷及著作目錄〉，還有郭師所寫的〈良規的志行〉一文，當成附錄，放在書後，使訪問紀錄更為完整，也更有助於對郭量宇師一生學術貢獻的瞭解。

　　本訪問紀錄從籌印到校對和出版，動員了不少人力，呂實強、陸寶千、楊明哲等幾位先生，李慧玲、官曼莉、魏秀梅等幾位小姐都曾參與其事，或校對、或任編製索引目錄，或幫助解決疑難和挑選照片，費時費力，在此一併致謝！惟校對工作頗為不易，錯誤在所難免，尚祈海內外方家不吝指正是幸！

陳三井　謹識
1987年5月18日

《華工與歐戰》序言

　　第一次大戰期間，協約方面之法、英、俄三國因國內壯丁大多調赴前敵，廠工缺乏，農務廢弛，於是先後到中國大批招募華工，或任木材砍伐，或在礦山工作，或參與軍火製造，或支援後勤運輸，於上述三盟國人力資源之補充，貢獻不可謂不大。

　　惟我勤苦華工參加歐戰，實為人類歷史上之一大悲劇。華工遠涉重洋，冒死效命於西歐戰地，卻功成而無聞，身死而名毀；他們不僅於工作期間飽受戰火威脅與乎身體病痛之苦，且於遣送回國時未得任何實質之補償，即返國後亦未獲本國政府應有之恤憫與社會普遍之同情；更可嘆者，華工資料散佚，至今尚無一本中文專書以表揚其事蹟，為二十萬華工稍作不平之鳴。本專刊之作，旨在重建這段史實，並給予正確之評論。本專刊共分七章，第一章先述歐戰前華人在歐概況，再分析派遣華工赴歐之動機與交涉經過。第二章敘華工招募所遭遇之困難，尤著重於地方官吏與士紳之反對及德奧兩國之抗議。第三章述華工赴歐途中所受之種種苛刻待遇。第四章寫華工在歐工作之艱辛困苦。第五章述華工在歐生活寂寞情形。第六章敘華工遣回之波折。第七章述華工對於歐戰之貢獻及回國後所產生之影響。

　　本專刊初稿之撰寫始於民國63年，主要參閱本所所藏之「惠民公司招工檔」、「英人招工檔」、「義成招工檔」、「招工總案」及參考國史館之「救濟留法參戰華工檔」而成。及民國71年秋，筆者獲國科會第二十屆科技人員出國補助，前往法國外交部、陸軍部、海軍部、國家檔案館（Archives Nationales）、國立圖書館（Bibliothèque Nationale）、現代中國研究與資料中心（Centre de Recherches et de Documentation sur la Chine Contemporaine）暨里昂大學作為期一年之進修，搜集各項有關檔案和資料，乃重加改寫補充，在此謹對上述機關之檔案暨圖書管理人員之熱心協助，表示最大謝意！此外，復承旅居法國之吳本中教授、雲中君博士，或提供資料、照片或賜書鼓勵有加，中國文化大學的丘正歐教授為我解答若干疑難，在此一併致謝。

　　在撰寫期間，先後承謝玉美、張明姬、鄭艷霞三位小姐幫忙搜集資料，抄錄卡片，辛苦備至，衷心感激！稿成，復蒙王樹槐、張朋園兩位先生撥冗賜閱全稿，並提出頗多寶貴意見，更當感謝！而內人林夏玉女士除始終在精神上予以最大支持外，並幫忙抄寫和校對全稿，辛勞備嘗，使本書的問世縮短時間，尤應一敘！

　　惟以成書匆促，個人學殖淺陋，其中舛誤之處在所不免，尚祈海內外方家不吝指正是幸！

陳三井　謹識

1986年4月4日

《華工與歐戰》再版序

中法關係史研究是我的最愛，投注的心力與時間也最多。早期比較側重從中法戰爭追尋法國殖民思想的根源、特徵及其對華政策，並探討法人在辛亥革命期間所扮演的角色。後來興趣逐漸轉移到歐戰華工、勤工儉學和里昂中法大學三個前後互動關係密切的課題上。《華工與歐戰》則是我的第一本專刊，出版至今也已將近二十年了。

自己的心血結晶問世後，總希望有人閱讀，有海內外同行批評指教。在二十年間，究竟有多少讀者閱讀引用，有多少同行寫過書評不吝指教，個人實在不確知，也無暇過問，但有兩篇迴響，值得在此稍作介紹和引述。第一篇是同門師兄李國祁教授所撰的書評，他在結論中說：「綜括言之，這是一本迄今搜集資料最全，觀點正確，可讀性極高的有關華工的著作。全書中雖有若干不夠詳盡之處，但大多是因為無法獲得更多的史料所致，而非在於作者本身的功力問題。而且本書另一項值得稱讚的長處是：文字極為流暢，閱讀起來全無一般學術著作艱澀枯燥的弊病。」[1]兩岸通航、學術交流頻繁，事隔十多年後，廈門大學人類學研究所研究員李明歡博士，在她的大著《歐洲華僑華人史》中，對本書有這樣的介紹：「八十年代以來，台灣學者涉及歐洲華僑華人研究的著述中最重要的成果，當首推陳三井先生於1986年出版的《華工與歐戰》一書。該書運用豐富的中外文檔案資料，詳細剖析了第一次世界大戰期間北洋軍閥政府派遣華工赴歐之動機與交涉經過。詳細招募華工的過程、地點、人數，以及華工赴歐的旅程，並集中探討了華工在歐洲的生活、工作狀況，以及戰後遣返華工的問題。雖然，該書僅在第一章第一節簡單介紹了戰前歐洲華人概況，全書的著眼點是從中國角度出發關注赴歐華工問題，但該書提供的豐富資料，有助於研究一戰前後歐洲尤其是法國華僑構成的變化狀況。」[2]

---

[1] 李國祁，〈陳三井著，《華工與歐戰》〉，《近代中國史研究通訊》，期2（民國75年9月），頁157-159。

[2] 李明歡，《歐洲華僑華人史》（北京：中國華僑出版社，2002），頁44。

　　值得一提的還有：在本書出版後，也因緣際會地認識了一些海內外朋友。僑居法國的馬達加斯加華僑廖遇常教授曾在1990年代舉辦了一次「法國華人一百年」（Chinois de France: un Siècle de Présences de 1900 à nos Jours）[1]的圖片展覽，其中有的主題便是「大戰華工」。而人在山東棗庄市地方稅務局工作的一位宋先生，輾轉來函，一再希望代為查詢有關他祖父參加歐戰華工、在法國與法女結婚及其後代的資料，這些都是以文會友的附帶收穫。

　　除了個人有興趣於研究歐戰華工外，本所也陸續將檔案館所藏各類華工檔案分別予以出版，依次為《清季華工出國史料（1863-1910）》、《歐戰華工史料（1912-1921）》、《加拿大華工訂約史料（1906-1928）》，願這些華工史料的出版與流傳，有助於華工研究風氣之開展與水準之提昇。

　　是為序。

陳三井　謹識

2005年7月

---

[1]　廖遇常，《法國華人一百年》（法國共憶協會出版，1994）。

《人類的歷史》序

　　一部人類的歷史，可以說是一部人類在地球上生生不息、奮鬥不懈的活動紀錄。撇開史前時代不計，單是有文字記載的歷史，上下縱橫就已有四、五千年之久，真可以說是源遠流長。

　　「人類的歷史」一如其名，是人類過往活動的全貌真相。因此，它既不能以政治史為主要著眼角度，當然也不該以某一個特定的地區為敘述範圍。在時間上，大致分為上古、中世、近代與現代四大部分，以國家或文化區為教學單元，對人類在地球上數千年來所發生的各項事蹟，作一完整而有系統，並且深入淺出的介紹。其內容從最早的史前人類活動到兩次世界大戰以及近代的各項進步發展，無不包括在內。在地理空間上，它儘可能地涵蓋了亞洲、歐洲、非洲和美洲等地區，並特別著重東西方或新舊大陸之間的互動關係，以顯現人類歷史的多樣性和文化的信息相通。

　　本課程設計的目標，在使學生對人類從起源到現在的整體演進歷史，有一個清晰的概念，特別對人類由古至今的奮鬥、理想與成就，提供一番觀察和省思的工夫，以幫助學生基本瞭解人類在文學、藝術、社會、經濟、宗教、科學與科技方面的各項成就和重大貢獻。

　　空中大學「人類的歷史」的開設，在國內尚屬創舉，故截至目前為止，並無一本適用之大學中文參考用書。由於籌劃時間極其匆促（前後不到兩個月），為求體例之一致，我們選定Man's Achievement through the Ages（William Habberton與Lawrence V. Roth合編）這本教科書做為架構，或翻譯，或增補，或改寫，希望較能適合中國學生之用。Habberton的這本教科書，其優點是架構完整，章節均勻，敘事簡明，文字通俗，且每章開頭有重點提示，章後有練習，甚符合啟發教學之用。但其書也有不足的地方，就是第四章與第十四章講東方的部分稍嫌簡略，均加以補充改寫。最後一章談到「戰後的新世界」，原書只斷限到1950年代前後，也斟酌情形予以延伸。

　　本書共分為七編三十七章，由莊尚武、陳三井、吳圳義三位教授分

別撰寫。我們最大的目標，是先求把教科書準時印出來。因為編撰時間緊迫，我們雖有分工，卻無法做到充分整合。再加校對時日短促，錯誤和不當之處，在所難免，尚祈海內外方家不吝指正，俾供再版時修訂之參考。

國立空中大學出版，1987年3月，上冊

《六十年來的中國近代史研究》序

民國77年6月9日是中央研究院成立六十週年之慶。近代史研究所，為此曾舉辦許多慶祝活動；本書的出版，可以說是一種特別獻禮。出版本書的理念是：約請海內外學者專家，分別撰文回顧與檢討六十年來中國近代史研究之各項成果，以作為釐訂未來研究方向的參考。

本書的初步構想是由張玉法所長提出的。他一向認為，在這個講求資訊的時代，學術研究和檢討工作，應合全世界為一體，彼此互通信息。同仁等受命成立編輯小組後，即著手商定撰稿範圍與類別項目，並擬定稿約，積極進行約稿工作。根據稿約，本書限定以中國近代史（17至20世紀）的研究成果為檢討範圍，而以民國17年以來六十年間中外學者所有出版品為對象；在類別方面分為總論、政治史、外交史、財經史、社會史、文化思想史、區域史、專題等八大項，其下再分為五十多個子題。我們因題擇人，共發出五十餘封約稿函，對象包括國內外學界可能撰稿的所有學人。我們所以這樣勞師動眾，主要認為學術資訊的提供、研究成果的檢討，視野要盡量廣闊，資料要盡量詳全，唯有合眾人之力，集各專家學者的智慧，始可不貽掛一漏萬之譏。

不必諱言的，由於工作相當艱鉅而費事，而籌備時間又極其短促，所以在約稿過程中不免遭遇到一些想像得到的困難；有的因本身工作忙碌而堅辭；有的知其下筆不易而婉拒；有的因約定題目與其專長不盡相符而未便答應。總之，最初進行不很順利。所幸，經過一番努力，耕耘總算有了收穫，不少新朋舊友除熱烈響應支持外，並表示此舉「有重大意義，甚具大氣魄」；也有朋友看到徵稿之約後，主動來信，建議增加新專題，願意惠賜宏文，共襄盛舉；凡此都使我們在心情沮喪之餘，為之感動，並獲得莫大的安慰。

在撰寫體例方面，我們無意多做限制，而只提供一個參考性的原則：依時間順序，評述歷年出版之重要著作，包括史料、專書與論文，指出其研究方向及貢獻，最後提示該研究範圍新的研究方向。主要目的，在讓作者根據個人的專長和訓練自由發揮，盡量予以較大的寫作空

間。因此，所收到的稿件自然呈現各具特色、各有優點的不同風貌。論體例，有的按時間先後，分門別類先列出書目，再做重點式的評述或檢討，言簡意賅，頗有畫龍點睛之妙；有的則依主題或觀念架構做一整體性的回顧，前後一氣呵成，頗能關照全局；也有的合人物與主題於一體，邊列邊論，夾敘夾議，對問題做了客觀而深入的分析。論內容實質，有的像蜜蜂採蜜，取精用宏，字字珠璣；有的恰似蜘蛛結網，古今中外，鉅細無遺；有的又如春蠶吐絲，日月精華，千錘百鍊；要皆是作者個人沉潛於斯一、二十年的精心之作，稱得上無好不備，無美不收，為六十年來的中國近代史書目研究，提供一個開創性的奠基工作。

　　本書能夠順利出版，首先要特別感謝每一位撰稿人；沒有他們在百忙中的努力耕耘，這「空中樓閣」不知何時才能出現。由於來稿數量甚多，篇幅浩繁，只得依收稿時間先後，分冊出版。各冊編排方式，大致按總論、政治、外交、社會、財經、文化思想、區域、專題等順序，而同一類項文稿則儘可能排在一起，以利讀者查閱。

　　在出版過程中，承張力先生自動幫忙，毅然挑起執行編輯的重擔，協助處理各項繁瑣的編印工作，使稿件的體例和型式有較合乎理想的一致性。此外，為爭取出版時效，又承陶英惠先生及魏秀梅、陳昭璇、吳碧芳、張珍琳、許淑玲、江淑玲、李慧玲、蘇惠芬小姐等協助校對，在此一併致衷心的謝意。惟成書匆促，未盡人意或錯誤之處，在所難免，請海內外學者專家不吝批評指正！

陳三井　謹識

1988年6月8日於院慶前夕

《社會主義》譯序

　　從前在巴黎念書的時候，常喜歡利用上下課之便，到索爾邦廣場南側的法國大學出版公司（P. U. F.）門市部逛逛，購些參考書或大學講義。每次進入書肆，首先映入眼簾印象特別深刻的就是書架上排列整齊，題材包羅萬象，書號數以千計的一系列《我知道什麼？》（Que sais-je?）文庫，它與各類袖珍本書（Livre de Poche）同樣，都是售價低廉的普及本，所以幾乎是每一位在經濟上必須精打細算的留法學生，想接觸法國文明，進入知識殿堂所必備的入門工具書。

　　因此，當吳錫德君邀我加入他所主編的這套文庫的翻譯行列時，個人的研究工作雖然並不清閒，但感覺此事很有意義，所以就一口答應了。可是，凡事不經過不知道艱難。台灣有句俚諺是：「看花容易，繡花難。」等到自己真正動筆翻譯時，便發現不是那麼容易，甚至頗有後悔之意了。

　　布爾甘與杭貝爾合著的這本《社會主義》於1949年首次出版，至1980年已刊行了十三版（銷售十二萬餘冊），可見其風行暢銷。本書雖是一本入門工具書，但稱得上體大思精，而且深入淺出，要言不繁，種種議論，更足引人深思！不過，書中涉及到不少經濟學的理論，並且引用頗多馬克思、恩格斯的原典，實在超出個人的本行與能力，所以有時翻譯起來深感痛苦。雖然先後曾參考了《馬克思、恩格斯全集》、《剩餘價值學說史》、《經濟學百科全書》以及各種有關社會主義和社會主義運動的著作，但臨時惡補的結果，究竟能有多少速成功效，實在沒有信心。

　　所幸在翻譯過程中，認識了頃在中國文化大學法文系任教的法籍阮綺霞（Patricia Nguyen）小姐。感謝她的熱心和幫忙，經過兩人反覆的討論和推敲，雖然解決了翻譯上不少的難題，但學海無涯，個人不敢說沒有誤譯之處，一切有待專家的批評和指教，並期盼再版時有機會更正。

　　最後，本書得以完成，還要感謝內人林夏玉女士的全力配合，不眠

不休的謄抄繕寫和打字，這確是一件頗為辛苦的工作。我以有這樣一位賢內助為榮，就以此書獻給她，做為一份小小的禮物！

（原載《社會主義》，遠流出版，「歐洲百科文庫」，1990年，頁1-2）

《近代中國歷史人物論文集》序

　　歷史乃時間的累積，亦為個體與群體活動的總紀錄。在歷史舞台上，人物永遠是啟動風雲的主角，正史中的本紀、列傳或一般傳記作品之所以引人入勝，除了因為它以人物為中心，描寫生動，有血有肉，最能激起讀者的共鳴外，主要在於它論功過、評得失，帶有「深獲我心」的殷鑑作用。如果把這兩種特質抽離，則呈現出來的可能是一篇難以卒讀、索然無味的東西。

　　以歷史人物為主軸，或探討其思想，或談論其志業，或側重其事功，或留意其德行，從而闡述人與人、人與團體、人與社會、人與地域、人與時代、人與國家的種種活動和諸般關係，藉以明瞭近代以來中國歷史人物對社會、對國家，乃至對全世界文明的貢獻或影響，這是本所舉辦這次研討會的本意。

　　歷史有其嚴肅的一面，有關歷史人物的研究或其特殊事蹟的探討，總以能對後世產生長遠影響者為優先考慮。要描繪某人的一生，當以等待其人壽終正寢為宜，不單是為了能夠暢所欲言，也不完全是資料蒐集的不便，主要是因為死後比較可以清澈透明的回顧既往。唯有在這種清澈透明中，始能對其人一生的「持久因素」作一適當的評價。職斯之故，歌功頌德式的墓誌銘、祭文、行狀事略、序跋等之翻版，常為史家所不為；而僅限於敘述瑣聞軼事，或挖掘個人秘辛內幕的報導，亦為嚴肅的史家所不取。史學工作者的重要任務，在指出歷史人物在歷史上的地位並發掘它所具有的推動歷史的「深遠力量」。

　　史學研究是一項甚少掌聲而又頗為寂寞的事業，稱得上「斯人獨憔悴」、「千山萬水我獨行」。在當前的社會，無論國內國外都一樣，不但難能發大財，而且得不到「關愛的眼神」，既沒有高官可做，也沒有耀眼的前途保證，更不一定可以像太史公一樣克享盛名，留芳百世！既然如此，為何還有那麼多年輕人像長江後浪推前浪，前仆後繼的來從事呢？歷史之所以迷人，正因為它可以坐擁資料的長城，與古人神交；可以在歷史的太空世界，任君遨遊馳騁；可以在歷史的象牙殿堂中縱談古

今，月旦人物，有「數千古風流人物，不亦快哉」的忘我樂趣！當然，品評人物，不應以泛道德論為標準，最好就事論事，該褒就褒，該貶就貶，該是就是，該非就非，以「畫如其人」，不為賢者親者諱，不加色彩，不刻意渲染最為理想。但這些原則說來容易，做起來並不容易。無論如何，史學工作者，應以此為鵠的，雖不能常至，而心實嚮往之。

英哲培根（Francis Bacon, 1561-1626）曾謂：「歷史使人智慧」。換言之，讀歷史因有鑑往知來的警惕作用，可以通古今之變，使人變得聰明。故歷來的統治者或近代歷史人物，常能熟讀國史，或奉《貞觀政要》，或以《曾胡治兵語錄》為座右銘，而放眼當今政治人物之治國施政，則不乏求神問佛參禪講風水，甚至乞靈於上帝，引聖經為喻，視民族文化遺產如敝屣，視歷史如無物，如糞土，愚而自用者。走筆至此，不禁令人嘆息！

本次研討會共歷時三天，而收於本論文集中的三十三篇論文，其涵蓋面甚廣，舉凡政治、軍事、外交、財經、科技、邊政等歷史人物無不包括在內，不但頗具多樣性，而且各具吸引人的特色，當可滿足多方面的興趣。

歷史不是單獨個人可以創造的。同理，舉辦一次稍具規模的研討會，也必定是許多人共同勞心勞力的結果，在此無法一一稱謝。惟這次研討會輪由本所政治外交史組主辦，執行人魏秀梅小姐及執行秘書張啟雄先生、秘書江淑玲小姐三人在籌備過程中的精神投入和工作辛勞，大家有目共睹，值得在此一敘。

陳三井　謹識
1993年3月6日

《曾琦先生文集》跋

　　人與人之間的相識交往，貴在一個「緣」字。民國51年10月，我因郭廷以師之召，放棄了中學教職，抱著學習的態度進了近史所，主要為追隨沈雲龍（耘農）先生，擔任口述史訪問的紀錄工作。「沈公」（當時所中同仁對他的尊稱）是位博聞強記、學養深厚的謙謙君子，個性活潑而又風趣，與他共事，真有如沐春風之感！沈先生也是我第一位認識的充滿書生報國理念的青年黨人。後來承雲老的愛護和不棄，我們始終保持了二十餘年「亦師亦友」令人珍惜的情誼，直至民國76年10月他因心臟病發辭世為止。

　　第二位我所認識的青年黨人是李璜（幼椿）先生。他是留法的前輩，識荊之前，早就因雲龍先生的介紹拜讀過他所著的《法國漢學論集》一書。及民國61年11月，我有幸重遊法國路經香港時，承香港大學林天蔚教授的引介，始得緣前往幼老寓所拜訪。其後，幼老於翌年7月應邀到巴黎參加第二十九屆東方學會一，會議前後諸事有待料理，我權充橋樑就近與大會秘書處聯絡，故有機會與幼老多次通訊。會後，又曾追隨幼老同往參觀法國國家圖書館東方部與紀業馬（Jacques Guillermaz）將軍所主持的當代中國文獻中心暨該中心所藏的勤工儉學檔。在這之前，李璜先生在《傳記文學》連載發表的〈學鈍室回憶錄〉，更是我每期必加細讀的功課。其後，我由研究歐戰華工進而注意勤工儉學，多少也受到他的啟發；在研究過程中偶有疑問困惑，必定設法請益，也經常獲得精神上的莫大鼓勵。

　　除了與這兩位青年黨長者有過一段「忘年之交」外，我在近史所當「學徒」期間，亦有緣讀到《曾慕韓（琦）先生遺著》，對慕韓先生在青年時期的思想、抱負乃至那種憂國憂時的情懷，心儀不已，真是「書生報國無他道，只把毛錐當寶刀！」及至後來從事留法勤工儉學的研究，又具體見識到慕韓先生不僅「書生空議論」，同樣也有起而行的一面！他不但挺身而出參加「拒款運動」、「反對列強共管中國鐵路」等抗爭行動，而且結合同志於巴黎創建中國青年黨，並以《先聲》週報為

喉舌，標榜反共、反蘇、反對國共合作等口號，從思想和行動上與旅歐中國共產黨展開短兵相接的對抗，留下了最早的一頁反共鬥爭經驗！

慕韓先生的一生多采多姿，他在民國史上的地位，無疑也極其重要並且值得研究。要描繪其人的一生，或為曾琦先生撰寫一部詳實完備的全傳，首在資料的搜集和整理。所幸，慕韓先生乃是位筆之健者，其所遺留的文字資料確極其豐富。正茂兄由研究中國青年黨史而與青年黨諸賢結緣，甚至投緣進而蒐羅青年黨的史料，十年有成，最近且將其與黃欣周、梅漸濃兩位先進共同蒐集、整理、編輯的《曾琦先生文集》三大冊，送交近史所處理。本所一者秉持「學術乃天下公器」的原則，視整理檔案、出版史料為該做當做之長期性工作，一者有鑑於正茂兄等僕僕風塵於港臺和大陸之間，「上窮碧落下黃泉」，費心盡力所蒐集有關慕韓先生的資料，至為珍貴，不僅於研究青年黨史有極大助益，亦為治近代現代中國史者所不可不參考者，故樂為之付梓，以分享士林同道同好。

書成之時，青年黨諸賢與正茂兄一再相囑作序，惟自忖乃近史所分內當作之事，三井實不敢居功，亦不應居功。力辭不獲，爰聊綴以上數語，略敘原委和心意，或可權充出版後記，並藉此對本所參與校對之宋秉仁先生、龐桂芬小姐的辛勞，表示感謝之意！

陳三井　敬跋於中央研究院近代史研究所

1993年10月15日

《黃編：白崇禧將軍北伐史料》序

　　白崇禧（健生）將軍，桂省之人傑也，文武兼資，智勇皆備，精嫻韜略，素有「小諸葛」之稱譽。當民初動亂之世，板蕩之局，崛起於西南一隅，其後歷經護法、北伐、抗戰、剿匪諸役，無役不與，戰果輝煌，無負黨國，無忝乃職，故無論識與不識，均豎指同表欽敬。

　　三井不敏，得緣認識健公甚早，值得追記之事有二：一為民國52年11月起繼馬天綱兄之後，追隨賈廷詩先生進行口述訪問，前後訪問健公多達三十二次；及至53年9月出國，此項工作始由陳存恭兄接棒。猶憶健公接受訪問揮扇談往事時，事先必準備講稿，並逐字逐段念出，認真而一絲不苟。正因如此，範圍自有所限，且似未能暢所欲言，亦較難有率性快意之發揮，更頗有「詳其不必詳，略其不應略」之憾，其處境與心情令人充分理解。是故《白崇禧先生訪問紀錄》雖早已出版，然健公一生經歷之各階段，值得補充之處仍不在少。二是民國81年9月，國史館舉辦「中華民國史專題第一屆討論會」，個人有幸躬逢其盛，曾以〈白崇禧與二二八事件〉為題撰文，文中參考新出爐之大溪檔案有關二二八事件的往來函電報告，於健公在事件中所扮演之角色有所闡述，論其主要貢獻，「應以言辭間象徵性的關懷以及精神層面和情感上對臺胞的撫慰為多」。此文固可補《訪問紀錄》有關臺事之不足，亦可為行政院之《二二八事件研究報告》稍做補白。健公哲嗣、加州大學教授白先勇兄閱後曾來函表示，「持論公正，殊為難得」。

　　嘉謨先生亦係桂籍，原任本所研究員，孜孜於研究工作數十年如一日，著作宏富，晚年更多以廣西史事人物為探討主題。及民國78年榮退後，仍以一貫不懈之精神埋首於故紙堆中，特從政府公報暨南北各報刊，搜集有關白將軍之北伐史料，積累數年之所得，共輯出五百餘件，都二十餘萬言，不僅於白將軍在北伐期間之種種活動與談話，有鉅細靡遺、最完整之紀錄，並於國民革命軍的北伐進程提供較為寬廣而豐富之面貌，資料極其珍貴，自為海內外研究者所重視，故本所樂為之付梓，以分享士林同好。書成之日，嘉謨先生堅囑作序，固辭不果，因

感念其誠與工作之艱辛，值得一敘，爰聊綴以上短短數語以為記，不敢言序。

陳三井　謹識於中央研究院近代史研究所

1994年仲夏

《郭廷以先生九秩誕辰紀念論文集》編者序

　　民國83年（1994）1月12日，為本所創所人郭廷以（量宇）先生九秩冥誕，為了彰顯郭前所長擘畫設所暨辛勤開拓近代中國史研究的貢獻，同仁咸認為應出版學術論文集，以資紀念！

　　為此，本所乃於82年9月間廣發徵稿函，向郭先生生前好友、同道、門人徵文，盼各撰學術新作一篇，共襄盛舉！

　　此一徵稿活動，獲得海內外治中國近代史學者的熱烈迴響。在國內，除獲得本所同仁如王聿均、呂實強、李國祁、陸寶千、王爾敏、張朋園、王樹槐、劉鳳翰、陶英惠、張玉法、陳三井、沈懷玉等多位先生女士，義不容辭積極回應外，尚有國立政治大學蔣永敬教授亦撰稿助陣；在國外，則有美國的魏斐德（Frederic E. Wakeman, Jr.）、馬若孟（Ramon H. Myers）、墨子刻（Thomas A. Metzger）、艾愷（Guy S. Allito）、朱昌崚（Samuel C. Chu）、法國的魏丕信（Pierre-Etienne Will）以及澳洲的馮兆基（Edmund S. K. Fung）等國際知名的一流學者賜稿，令本論文集增光生色不少。更難得的是，大陸同行學者或基於對郭先生個人治學成就的欽仰，或基於與本所多年來所建立的學術情誼，在中國社會科學院近代史研究所王慶成所長暨華中師範大學章開沅教授的居間聯絡促成下，亦獲得王慶成、耿雲志、王學莊、楊天石、楊奎松、曾業英、章開沅、董方奎等近代史精英學者的踴躍供稿，其熱情令人感動。學術本無國界畛域，因著紀念郭先生冥誕的這個機緣，把海峽兩岸暨國外各學術機構學者的精心之作，結集出版，這是過去本所尚未嘗試過的事情，且以此做為紀念郭所長九秩冥誕暨慶祝本所四十週年所慶的獻禮，應也是一件深具特殊意義之事！

　　由於來稿多達28篇，篇幅甚鉅，不得不依收稿先後，分成二冊出版。至於各冊的篇名先後順序，大致依本所、國內、大陸、國外英文稿等順序出版，並無必然的特別意義。雖然我們深知，學術論文應講究格式的統一，但這次我們寧取其觀點、材料之是否新穎，而較不在意型式的劃一整齊，故為尊重作者的個人習慣起見，若干寫作和做註上的個別

差異，我們仍盡量予以保留，敬請讀者鑒諒！

　　又84年2月1日為本所設所四十週年，為慶祝所慶，本所另編有《走過憂患的歲月──近史所的故事》、《郭廷以先生書信選》二書，以資配合，與本論文集構成一系列的特刊出版，其用意無非在為當代歷史留下更多、更直接、更豐富的見證材料。

　　最後，本論文集能夠順利出版，特別要感謝惠賜大作的28位國內外學者專家，在此謹代表近史所敬表最誠摯的謝意！在校印過程中，除大多央請作者親校外，亦勞煩黃克武、宋秉仁兩先生暨張秋雯、沈懷玉、張珍琳、李慧玲、巫金燕等小姐幫忙校對，至為辛苦。惟編校工作相當繁瑣，錯誤或未臻理想之處，仍在所難免，尚祈海內外方家同道指正是幸！

陳三井　謹序

中央研究院近代史研究所

1994年10月15日

《走過憂患的歲月》序

近代史研究所自1955年2月籌備成立，至1995年2月，倏忽已屆滿四十週年。面逢這年屆「不惑」的喜慶，撫今追昔，資深同仁莫不皆有辛酸滿腹，不堪回首的唏噓之嘆！

從雲和街到南港，一開始似乎並不是培植近代史人才的良性土壤。除了大環境有欠豐腴外，若干有力人士或持門戶偏見，或抱「近代史非學術」的陋識，在在予人有「人地不宜」的感慨，所以近史所的前十年幾乎在外力的侵逼干擾下，強撐苦熬，渡過了一段風雨飄搖的日子。這可由附錄中選載的前後3任院長──朱家驊、胡適、王世杰──的相關資料中得到明證。

剛站穩了腳步，隨著福特基金會的滋潤，近史所的第2個10年，又因為領導人的遞嬗問題，而陷入人事傾軋的內爭，擾攘多年，遲遲難以化解，有如烏雲密佈的天空，絲毫見不到溫煦的陽光，它不但斲喪了近史所勃發的生機，更令親者痛仇者快！

經過這兩段內憂外患的歲月，守得雲開見月明，近史所終於逐漸邁開腳步，找到自己應走的方向，創立自家應有的品牌和特色。前事不忘，後事之師。梅花不經一番寒風徹骨，那來挺拔俊發英姿？沒有前人的辛勤種樹，後人那有樹蔭乘涼？學歷史的人雖不敢奢談人人師法胡適之，為自己留下自述和自傳，但至少也應該及時為個體和團體留下一點紀錄，為他所走過的歲月留下一點痕跡，這是我們編輯出版這本小冊子的動機和本意。

收在這小冊子裡的10餘篇紀念性文章，大抵以近史所創辦人郭廷以（量宇）先生為回憶的主軸，當然也兼及近史所其他個人和舊事，它只建構了近史所故事的一小部分，還有更多更精采的故事，有待更多的朋友共同去發掘，以後有機緣再把它寫出來。眼前的這些，雖屬一鱗半爪或吉光片羽，但未嘗不可視為未來建構中華民國學術發展史，可以披沙揀金的素材。

本書能夠順利出版，除了感謝10多位作者的賜稿支持外，名畫家侯

翠杏教授慨允將其心愛之作「海之樂章——四重奏」提供作為本書封面，使本書增色不少，尤值一敘！其寓意象徵憂患中不忘奮鬥，堅毅、樂觀，迎向藍天，開展燦爛的新局，這也是近史所浴火重生的一段艱困歷程。願與海內外關心暨愛護近史所的同道好友，共勵共勉！

陳三井 謹識

1995年1月6日

《居正先生全集》編者序

　　居正（1876-1951），字覺生，別號梅川居士，1876年生於湖北廣濟縣。光緒31年（1905）9月，赴日留學，先後就讀法政大學預備部，日本大學本科法律部，並加入同盟會，負責共進會組織章程之草擬。

　　33年（1907）赴新加坡，加入《中興日報》與保皇黨之總匯報筆戰，旋往仰光主持《光華日報》，並建立同盟會仰光支部。宣統年間返故里，不久武昌起義，奔走滬漢間，商討組織中央臨時政府事宜。

　　居正一生，自遊學日本加入同盟會，參加革命以來，前後歷經武昌首義、臨時政府成立、二次革命討袁、南下護法、中華革命黨改組、一全大會、西山會議反共、清黨、滬寧漢分裂、北伐、戡亂、行憲、國共和談、播遷來台等重要階段；在黨務工作方面，先後擔任黨務部部長、總務部主任、組織部長、參議、中央執行委員、常務委員、中央評議委員等職；從中華革命黨到中國國民黨改組以前十年之間，都是孫中山先生最重要的助手之一；孫中山先生去世以後，大義凜然，至北京參加西山會議，並主持上海中央黨部，為國民黨反共之前驅。後來投身反對南京的活動，民國18年冬，在上海豐林橋越界遇險，為軍方拘禁，嗣解京師，直至九一八事變後，始獲自由。

　　在政府行政工作方面，民國元年元旦，國父就任臨時大總統，居正歷任內務部次長、部長、交通部長。後任司法院副院長、代理院長、院長等職。在十六年半司法院長任職期間，試圖將中華民國納入法制軌道。於司法威信之樹立與法權之恢復，頗多貢獻。居正並參與競選行憲後第一任總統，一度且有組閣之機會。

　　在軍事方面，民國2年討袁軍興，任吳淞要塞司令官。民國5年5月，至山東組織中華革命軍東北軍，任總司令，佔濰縣，攻濟南，威震山東。民國11年，利用日本資金創辦廣東交易所及國民儲蓄銀行經營所得之盈餘一百萬，提供為北伐軍餉。

　　在外交方面，民國20年冬，曾與犬養毅內閣代表萱野長知會談東北問題，折衝樽俎，頗有成就。

在中央民代方面，民國初年任參議院議員。在抗戰勝利以後，出任監察院監察委員。

在教育方面，居正於民國25年兼任朝陽學院董事長凡十年。抗戰末期，並一度兼任院長。朝陽大學，創辦於民國元年，以法科著名，有「無朝〔陽〕不成〔法〕院」之說。民國38年改建為中國政法大學，翌年與華北大學合併成立中國人民大學。其後隨樞府播遷來台，以建設復興基地需才孔亟，督令其女瀛玖、婿張鳴、子浩然興辦淡江英專，自任董事長（後擴建為淡江文理學院，改制為淡江大學），為台灣最早私立大學奠基。

居正晚年，靜居草山（陽明山），蒔花著述，民國40年11月逝世。重要著作有《梅川譜偈》、《梅川日記》、《辛亥箚記》、《禪悅集》等，而於民國42年，以《居覺生先生全集》行世，凡二冊，共七三八頁。

由上觀之，居正在近代史暨民國史上，實具有極重要之地位，正因其一生多采多姿，故所遺留及相關之資料極為豐富，最近正陸續出土中，如由家屬提供之「居氏個人日記」（民國34年1月至40年）、「被捕入獄檔案」（民國18年12月至20年）、「未刊詩稿」、演講稿及與政府要員來往信函等，均極珍貴，如不趁早複印、整理註釋，待老成凋謝，將難以勝任，徒留「今日不做、明日反悔」之遺憾。不僅暴殄這批為歷史作證之天物，亦有愧於歷史工作者之職責也。

為此，本人乃協同美國國會圖書館亞洲部門中國問題專家居蜜博士，申請並獲得蔣經國國際學術交流基金會之獎助，從事「居正全集資料之蒐集與研究」計劃。計劃自民國82年7月1日起至84年6月30日止，分二年進行，第一年除由家屬提供家藏資料外，並對在台灣、大陸、美國、日本之相關資料，委請專人做全面性之蒐集，或複印或抄錄。第二年針對已蒐集之資料，雇請助理加以編目、整理，或打字輸入，或進行註疏，並裝訂至可出版之程度，一者為歷史留下更完整而忠實之紀錄，一者備供研究者之參考。

歷經兩年各方面之密切配合，所搜集到之重要資料，有下列幾方面：

一、家屬所提供之「居正日記手稿」（自民國34年元旦至民國40年11月22日止），共分裝六冊，計一四一五頁，與前已發表之《梅川譜偈》可相互參照，對居正一生經歷當有完整之瞭解。此部分字跡模糊並凌亂者，則另行打字輸入；若干重要補充說明之人物與事件，則另委謝幼田先生註疏，務求以較好之面貌

呈現。另居正「被捕入獄檔案」合釘一冊，為未曾發表之珍貴
資料，亦部分重行輸入並註疏。

二、南京第二歷史檔案館，主要提供居正司法院長任內之公牘，合
釘一冊，計六五〇頁。

三、湖北華中師大歷史研究所協助搜集居正在大陸報刊雜誌所刊載
之各種文稿或談話。

四、日本方面所獲之珍貴資料有二：一為取自外務省，「居正在日
本時期拜會孫文紀錄」，合釘三冊，共六五四頁；一為萱野
長知家藏居正以及與居正有關之信函及電報共十五件，計八
五頁。

五、台灣方面則有中國國民黨黨史會及淡江大學校史資料。

以上資料共裝釘成十八冊，總數近五千頁，已較民國43年出版的
《居覺生先生全集》以及1989年湖北華中師大出版的《居正文集》，無
論在內容或數量方面超出數倍之多。

史料之搜集，必須合眾人之力，始克奏功。史料之整理、編排與註
疏，亦極為辛苦。為免這些得來不易的史料棄置，本所一秉重視之原
則，爰將之出版，合為三冊。在搜集資料和出版過程之中，居蜜博士提
供家藏資料，居間協調一切，出力最多。家藏檔案，自覺生先生去世
後，其媳居徐萱妥為保存。民國53年因夫婿浩然至墨爾本大學任教，材
料隨全家遷往。民國81年親攜至美，予以整理排比。心繫史乘，四十餘
載，其功不可泯。

又居載春女士曾親臨南港校刊原件，備極辛勞；居文、李玖兩位先
生隨時關注，提供意見；日本久保田文次教授提供居正致萱野長知信
件，湖北華中師大羅福惠教授、林濟博士提供簡報，南京二檔館提供居
正司法院長任內之公牘；在蒐集資料過程中，呂芳上、黃自進、周宗賢
三位先生以及沈懷玉小姐均曾鼎力相助；謝幼田先生幫忙註疏，巫金燕
小姐負責打字輸入、複印整理等工作，龐桂芬、李慧玲小姐幫忙校對，
在此一併致謝！

陳三井　謹序

1997年臘月

《走過的歲月》序言

出書對一個史學工作者而言，我始終懷有一種深情的期待，因為它往往帶來幾分激勵性的喜悅。人生就在這種深情的期待和一波波的喜悅中，繼續奮力前進，而不自覺地把先前所受的痛苦和所遭遇的折磨淡忘。

回顧個人的一生，實在平淡無奇。大部分的時間以優游在中研院的象牙塔裏，從事單純的學術研究工作為滿足。進出圖書館，參加討論會，日以繼夜絞腦汁，撰寫嚴肅、枯燥、乏味、可讀性不高的論文，是例行不變，週而復始的功課。除近史所這個工作崗位外，亦曾先後短暫借調淡江大學和空中大學，並在淡江、師大兼課有年，而且一度在國研所（政大國際關係研究中心）行走，感受年輕朋友的青春朝氣。在淡江期間，還因緣際會參加了幾屆台灣史蹟（源流）研究會的活動。走出象牙塔，前進校園，邁向社會，因此有機會寫下不少姑且把它稱之為「學術變形」的輕狂文章，於今讀來雖然卑之無甚高論，甚至膚淺，但總是人生旅途中所留下來的一些雪泥鴻爪，其中有辛酸，也有快樂，不管如何還值得回味和記憶。個人很早就想把這些散亂不成體系的舊作結集出版，做為退休後賞玩慰藉之用，也聊備行年滿七十的一種紀念。

收在本書的文章，除〈沈雲龍研究近代中國史的一些波瀾〉一文係剛完稿外，大部分都是二、三十年前的少作。按照性質，分為三輯。第一輯的前三篇，係應淡江和師大的學生刊物而作，漫談個人的史學因緣以及對歷史的一些基本認識，以淺顯易懂為出發點。第四篇是在北京故宮第一歷史檔案館，面對全體工作同仁的演講稿，闡述一個史學工作者對檔案的看法，有最愛和最恨兩種極端不同的經驗。第二輯的前三篇文章，是參加台灣史蹟研究會的寫實紀錄。第四篇則是借調空大一年緊張忙碌生活的寫照，早期空大的伙伴對此應記憶猶新。第五篇係應三民書局五十年徵文之作，回顧與該書局結緣的過程，特別難忘劉振強董事長。第六篇係一篇口述訪問紀錄的摘錄，回憶早年就學的情形與初進中研院當學徒的所見所聞。第七篇略談個人海外求學的經驗。最後一篇則是在國關中心行走的一鱗半爪回憶

　　第三輯師友篇，純粹為悼念或紀念一些師友之作，從郭廷以、沈雲龍、林衡道、梁永燊、梅培德、鄭彥棻到丘正歐等幾位長輩，他們在我人生的幾個重要轉折，都扮演了提攜、護持的「貴人」角色，感恩之情非一隻禿筆所能形容於萬一。

　　最後，還要感謝陶英惠兄與潘光哲老弟無私的引荐，和主編蔡登山先生的辛勞以及秀威公司的支持，才能使這些敝掃自珍的舊作以圖文並陳的方式重現，讓期待沒有落空，夢想得以成真！

　　至於本書的照片，採自不同的書籍和刊物，不下十種之多，不及一一註明，一併在此致謝。

陳三井　謹識於南港

2007年3月1日

《青史留痕》自序

古人常說：「讀萬卷書，行千里路」，多讀書以吸收新知，拓寬視野；常旅行以增廣見聞，結交同行，兩者相輔相成，各有不同的收穫，這是治史者所不可不講求的工夫。

我是一個喜歡旅行的人，早年在國外念書的時候，便經常利用復活節和聖誕假期或寒暑假期間，出外旅遊，再加後來的幾次出國進修訪問，幾乎跑遍了歐洲大小國家，無論大城小鎮無不留下個人的遊踪。自兩岸開放通航以來，藉著受邀參加史學研討會之便，每年至少也要登陸一、二次，深得「以文會友」之樂。返國之後，多能把握時間將開會論史經過和所見所聞記錄下來。

本書是我十幾年來到大陸參加學術研討會、訪問科研機構和參觀旅遊的總報告。共分為兩輯，第一輯稱之為「學術之旅」，合計十篇，大致記錄了參加十次重要研討會的心得和感想，主要與孫中山、辛亥革命、抗日戰爭和周恩來研究等主題相關，地點從杭州、上海、南京到廣州、武漢，以至北京、天津和東北，足跡遍及大江南北。有的地方，像北京、天津、上海、南京和廣州，已是數度重遊。在此順便感謝這些地區邀訪單位的熱情招待，限於篇幅，不擬一一列舉。

第二輯稱之為「知性之旅」，共七篇，純屬開會之餘愜意的旅遊隨興紀實之作。其中第四篇〈酆都鬼城楹聯的警世作用〉，則是參加旅遊團參觀長江三峽的附帶收穫。

至〈俄羅斯檔案之旅〉一文，雖已超出副標題的範圍，但我仍願把它當成附錄收在一起，因為它同樣既是一次學術之旅，同時也是一次知性之旅，值得紀念！

以上十八篇文稿，曾先後分別刊載於《歷史月刊》、《傳記文學》、《近代中國》、《僑協雜誌》、《近代中國史研究通訊》和《國史館館刊》等期刊雜誌，特此致謝。

　　最後還要感謝林弘毅先生和林秀娟小姐，沒有他們日以繼夜熟練的在電腦上輸入，這本書是不可能這麼快與讀者見面的。

陳三井　謹識於南港

2007年5月1日

《法蘭西驚艷》自序

　　巴黎曾是多少騷人墨客吟詠，多少文豪大師謳歌頌讚的天堂樂園，又是多少異鄉遊子夢寐以求的人間仙境；她也是我年輕時代念書、打工、結婚生子的過客之地。在這兒，從聖修比士廣場（place de St.-Sulpice）到索爾本那（Sorbonne，即巴黎大學），無論夏日或寒冬，都曾留下我風塵僕僕的腳印；從李希留街（rue Richelieu）的國家圖書館到奧塞河堤（quai d'Orsay，指外交部）的檔案室，都印刻著我埋首故紙堆的紀錄。

　　法文是我的第一外語，法國文化曾是，也一直是我吸取知識的泉源，法國檔案資料和專書論文，更是我眾多課題得以產出（out-put）的主要憑藉。難怪在我屆齡退休時，近代史研究所贈送給我的紀念牌，上面鑲金字寫的是：「曾取塞納河中水，來灌南港史苑花」，雖然稍嫌樸素俗氣，但卻十分寫實。

　　今年筆者已屆古稀之年的七十歲，回首前塵，前後至少到過法國八次，因此，對巴黎居有很多酸甜苦辣、百味雜陳的回憶，對法國的一草一木也有很深的懷念。尤其對法國和法國文化，我一直懷著感恩的心情。對法國師友（包括旅法的華人朋友）帶給我的種種幫助和熱情關懷，筆者更是點滴在心頭，感激不已！

　　收在本書的這些文章，有的是二、三十年前的舊作，也有的是最近才完成的新作，大致類分為法國風情、華人風采、學苑風華三輯，連附錄共十八篇，它們曾先後發表在《自由談》、《漢學研究通訊》、《近代中國》、《僑協雜誌》、《南洋學報》等刊物。藉此機會對這些刊物的厚愛，表示個人由衷的謝意。也希望透過這本小書，把個人的一些微不足道的「法國經驗」呈現給讀者，並與親朋好友共同分享！

陳三井　於台北南港

2007年11月26日

《舵手與精英》自序

史學研究是一項甚少掌聲而又頗為寂寞的事業，稱得上「千山萬水我獨行」、「斯人獨憔悴」。特別在當前科技掛帥的社會，無論國內或國外都一樣，「史學社群」一般不但談不上發大財，而且得不到社會「關愛的眼神」，既沒有高官可做，也沒有耀眼的前途保證，更不一定能像太史公一樣克享盛名，留芳百世！既然如此，為何還有那麼多年輕人像長江後浪推前浪一樣，前仆後繼的來從事呢？歷史之所以迷人，正因為它可以坐擁資料的長城，與古人神交；可以在歷史的太空世界，任君遨遊馳騁；可以在歷史的象牙殿堂中縱談古今，月旦人物，有「數千古風流人物，不亦快哉」的忘我樂趣！

筆者資質平庸，從小愛看演義，喜讀史書，大學畢業後沒有更大抱負，而因緣際會一頭栽進學院門牆，寄身象牙塔，以從事史學研究為平生志業，從輕狂少年到退休老人，倏忽已逾四十多個年頭，雖然不是沒有挫折顛躓，但始終無怨無悔，樂在其中。

回眸這四十多年的上下求索生涯，雖勉強筆耕不輟，也努力而本份的發表論文上百篇，出版大小專書二、三十種，但午夜自省，仍覺汗顏，絲毫不敢自滿！總覺自己興趣太廣，外務太多，不夠專注，有欠勤快。特別是，自知欠缺數字細胞，所以不碰經濟史；個人邏輯觀念不強，所以不敢治思想史。因此，除了外交史一項最愛外，大多在政治人物的研究上打轉，或許因為，在歷史舞台上，人物永遠是啟動風雲的主角吧！

人過七十，該是考慮為自身結算總帳的時候了。與其將來讓別人操觚量尺、不分皂白的去整理出版文集，不如趁自己現在還算耳聰目明，禿筆尚未完全生銹的時候先做一些前置工作，多少也可為別人省點力氣。職斯之故，茲將近十年來所發表的重要論文，結集成書，分為孫中山研究、蔣介石研究、革命人物、知識分子、華僑革命五輯，連附錄共二十二篇。這本自選集，書名就冠上《舵手與菁英——近現代中國史研究論叢》，藉此為個人的研究生涯做個階段性的總結。舵手暗喻孫中山

與蔣介石兩位國家領導人，菁英則指涉革命風雲人物和做為社會良心的知識分子。

　　論文集的出版，一者是便於今之同道以及後之來者查詢檢索和參考，一者也是為自己保留一面可以隨時省思、向上奮發的明鏡。是為序。

陳三井　謹識於南港中央研究院近代史研究所

2008年3月22日

《台灣近代史事與人物》再版序言

　　台灣史的研究並不是我的專攻和最愛，我本來與台灣史學圈也沾不上邊，但卻身不由己、因緣際會的撰寫了一些文章，並出版了三本書：一是《國民革命與台灣》（近代中國出版社）；二是《中國國民黨與台灣》（中央文物供應社）；三是《台灣近代史事與人物》（台灣商務印書館）。同時，又前後參加了《鄭成功全傳》（台灣史蹟研究中心）、《台北市發展史》（台北市文獻會）、《台灣近代史》（台灣省文獻會）三種專書的纂修和撰稿工作，在早期的研究生涯中佔去了不少寶貴時間，這也許是人生當中一種另類的試煉和珍貴的回憶！

　　商務版的《台灣近代史事與人物》，收入「岫盧文庫」，屬論文集性質，出版於民國七十七年，距今恰好滿二十年。今年適逢王雲老一百二十歲誕辰紀念，館方有意將本書再版，經雙方同意，對內容作了微幅更動，將原書中若干較不合時宜，或學術性較不強的篇章，予以刪除，而新增〈蔡培火先生傳略〉、〈蔣經國先生與中國青年反共救國團〉、〈中國國民黨與台灣建設〉三篇舊作，藉資強化內容，並更貼近本書主題，期以新的風華再呈現給讀者。

　　環顧當前的台灣史研究，真是風靡一時，發展蓬勃，碩果纍纍，成績斐然！希望由於這本小書的再版，得以在眾聲喧譁裡，找到一點不同的論述，保留些個人始終一貫的看法，是為序！

陳三井　謹識於南港

2008年3月3日

《中國躍向世界舞台》代序
——莫等閒白了老年頭

　　屆齡退休（2002年8月）之後，轉眼間已年過七十，到了諸法皆空，可以「隨心所欲，不逾矩」的地步，這時的你不必「為生活而工作」，也不用「為工作而生活」，純粹「為快樂而工作」，何妨「睡覺睡到自然醒」，多麼逍遙自在；如果身體硬朗，無病無痛，可真是快活賽神仙！

　　不過，「諸法皆空，悠遊自在」固然好，惟若竟日無所事事，以看電視為消遣，沒有生活目標，缺乏動力，虛耗光陰，仍然會覺得心裡不踏實。職是之故，退而不休也好，所謂「廢物利用，資源回收」也罷，七年來，除了行走於兩「橋」（到國際橋藝中心參加橋社比賽或出席華僑協會總會各項大小會議）之間外，每天習慣在上午九時前後到達近史所為我保留的研究室，下午六時左右回家，如此持之有恆的繼續我的「手工業」研究工作，日積月累的結果，新產品和舊存貨陸續出爐，先後出版了七本書，計有《中山先生與法國》（台灣書店，2002年12月）、《中山先生與美國》（學生書局，2005年1月）、《走過的歲月——一個治史者的心路歷程》（秀威公司，2007年5月）、《青史留痕——一個台灣學者的大陸之旅》（秀威公司，2007年7月）、《法蘭西驚艷》（秀威公司，2008年1月）、《舵手與菁英——近現代中國史研究論叢》（秀威公司，2008年7月）、《台灣近代史事與人物》（台灣商務印書館，2008年7月改訂新版）。忙得既充實，對自己也有交待，真正做到了莫等閒白了老年頭，空餘憾！

　　但讓我念茲在茲、最掛念的還是幾個早年就開發而尚未完成結案的舊專題，很想在八十歲封筆之前出清存貨，其中之一便是「歐戰與巴黎和會」。在此，先就對這個題目發生興趣，與它結緣的過程，稍作回顧。近史所在郭廷以所長辭職後，經過一段空轉虛耗，院方聘請梁敬錞先生於民國60年（1971）7月繼任所長。寫過《開羅會議》，剛出版《史迪威事件》備受媒體矚目的梁老一上任，便建議大家加強研究民國史，並以中國與兩次世界大戰為大架構分工合作進行，那時所裡福特基

金專款尚有餘款可以資助一個甲種名額（副研究員以上）出國進修、搜集資料。我進所後尚未享受過出國名額，又素來對外交課題有興趣，於是便以「巴黎和會與中國」為題申請到法國十個月，僥倖獲得通過。這是我第一次與巴黎和會結緣。

在巴黎期間（民國61年11月至62年8月），我除了到法國外交部查閱有關巴黎和會的原始檔案外，並進入國家圖書館（Bibliothèque Nationale, 58, Rue de Richelieu）借閱複印相關的資料數十種。在搜集資料過程中，並非沒有遇到波折，且讓我引兩段敘述作為見證：

> 圖書館固是逃避塵世的好去處，不過畢竟並非「快活谷」，時間一久，嘔氣的事仍然難免。
>
> 有一回，我擬借金問泗所著《顧維鈞外交文牘選存》，等了半天，杳如黃鶴，書一直沒有送來。不久回條送到說：「查無此書！」我覺得奇怪，懷疑自己是否抄錯書號，立刻到地下室重新核對一遍卡片目錄，結果發現並沒有不對。於是請教專為讀者解答問題的女館員，探問究竟怎麼回事？她很信任我的投訴，馬上打電話與書庫聯絡，結果查出該書所存放的地方並無燈光照明設備（舊館經費不足，設備陳舊），工人為求省事，乾脆以「查無此書」企圖搪塞。如果讀者不加追問，自然敷衍過去；碰到不死心的我，他們雖不情願，也只好拿出來給我。
>
> 還有一回，我到特藏室想借拉布拉戴爾（A. Geouffe de la Pradelle）所編的一套有關巴黎和會的文件，書名為《凡爾賽的和平》（La Paix de Versailles），共11冊，有一位女管理員拿著我所填的書單，走過來問我「你怎麼知道有11本？」
>
> 我聽了心裡暗覺好笑。知之非艱，我當然查過目錄來的！但為了虛心起見，我故意反問她：「那妳說有幾本？」「5本！」她不假思索的衝口而出，像哄小孩一般！
>
> 後來幾個管理員嘀咕商量了半天，表情很凝重的樣子。再由原先那位來對我說：「礙於規定，我們只能借你3本！」我請教什麼道理？她說規定就是如此！
>
> 我覺得奇怪，反駁說：「既然已經鉛印成書，理論上該無祕密可言！即使援用外交檔案50年忌諱的規則，那凡爾賽條約簽訂到現在也已超過半世紀，照說也沒什麼問題才對。」可是我的話

等於白說，我甚至懷疑這是他們故意歧視黃臉孔的作法。

對於特藏室這種保守作風與保守態度，我很不了解，也很不滿，立刻到東方部拜訪正在那兒看書的吳其昱、左景權兩位先生，大發一頓洋人的牢騷。吳先生很夠意思，立刻介紹我認識東方部的管理員塞紀小姐（Melle Séguy），看有無辦法可想？這位出身東方現代語專，至今猶小姑獨處的中年小姐承認，絕不是管理員故意刁難，因為那一部書的其餘幾冊可能深鎖在櫃子內，沒有特別允許誰也不能借閱。唯一可行的辦法是親自寫信給版本部（département des Imprimés）主任，請求特准。我懶得寫信，也覺犯不著為一部書如此小題大做，因此也就作罷。後來我到倫敦大英博物館，這部書託存恭兄很容易就借出，一點也不珍貴，而且還可以複印（法國特藏書向例不得複印）。一水之隔，作風相差有若天淵之別，誠令人擲筆一嘆！[1]

回國以後，發現近史所外交檔藏有巴黎和會檔，特別是參與歐洲和會全權委員會的完整會議紀錄。於是利用這些資料寫了一篇〈陸徵祥與巴黎和會〉，發表於台師大《歷史學報》第2期（1974年2月），對於陸徵祥頗有求全之批評，於簽字意見之內部激盪亦有較多之披露，這是第二次與巴黎和會結緣。

自民國70年代開始，台灣史學界有朝氣蓬勃的發展，受到大陸纂修《中華民國史》的刺激，教育部也成立了編纂委員會，動員近百位學者專家，籌編《中華民國建國史》，以短短兩三年時間完成5篇16冊的巨幅修史工作，我被分派撰寫「參戰與巴黎和會」一節[2]，如期完成並出版。但因為篇幅所限（只寫5、6萬字），並未能暢所欲言，當時顧維鈞回憶錄尚無中譯本，故引用亦較少。這可以說是我第三次與巴黎和會的結緣。

最近，在初步完成與大陸合作的一項大規模修史計畫後，有意從頭收拾「舊山河」，發現這塊領域已經枝葉繁茂，碩果纍纍，不僅《顧維鈞回憶錄》的中譯本已經問世，即《顧維鈞傳》、《陸徵祥傳》以及相關論文著作亦不在少，論述既多，引用起來自然方便，於是把原本5、

---

[1]　陳三井，《法國漫談》（台中：藍燈公司，1976），頁121-123。
[2]　教育部主編，《中華民國建國史》，第2篇，民初時期（二）（國立編譯館，1987），頁831-884。

6萬字的課題逐步擴充了一倍，而變成一本專著。所遺憾的是，資料一多，對於當年辛辛苦苦搜集的東西反而無暇吸收融入，頗有顧此失彼之弊。固然，「文章得失寸心知」，至少已經初步實踐了「出清存貨」的願望！

　　在整理舊稿過程中，林秀娟小姐幫忙電腦輸入第一篇，林弘毅先生接手輸入第二篇，並完成所有的細部工作，備極辛勞，特此致謝！

陳三井　謹識於南港近史所

2009年3月31日

《四分溪畔讀史》寫在書前

寫書評難，寫有深度類似西方Book Review研究性的書評，更難。主要不是怕得罪人，也不是因為容易惹起筆墨官司，而是因為這兩者都非我所長。我喜歡買新書，隨意看書，舉凡史學、文學和傳記都有興趣涉獵，但卻很少把一本史學論著或文學作品，正正經經從頭到尾看完（金庸系列除外）。

我之所以留下這些半似書評、半似新書介紹的長短不一文章，主要與本身的工作有關，它們算得上是本行研究的一些副產品。何以故？在此稍作說明。

國史館在朱匯森先生擔任館長期間，有鑒於國內外研究中國近現代史的風氣很盛，出版的專著也不少，從民國75年（1986）起，乃約請治中國近現代史的學者專家，分就外文書籍和中共書籍，以學術客觀的立場與求真求實的公正態度，進行評論，我也是固定被邀參與評書者之一。後來國史館把這些書評每年彙集成書，以《中國現代史書評選輯》為題加以出版，前後共刊行二十六輯，我自己正好寫了13篇，大約兩輯一篇，收在本書中的則有8篇。這一部分的重點是既介紹原書又加評論，所評的幾位大陸學者，例如張憲文、王永祥、鮮于浩、李安山、楊玉聖等，後來都成為切磋論學的好朋友。

自民國82年（1993）4月開始，筆者加入華僑協會總會為會員，該會有個會刊叫《僑協雜誌》，從年刊到半年刊以至季刊，出版時間並不固定。由於編排單調欠講究，內容枯燥缺少趣味性，並未受到會員的重視。等到民國89年（2000）梅培德先生接任理事長後，我忝為常務理事之一，與一群好管閒事的同仁覺得雜誌尚有改革進步的空間，可以把它辦得更活潑些。於是在梅理事長和朱紹宗秘書長全力支持下，首先成立一個編輯委員會，筆者不才，被推為召集人。自編委會成立後，我們除了吸取各方意見，陸續就編務、內容、版面、印刷等各方面進行重大改革外，並開闢「新書櫥窗」專欄，由我以「雙玉樓主」的筆名，不定期介紹新書，以饗讀者。最初選書的對象，配合協會的宗旨以華僑華人研

究新著為主，以後漸及於中國現代史的研究專書和人物傳記，偶而亦涉及文學創作。收在本書的22篇，每篇文章不過三千字上下，既名為「新書櫥窗」，等於給海內外讀者提供一種書寫兩岸的資訊，其重點在介紹新書，而不在評論，幸讀者諒察。

以上兩類文稿，經林弘毅先生整理或重打或重排後，依專題性質混合編成四輯，它們是（一）近代史事與人物篇；（二）勤工儉學篇；（三）華僑華人篇；（四）回憶、傳記與文學篇。重讀舊稿，卑之無甚高論，不僅可讀性不高，且難登大雅之堂，惟個人常以為，讀史論史不獨可以與古人神交，亦可以在歷史的太空世界遨遊冥想，更可以在歷史的象牙塔裡縱談古今，希望讀者通過這些看似枯燥或許尚堪玩味的舊作，共享「數千古風流人物，不亦快哉！」的忘我樂趣，則余願足矣！

書名得自潘光哲兄的靈感，順此致謝！

四分溪是貫穿中央研究院心臟的一條小溪，以前遇洪水則氾濫成災，經整治後現已水波不興，且兩岸綠樹成蔭，晨起散步其間，聽蟬鳴鳥叫，俗慮全消；讀史其畔，亦怡然自得。是為序。

陳三井　於四分溪畔

2010年8月20日

《輕舟已過萬重山》序

　　千呼萬喚始出來，「兩岸經濟合作架構」（ECFA）終於排除萬難，於2010年6月29日在重慶完成簽署。大陸海協會會長陳雲林不無感慨的說出，這是「寶劍鋒從磨礪出，桂花香自苦寒來」。為了深化兩岸經濟合作，增進兩岸同胞福祉，面對重重困難和無數的干擾，雙方以「咬定青山不放鬆，任爾東西南北風」的精神，終於簽訂協議。

　　2010年8月17日立法院經馬拉松式審查、19次表決終於原案通過，9月初完成換文，即可生效。

　　中共國台辦主任王毅指出，這是兩岸關係和平發展進程的里程碑。他提出四個「有利」的說法：

> 一是有利兩岸共同提升經濟競爭力。
> 二是有利兩岸共同增進廣大民眾福祉。
> 三是有利兩岸共同促進中華民族整體利益。
> 四是有利兩岸共同應對區域經濟一體化的機遇和挑戰。

　　2010年10月18日閉幕的中共第十七屆五中全會，在發布的會議公報中，有四句話談及兩岸關係，即「要牢牢把握兩岸關係和平發展的主題，深化兩岸經濟合作，積極擴大兩岸各界往來，推進兩岸關係和平發展和祖國統一大業。」[1]

　　北京大學國家發展研究院執行院長左和戀在台灣參加「後ECFA兩岸的商機與合作」會上表示，ECFA對兩岸來說是吸力，金融海嘯則是對兩岸的推力，未來兩岸的經濟融合將會以「非常快」的速度進行。同時，也是台灣經濟發展60年以來的最大調整，整體社會都要有心理準備。

　　他以擅長的「賽局理論」總結，兩岸關係在後ECFA時代，已經不再只是雙方賽局，逐漸演變成多方賽局。[2]

---

[1]　《聯合報》，2010.10.19，A2版。

[2]　《聯合報》，2010.10.19，A12版。

　　面對兩岸的新情勢，台灣民進黨除了繼續「污名化」、「妖魔化」，重彈指責馬英九政府有「傾中賣台」、「港澳化」的老調外，還有一位出身員林的前立委江昭儀率眾前往彰化市的南瑤宮向媽祖伸冤，希望媽祖庇佑台灣的未來，同時將馬政府和中國簽定ECFA的日期，定為台灣的國恥日。

　　後ECFA的兩岸關係，誠如淡江大學大陸研究所教授趙春山所指出，簽署這項協議的意義，絕非僅止於經濟效益或是兩岸經貿關係的正常化而已，它對今後兩岸關係的全面發展，必將起推波助瀾的重大作用。因為，兩岸將因此進入一個「談判」的新時代，而兩岸關係的發展也將從「量變」邁向「質變」的時代。[1]

　　ECFA的簽訂，促使願景成真，為台灣打造台灣的黃金十年。海基會董事長江丙坤認為，ECFA的簽訂是兩岸關係發展的里程碑，也是台灣經濟發展脫胎換骨，蛻變為亞太經貿樞紐的一個關鍵契機，因這項協議「跨出三大步」：

　　　　第一，是台灣突破經濟孤立的一大步，讓台灣走出經濟被邊緣化的威脅。
　　　　第二，是兩岸經貿走向經貿互惠合作的一大步，可以在制度化的架構下為台灣創造更多的商機與就業機會。
　　　　第三，是加速參加亞洲經濟整合的一大步，今後台灣的價值會受到亞太地區與國際社會更大的重視，台灣可能成為各國企業進軍大陸市場的跳板。[2]

　　《聯合報》於年終舉辦「2010典藏大事件」活動，邀請不同領域學者票選今年13大事件中的前五大事件，並解讀其意義與影響。統計結果，「簽署ECFA」被選為年度大事件的「重中之重」。台大政治系教授王業立認為，簽署ECFA，是今年兩岸間最重要的大事，對台灣政治經濟具有深遠的影響，其重要性不言可喻。[3]

　　又台北市企業經理協進會經過票選2010年十大經貿事件，以兩岸簽署經濟協議（ECFA）居首，最具指標性意義和關鍵作用，也成為兩岸

---

[1]　《聯合報》，2010.06.30，A13版，「民意論壇」。
[2]　江丙坤，〈ECFA簽訂後台灣經濟的機會與挑戰〉，2011年2月演講稿。
[3]　《聯合報》，2010.12.20，A5版「話題」。

經貿關係發展的重要里程碑。[1]

　　世界銀行首席經濟學家兼資深副總裁林毅夫亦表示，台灣去年的經濟表現得相當不錯，兩岸「經濟合作架構協議」實施後，經濟會更好。[2]另美國國務卿希拉蕊（Hillary Clinton）在今年歐（巴馬, Barack Obama）胡（錦濤）會前，主動提及台灣議題，首度公開讚揚兩岸完成歷史性的兩岸「經濟合作架構協議」簽署。[3]

　　2011年1月，中國國家主席胡錦濤訪美，美中19日發表聯合聲明，美方除重申奉行一個中國政策，遵守三個公報外，並讚揚兩岸簽署「經濟合作協議」（ECFA）。支持兩岸關係和平發展，期待兩岸加強經濟、政治及其他領域的對話與互動，建立更積極穩定的關係。[4]

　　以上這些談話和預見深獲我心，忝為學術界的一員，尤其是一位長期從事史學工作者，預料今後兩岸的學術發展，尤其史學交流，必定有更令人耳目一新的發展。回顧兩岸學術界過去跌跌撞撞、且戰且走，充滿戒心和不信任的交流過程，個人願以參與者和見證人的身分，將箇中辛酸與況味坦陳，為兩岸學術交流留下吉光片羽，「古今多少事，都付笑談中」，更盼望同行同道不吝椽椽史筆，共同為這一段歷史留下鮮活的紀錄。

陳三井　謹識

2011年初春

---

[1]　《中央廣播電台》，2011年1月11日。
[2]　《聯合報》，2011年1月14日。
[3]　《蘋果日報》，2011年1月16日。
[4]　《聯合報》，2011年1月21日。

《旅歐教育運動：民初融合世界學術的理想》序言

　　筆者出生於1937年抗戰爆發之年，今歲行年75，早年留學法國，畢生研究亦與法國政治、外交、文化、教育等方面結下不解之緣。除中法外交關係外，歐戰華工與留法勤工儉學等課題，亦為個人最有興趣，投入心血較多的「最愛」。

　　就勤工儉學這個課題而言，筆者動念甚早，曾於1981年編纂出版《勤工儉學運動》（台北：正中書局）一書，較清華大學中共黨史教研組所編的《赴法勤工儉學運動史料》（三冊，北京出版社，1979）稍晚，而大致又與張允侯等所編的《留法勤工儉學運動》（二冊，上海人民出版社，1980-1986）同時。可見海峽兩岸在1980年代同時注意到勤工儉學的問題。

　　資料的蒐集與出版，提供研究者的便利。於是筆者開始發表一系列的相關論文，依時間先後開列如下：

　　1. 〈勤工儉學運動初探〉（1981）；
　　2. 〈新民學會之成立及其在法活動〉（1984）；
　　3. 〈民初旅歐教育運動的艱難歷程——里昂中法大學初探〉（1984）；
　　4. 〈河南與留法勤工儉學運動〉（1984）；
　　5. 〈周恩來旅歐時期的政治活動，1921-1924〉（1985）；
　　6. 〈張繼與勤工儉學〉（1986）。

　　以上六篇論文加上一些相關書評，曾結集由三民書局的東大圖書公司列入「滄海叢刊」出版（1988）。這只是一本論文結集，而不是有系統的專著。

　　這時，海內外有關勤工儉學的研究，正方興未艾，中外很多博士論文陸續完成，最著者有三：

　　1. Leung, John Kong-Cheong, "The Chinese Work Study Movement: The Social and Political Experience of Chinese Students and Student-Workers in France," Ph. D. Dissertation, Brown University, 1982;

　　2. Levine, Marilyn, "The Found Generation: Chinese Communism in Europe,

1919-1925," Ph. D. Dissertation, University of Chicago, 1985;

3. Wang, Nora, « Paris/ Shanghai, débats d'idées et pratique sociale; les intellectuels progressistes chinois, 1920-1925, » Université de Paris, 1986.

而華文著作拔得頭籌的是鮮于浩所推出的《留法勤工儉學運動史稿》（四川巴蜀出版社，1994）一書。

其後，筆者的視野逐漸開闊，並不以勤工儉學為限。除續撰〈陳炯明與留法勤工儉學運動〉外，另寫〈吳稚暉與里昂中法大學之創設〉（1995）與〈王京岐在歐洲的組黨革命活動〉（1995）。這三篇論文，後來都收入拙著《舵手與菁英——近現代中國史研究論叢》（秀威公司，2008）一書。回顧以里昂中法大學為題材，除了Anne-Sophiede Perrotin de Bellegarde的碩士論文外，華文方面當以葛夫平的《中法教育合做事業研究，1912-1949》（上海書店，2011）一書最為詳贍而有系統。

三十年來，無論是勤工儉學或里昂中法大學的研究，都是碩果纍纍，美不勝收。問題是，這兩者之分開研究或合而為一，都不能完全說明民初旅歐教育運動的內涵和本質。在車載斗量的眾多著作中，甚至沒有一本是使用「旅歐教育運動」這個名稱的。這不但有違李石曾、吳稚暉、蔡元培等這些創辦人的初衷，更與運動的內容、本質相去甚遠。筆者不才，願意從基本方向上做一釐清，並導其入正軌。本書可以說是個人對此一課題的封筆之作，至於細緻內容之鋪陳，已無力且無暇顧及，尚望海內外方家指正是幸！

本書斷斷續續多年始告完成，前後承林弘毅先生電腦輸入、訂正、初步編排，費力甚多，並蒙秀威公司出版，併此致謝。

陳三井　謹識於南港四分溪畔
2012年6月15日

《吳鐵城與近代中國》序

　　歷史乃時間的累積，亦為個體與群體交互活動的總紀錄。在歷史舞台上，人物永遠是啟動風雲的主角，就近代中國史而言，吳鐵城先生（人稱鐵老）的一生，多采多姿，除了早年追隨中山先生革命之外，歷任黨、政、軍、警、外交諸要職，亦曾兼理僑務工作。凡是與他共事過的人，莫不稱道其豁達大度。他有磅礴的胸襟、堅強的意志、和藹可親的風度、軒昂奮發的氣宇和不恥下問的精神，令人永遠不能忘懷。這些讓人敬佩的人格特質，都是我們有待學習的最好榜樣。綜合他的貢獻和道德風範，列之為啟動風雲的人物，實當之無愧。

　　所憾者，有關鐵老的研究，華人世界無論兩岸三地都較為缺乏。他本人所預定口述的《吳鐵城回憶錄》，亦未能及身而完成，至今已逾半個世紀，空留篇目，徒使人感嘆不已！

　　一般而言，對一個歷史人物的研究，要能臻於成熟，必備下列三個條件：

　　一是有一套全集。

　　二是有一部資料詳瞻的年譜。

　　三是有數部公認具權威性的傳記。

　　就資料方面的準備來說，全集與年譜兩者更是不可或缺的。而能滿足這三個條件的最佳範例，當屬胡適無疑。

　　鐵老是華僑協會總會（前身是南洋華僑協會）的創會理事長，為了慶祝本會成立七十週年，亦為了重溫我們敬愛的吳鐵老在民國史上的重要地位，蒐集他的資料和研究他的思想事功，是我們後繼者責無旁貸的大任。有鑒於此，本會在民國101年5月12日，特與國史館合辦，舉行了為時一天的「吳鐵城與近代中國」學術研討會，邀請劉維開、陳進金、陳立文、李盈慧、陳是呈等五位學者專家發表論文；李雲漢、陳鴻瑜兩位教授擔任評論，收在本書上篇的，便是研討會所獲致的初步成果。這些論文最大的特色，便是參考利用了國史館與黨史館的檔案材料，比之前各家回憶性質的文章具體而深入。

　　惟學術性的研究論文通常較為枯燥，可能令讀者看來乏味；我們也不願把鐵老描繪塑造成一個呆板而毫無生氣的人物，所以特別選錄了幾篇紀念性的回憶文章。這些文章多半在《僑協雜誌》刊登過，故收在下篇。合兩者而觀之，俱見鐵老乃是一個多麼生趣活潑的人物，栩栩如生，長留在人們的腦海中。

　　附錄一是本會委託李盈慧教授所撰的〈華僑協會總會七十年耕耘紀實〉，忠實地紀錄了本會一甲子又十年的成長過程。飲水思源，本會之有今天的規模，乃是歷任理事長，從創會的吳鐵城，到馬超俊、高信、張希哲、梅培德、伍世文諸先生，披荊斬棘，高瞻遠矚，勵精圖治的結果。

　　附錄二是鐵老民國廿九、三十年之交，考察南洋、宣慰僑胞的報告書，原文都十餘萬言，資料取得不易，收在本書的只是其中的一部分，亦可能是最重要的一部分。讀者可當史料文獻參閱，亦見鐵老對僑務、黨務的用心。

　　除研討會外，本會同時舉辦了一次以吳鐵城先生為主角的照片展覽，承中央社與良友畫報社支持，共展出六十餘幀大幅珍貴歷史照片，我們選擇了其中較具代表性的十二張，置於本書的最前面，睹照片而思故人，希望讀者能藉此更增加對鐵老的深刻印象。

　　本書承陳秘書長鴻瑜策劃校讀、張國裕組長襄助編排，備極辛勞，在此一併致謝。又蒙秀威公司慨允出版，處理各項編印事務，亦應一敘。

華僑協會總會理事長
陳三井謹識
2012年10月8日

（原載：陳鴻瑜主編，《吳鐵城與近代中國》，華僑協會叢書，
2012年12月，頁9-11）

《民初旅歐教育運動史料選編》增訂版序

　　三十多年前，胡春惠教授在主編「中國現代史史料選輯」時，正中書局為我出版了《勤工儉學運動》一書，內容分五篇，搜羅資料豐富，廣受矚目，流傳海內外，與清華大學中共黨史教研組所編的《赴法勤工儉學運動史料》（三冊，北京出版社，一九七九）、張允侯等所編的《留法勤工儉學運動》（二冊，上海人民出版社，一九八〇－一九八六）鼎足而三，被視為研究留法勤工儉學運動不可或缺的基本史料。

　　三十年後，物換星移，人事已非，隨著正中書局的出售轉讓而消失，讀者已遍尋不獲《勤工儉學運動》一書，無法窺其全貌。有鑒於此，秀威公司主編蔡登山兄多次叮囑增訂再版。

　　本書與正中版最大的不同處，在於書名之更易。何以故？因為原先各家所廣泛使用之留法、赴法勤工儉學運動，有違李石曾、吳稚暉、蔡元培等這些創辦人的初衷，更與運動的內容、本質相去甚遠，誠如筆者近著《旅歐教育運動：民初融合世界學術的理想》一書的結論所指出：「勤工儉學運動是旅歐教育運動中最光芒四射的史篇，最扣人心弦的樂章，它不僅豐富了旅歐教育運動的內容，而且強化了這個運動在近代史上不可撼動的地位。但是，兩者仍各有不同的本質和內容，不能混為一談。最重要的是，勤工儉學運動畢竟不是旅歐教育運動的全部樂章，不能也不必完全取而代之，這一點史實俱在，應可以肯定。」

　　其次，本書在篇幅考慮下，刪去幾篇較為次要的史料，而補進新近發現的蘇雪林、李治華、孫雲燾、陳正茂的回憶或作品，使內容更為生動而完整，幸讀者鑒察！

　　本書為閱讀方便，改為橫排，承林弘毅先生重新輸入打字，備極辛勞；又內人林夏玉女士幫忙仔細校對，復蒙秀威公司慨允出版，在此一併致謝。

陳三井　謹識
2013年12月12日

《海外華人之公民地位與人權》序

　　從2012年4月底我接任華僑協會總會理事長起，在當時擔任本會秘書長，有辦過國際會議經驗的陳鴻瑜教授規劃下，就想籌辦一次與海外華人有關的國際學術研討會。

　　為何國際學術研討會的主題會選擇探討海外華人的公民地位和人權呢？回顧歷史，華人移居國外已歷有千餘年，至目前海外華僑華人的總數約為三千三百萬人。在二戰前，海外華人主要分佈在東南亞一帶，以後擴大到北美洲、澳洲和西歐地區。近年，從中國移出的新移民人數更有大幅增加的趨勢。據保守估計，從1978年開始，中國合法及非法移民至他國者將近四百萬人。而且移出的地點主要分佈在泰國、新加坡、緬甸、寮國北部地區、柬埔寨、太平洋群島、澳洲、美國、加拿大、俄羅斯遠東地區，以及日本、南韓和非洲地區。其移出地和型態顯然和過去數百年來有所不同。

　　中國人的外移，有其特定的個人和社會因素，總的來說，就是追求更美好的生活。然而，華人在海外的商業活動，經常會遭到西方殖民統治者的嫉妒而受到苛刻待遇，其中最為嚴厲者就是對華人施予苛捐雜稅和屠殺，而引起華人反抗，因此，自十七世紀以來，華人移居最多的東南亞地區，包括荷屬東印度和西班牙統治下的菲律賓，經常發生排華事件，華人生命和財產所受的損害難以估計。

　　在二戰以前，族群間的戰爭和衝突，頻頻發生，海外華人在東南亞不僅沒有得到中國政府的保護，也無法獲得殖民地法律的保障，作為小商販或中間商人的華人，他們不但沒有政治地位，同時也沒有社會地位，而僅保有經濟地位。其實，海外華人地位之低弱，跟中國國力衰弱是息息相關的。中國過去在國際社會中處於次殖民地地位，其移居海外的人民地位自然就無法提升。

　　二戰結束後，許多東南亞國家獨立了，其頒佈的國籍法對於當地華人有不同的規定，除了泰國歡迎華人入籍以及新加坡華人在獨立後自然成為新加坡人外，其他國家大都限制華人入籍，以致許多華人仍保留中

華民國國籍。1949年後，在東南亞的華人面臨選擇國籍問題，東南亞國家中與中華人民共和國建交的有緬甸、越南民主共和國和印尼等國，因為中華人民共和國採取單一國籍政策，這些國家的華人開始選擇加入當地國籍。有少數忠於中華民國的老一輩華人，因不願意加入當地國籍，而成為無國籍者。

即使加入當地國籍者，亦每因當地政府有排華政策措施和社會運動，例如印尼、泰國、越南、緬甸、柬埔寨等國，而導致當地華人的公民地位遭到不公平待遇。近年一次大規模的排華運動發生在1998年的印尼，在印尼各地華人成為暴民攻擊的目標，引起全球輿論的重視。

雖然二戰後聯合國已高舉人權大旗，簽署若干世界人權公約，呼籲世界各國尊重人權，把尊重人權宣揚成為普世價值。在北美、澳洲和西歐等國家，人權觀念落實，一般來說，這些國家的華人受到比較公平的對待。但東南亞國家人權觀念比較不足，違反人權的事件層出不窮，排華運動也時有所聞。最近二十年，東南亞國家才開始注意人權議題，菲律賓首先在1987年的憲法中規定保障人權，接著柬埔寨、泰國和印尼亦在憲法中規定保障人權。馬來西亞雖未在憲法中規範保障人權，但在外交部之下設立有人權委員會，東南亞國家協會在2007年通過東協憲章，其中亦規定會員國應保障人權，東協各會員國在2012年簽署一項東協人權宣言。由此可知，國際人權觀念已蔚然成風，中華民國馬英九總統亦在2009年5月簽署聯合國通過的「經濟社會文化權利國際公約」及「公民與政治權利國際公約」兩項人權公約，使台灣的人權保障與國際社會接軌。

環顧當今世界各國，海外華人所處的環境，並不如聯合國人權公約所揭櫫的理想，仍有許多地方的海外華人遭遇到不公平的公民地位對待，其人權受到壓制。基於此，本會特別邀請海內外學者專家，就個別國家之華人之公民地位和人權現況做一系列的探討，發表論文，相信透過這次研討會，海外華人之公民地位和人權問題，一定會獲得更大的重視和更廣泛的注意。

最後，特別感謝行政院僑務委員會的指導和贊助；國父紀念館提供場地並合辦，海華文教基金會、中華人權協會、中華民國海外華人研究學會等單位的協辦支持，這都是研討會順利舉辦的必要條件，本人謹代表華僑協會總會敬致謝忱。

陳鴻瑜教授從策劃邀請到論文徵集，備極辛勞，本會同仁齊心協

力，更是研討會成功的要素，在此一並致謝。繼《吳鐵城與近代中國》之後，本論文集又蒙秀威公司慨允出版，處理各項編務，同樣值得感謝。

華僑協會總會理事長

陳三井　謹識

中華民國102年11月20日

《何宜武與華僑經濟》序

何宜武先生（1912-2001）是一位令人尊敬的僑壇前輩，可惜余生亦晚，與他並無共事之誼，或直接交談請益之機會。就華僑協會總會而言，早在1952年便應創會理事長吳鐵城之邀，出任理事，其後歷經馬超俊（1953-1973）、高信（1973-1993）、張希哲（1993-2000）、梅培德（2000-2005）四任理事長，他一直擔任常務理事長達四、五十年之久，而且排名多在前茅（常務理事排名以得票數序列）。特別是在本人進入僑協之後的第十四屆（1996）和第十五屆（2000）兩屆，我的排名正好緊追在宜武先生之後，因此對他的名字印象特別深刻，所憾者，這時的他或因年事已高，或因其他公務繁忙，並不常出席理事或常務理事會議，即使偶爾到會，亦極少發言，予人以「君子無爭」的謙沖形象。

關於宜武先生一生的事功，論者已多，其哲嗣何邦立、汪忠甲賢伉儷合撰之〈何宜武與華僑經濟〉大文，已述其梗概；李又寧教授所留下的口述訪問紀錄亦極為珍貴，可相互參閱，在此不擬贅述。

概括而言，宜武先生的專長在華僑經濟，他有完整的財經歷練，故在出任僑務委員會第三處處長及副委員長，掌管華僑經濟輔導事務後，能夠發揮所長。他最大的貢獻至少有三項：一是鼓勵華僑回國投資，促進國內經濟發展；二是倡導並主持華商經貿會議；三是創立世界華僑聯合商業銀行，樹立民營銀行正派經營的典範。

宜武先生因長期擔任本會常務理事，憑藉這層關係，襄助本會籌建會館，貢獻甚大。當時總會既無會所又缺經費，1966年高信擔任僑委會委員長時，特呈報行政院，奉准由僑委會、財政部、主計處聯合成立專案小組，由時任僑委會副委員長的何宜武擔任召集人，一處詹競烈處長當執行秘書，進行籌劃建館事宜。小組先後召開十餘次會議，歷時一載，幾經周折，將協會前購忠孝東路之地賣出，向國有財產局購入敦化北路原屬空軍之國有地，委由黨國元勳陳少白公子陳濯設計，動工興建，一年半完工，1969年10月底落成啟用。今日本會有此宏偉之會館做為辦公處所，並從事接待僑團等各項活動，宜武先生當初擘劃督導之功

不可沒。飲水思源，尤應記上一筆。

　　三井自2012年4月接任本會理事長以來，除一般會務之開拓外，特加強兩岸僑團交流，而出版華僑華人研究專書亦列為規劃努力之目標，繼《吳鐵城與近代中國》、《海外華人之公民地位與人權》兩書之後，本書續列為本會華僑華人研究叢書之六，亦見對華僑先賢追思之一斑。

　　是書共分上、中、下三篇，上篇以何邦立、汪忠甲合撰「何宜武華僑經濟五十年」，李又寧所做「口述訪問記錄」為主，讀者透過這兩篇傳記式的作品，對主人翁的一生事功，當會有全貌式的瞭解；中篇以宜武先生的人生哲學與華僑經濟、金融相關論述為主，這是本書精華所在，讀者可以追尋到作者完整而有系統的思維；下篇係屬懷舊憶往和追思紀念文，一者追憶前輩、長官、同袍、同事，亦見先生與友朋交往之清晰輪廓，一者輯錄同時代後生晚輩對宜武先生之追思文章，更見先生為人處世之原則。

　　以上各篇各章，均係邦立兄賢伉儷雙手策畫、校勘，歷時數月，備極辛勞而完成，這是身為人子者為彰顯先人遺訓最值得做的一件有意義的工作，同樣也是本會為追懷僑壇先賢，義不容辭，應該做的一件有意義的事情。

　　秀威公司在蔡登山主編的倡議下，慨允出版本書，並仍委由鄭伊庭小姐負責編務，在此一並致謝。

華僑協會總會理事長
陳三井　謹識
2014年10月8日

（原載：何邦立、汪忠甲主編，《何宜武與華僑經濟》，華僑協會叢書，2015年3月，頁17-18）

《吳鐵城重要史料選編》序

　　本會創會理事長吳鐵城先生，人稱鐵老，隨政府播遷來台後，於民國42年（1953）11月19日在台北逝世，享年65歲。當時我只有16歲，尚在中學讀高一，所以無緣認識他，與他個人也沒有任何交集。雖然在他生前沒有見過面，但以後我升大學念歷史系，並以研究近現代中國史為志業，對鐵老的大名倒是頗有所聞。直到民國82年（1993）我加入華僑協會總會，始知他是我們的創會理事長，協會門口有吳鐵老銅像，每次在鐵城堂開大會或聚餐時，鐵老恰似在精神上與大家常相左右。民國91年（2002）5月，我在《僑協雜誌》發表一篇題為〈吳鐵城與南洋華僑協會的成立〉的紀念性文章，對鐵老多采多姿的一生始有較多的認識。

　　民國101年（2012）4月，本人有幸當選理事長之後，有鑑於沒有當年的吳鐵老，可能就沒有今日的華僑協會總會。為了飲水思源，遂決定每年於清明節前後，偕同理監事有志一同至五股鐵老墳前，獻花致敬，從101年至104年，前後共辦理四次。希望明年的清明節更能擴大辦理，讓更多的會員也有機會與鐵老多親近，獻上一份個人的敬意和哀思。

　　為了重溫鐵老在近代中國史上的重要貢獻和地位，並慶祝本會創立七十週年，同年5月本會與國史館在長沙街新址合辦「吳鐵城與近代中國」研討會，並同時舉辦「吳鐵城與近代中國照片展」，掀起了「吳鐵城熱」。緊接著，於同年11月，本會組團舉辦「追隨吳鐵城足跡——創會七十週年南洋之旅」，共有四十多位團員參加，先後走過新加坡、馬六甲、吉隆坡、檳城四大城市，訪問著名僑社與僑校。

　　回顧鐵老一生，對國家、社會、僑務、黨務各方面均獻替良多，但在史學界卻沒有受到應有的重視，研究的人並不多。之所以如此，主要與文獻的整理和出版有關。在資料方面，除鐵老本人留下半部口述《吳鐵城回憶錄》和數冊《吳鐵城先生紀念集》之外，直接與其本人相關而有系統之文獻尚付諸闕如。可喜的是，中國國民黨黨史館珍藏吳鐵城特種檔案便有五千件之多，國史館所藏的外交部檔案同樣浩瀚如海，這都是值得挖掘、整理、出版的重要史料。

　　為了提供史學界第一手材料，為了鼓勵學者做更多、更深入的吳鐵城研究，本會特與黨史館合作，商請王文隆主任主編、邱炳翰先生為執行編輯，從五千件往來文電中，分門別類，依時間先後精選出重要者近百件，分二冊刊出。初閱這些史料，其重要性自不待言，茲舉數例與讀者分享：

　　其一、民國二十年（1931）九一八事件一爆發，吳鐵城即聯合李煜瀛（石曾）、張繼（溥泉）致電中國國民黨中央執行委員會，以「國家危在旦夕，共禦外侮，刻不容緩，務求兩粵同志即日宣布取消敵對形勢，一致救國」。足見吳鐵老捐棄地域之見，關心國事的恢宏胸襟。

　　其二、本會之創立，鐵老南洋之行，固居首功，但有關南洋華僑協會（本會前身）之籌備，經海外黨務高級幹部會議通過，指定徐可均、陳慶雲、余俊賢、林慶年、黃天爵、鄭振文、潘公弼等九人為委員。追源溯流，亦值得一記。

　　其三、民國36年（1947），以剿共情勢影響行憲選舉，中央常會為檢討時局，曾推孫科、居正、張群、陳立夫、白崇禧、吳鐵城等十人詳加研究，提出應予延緩之理由有四，不應延緩之理由有五，以及延緩方式，由中央執行委員會秘書長吳鐵城上呈總裁蔣中正簽辦。總裁即批示：選舉不能停辦，應如期舉行為宜。這是有關行憲的一件大事，值得大家關心。

　　本《史料選編》的重要性當然不僅只於此，序文在此無法多做介紹，幸讀者隨個人研究興趣細閱、多加發掘，自有無窮之樂趣！若由於此一《史料選編》的出版，而有助於對吳鐵城一生事功的瞭解和研究，則個人心願足矣！

　　本《史料選編》得以出版，除感謝王文隆博士、邱炳翰碩士兩位先生的鼎力相助外，本書圖檔由國立台灣大學圖書館掃描，亦功不可沒。又秀威公司主編蔡登山慨允承印，羅加宜小姐負責所有編輯事宜，本會張國裕秘書提供相關照片，張明玉組長居間聯繫，均有貢獻，特此一並致謝。最後，吳鐵老長孫女吳美雲女士始終支持此事，尤應一敘。

華僑協會總會理事長

陳三井　謹識

2015年7月7日

　　（原載：王文隆主編，《吳鐵城重要史料選編》，
華僑協會叢書，2015年10月，頁3-5）

《串起五大洲的彩鑽：僑協成立分會實錄》序

　　打開歷史的扉頁，華僑協會總會的前身，南洋華僑協會於民國卅一年（1942）在陪都重慶成立，其後歷經抗戰勝利還都南京，嗣播遷台北，它已經走過古稀之年，正邁向另一個高峰。因為，本會自民國九十年（2001）起，即抱持「立足台灣，放眼世界」的信念，開始於海外普設分會。截至目前為止，已在全球五大洲成立了二十五個分會，標誌著總會開疆闢土、開枝散葉的豐碩成果。

　　在全球化的今天，本會順應潮流，走向世界，團結僑界菁英，弘邦惠僑，正是王道。在短短的十五年歲月中，從梅培德理事長（2000-2005）的慧眼獨具，到伍世文理事長（2005-2012）的蕭規曹隨，乃至陳三井（2012-2016）個人的踔事增華，依時間序列，我們先後成立了邁阿密、費城、芝加哥、休士頓、華盛頓、波士頓、洛杉磯、加西（溫哥華）、紐約、法國巴黎、英國倫敦、聖路易、多倫多、蒙特婁（加拿大）、泰國曼谷、比利時、雪梨、紐西蘭、日本、舊金山灣區、菲律賓、墨爾本、巴西、巴拉圭、阿根廷等二十五個分會，遍佈五大洲，各地僑界菁英如吳北才、彭偉權、陳達偉、林國煌、王燕怡、梅佩凡、李新興、許錦浩、李又寧、邵榮仁、鄭少強、何宗乾、鄭偉志、吳永存、余聲清、戴耀南、黃呂美蘭、楊慶熙、李維祥、吳毓苹、甄炳興、王桂鶯、謝國彬、朱榮卿、陳俊宏等人勇敢而堅毅地承擔起重責大任，為會務的永續發展而戮力奮鬥。

　　每一個分會就像一顆晶瑩剔透，鮮豔奪目的彩鑽，串起這二十五顆彩鑽，它們不但點亮了世界，而且為總會發聲發光。所憾者，以出產鑽石聞名的非洲，因機緣尚不成熟，而未有分會的設置，只有留待後繼者了。

　　檢討過去，可以策勵未來。一步一腳印，凡走過必留下痕跡。

　　每一個分會的成立，就是一段精彩的故事。對分會而言，那是一頁值得永遠懷念的記憶。對總會來說，更是無比珍貴的紀錄和會史組成不可或缺的部分。是的，分會與總會合為一體，我們都在創造歷史，史冊

裡有我們，圖像中有你有我，更加的生動而充實。

我們把這些生動而精采的吉光片羽、點點滴滴的影像集結起來，呈現在大家的面前，作為丙申（猴）年的最佳獻禮，順便祝福大家新的一年健康快樂，鴻圖大展，分會與總會永續發展，長命百歲！

執行編輯張國裕先生不但能拍出精采的照片，更能寫出生動的報導，又擅長美編，真是能者多勞。這一系列實錄的編輯和出版，他出力最多，謹代表總會表示由衷的感謝！

華僑協會總會理事長

陳三井　謹識

2016年2月

《揮舞團結的大旗：
僑協全球聯誼大會實錄》序

　　華僑協會總會有悠久的歷史，從1942年成立到現在，它跨越了兩個世紀，已經邁入了第七十四個年頭。就空間而言，從四川重慶到江蘇南京，乃至台灣台北，輾轉三度播遷。更重要的是，隨著潮流的浩浩蕩蕩前進以及任務的加重，非但會員人數不斷增加，即各項會務活動亦隨之蓬勃發展。

　　特別值得回顧的是，自2001年起，在梅培德理事長獨具慧眼下，總會開始走向世界，於海外紛紛設立分會。在短短不到十五年間，於全球五大洲陸續設立了二十五個分會，其分布情形可以下表示意如下：

北美洲13	美國10	邁阿密、費城、波士頓、紐約、芝加哥、華盛頓、休斯頓、聖路易、羅省（洛杉磯）、舊金山灣區
	加拿大3	加西（溫哥華）、多倫多、蒙特婁
南美洲3		巴西、巴拉圭、阿根廷
亞洲3		泰國、日本、菲律賓
歐洲3		法國、英國、比利時
大洋洲3		雪梨、墨爾本、紐西蘭

　　分會有如總會的前哨站、灘頭堡一樣，它挺立在僑界第一線，為「服務僑胞、造福僑社、團結僑界」，心連心，手牽手，肩並肩，共同為落實總會的宗旨而努力奮鬥。總會與分會的關係，本該像手足，似兄弟如姐妹一般，親如一家人。惟早期，總會與分會僅是一種單線的縱向關係，互動並不頻繁，故有視之為「精神加盟」，分會不啻只是總會聊備一格的裝飾品而已！

　　為了加強總會與分會的互動關係，為了發展分會與分會之間的橫向聯繫，自2007年起乃有每兩年舉辦一次分會與總會的全球聯誼大會之創舉。截至目前為止，共已舉行五屆，依時間先後分別簡述如下：

　　第一屆：2007年10月於溫哥華舉行，由加西分會主辦，除總會組團參加外，共有十一個分會總計八十餘人與會。

　　第二屆：2009年9月於邁阿密舉行，由邁阿密分會主辦，除總會組團參加外，計有十五個分會共九十餘人與會。

　　第三屆：2011年10月於曼谷舉行，由泰國華僑協會主辦，除總會組團參加外，計有十四個分會近百人出席盛會。

　　第四屆：2013年4月於澳洲雪梨舉行，由雪梨分會主辦，總會和分會共計一百四十餘人與會。

　　第五屆：2015年5月於巴黎舉行，由法國分會主辦，且別開生面在塞納河（Seine）上一艘Botticelli遊輪上舉行，總會和分會共有一百五十人左右參加，盛況空前，締造了有史以來的新紀錄。

　　而在未舉辦全球聯誼大會的偶數年，則由總會視情況舉辦類似之活動。

　　我們把以上這些曾經發表在《僑協雜誌》上的紀錄和照片，有系統的編排起來，構成會史的重要素材，不但為總會和分會的互動過程留下色彩繽紛的紀錄，也可以提供後之研究者參考，這是我們編輯和出版這一系列叢書的主要用意。至盼海內外讀者不吝賜教！

　　張國裕先生的付出，有目共睹，再次感謝！

華僑協會總會理事長

陳三井　謹識

2016年1月

《春江水暖我先知：僑協兩岸交流實錄》序

　　談兩岸交流，早期真是疑雲重重，充滿諜對諜的攻防心態，而且因為事涉敏感，可以說困難橫阻，真有如天塹之難以飛渡；如今雖然春江水暖，輕舟已過萬重山，成為不可逆轉之盛事，但在少數有心人眼中，仍難不被貼上「傾中、賣台」的標籤

　　在兩岸關係融冰後至二十世紀末，本會開始與大陸涉僑單位進行交流，可分為三個時期扼要回顧：

一、開拓期

　　在張希哲先生擔任本會理事長期間（1993-2000），他強化華僑華人研究，並以之為平台，與大陸首先開展學術交流。從1996年8月開始，與大陸方面共有以學術研討會為主軸的四次交流。

二、試水溫時期

　　在伍世文先生擔任理事長期間（2005-2012），與中國僑聯之間，透過個別或非常態化的性質，與大陸方面亦進行若干次的交流。

三、深化期

　　在本人擔任理事長期間（2012-2016），秉持「走出去，迎進來」的原則，積極推動兩岸常態化、體制化的交流，同時深化交流的內容。除定期組團出席一年一度極具規模的廈門海峽論壇外，並曾應國務院國僑辦之邀，組團訪問北京及華北地區。此外，中國僑聯暨各省市歸僑聯合會之來會訪問，亦較前頻繁熱絡，大有兩岸僑界龍兄虎弟一家親之概。

　　本會與大陸涉僑單位之交流互訪，可視為兩岸僑務團體交流的重要

一環，其豐碩成果與兩岸和平關係發展至為密切。故特將歷年相關資料做一有系統之整理並加出版，至盼關心兩岸和平發展之海內外華人不吝指教。

華僑協會總會理事長
陳三井　謹識
2016年2月

《人間有情多歡樂：會員聯誼活動剪影》序

　　本會是一個以服務僑胞、研究華僑華人問題為主體的民間社團，除了開宗明義的宗旨：「尊崇 國父孫中山先生，奉行三民主義，支持中華民國」，和一個顛撲不破的目標：「服務僑胞，造福僑團，團結僑社」外，主要應是一種聯誼性質的結合，讓大家在退休之後，在職場業餘和課餘之際，有一個聯絡、交誼、談心的好去處。同時，透過每年端午、中秋、春節等重大民俗節慶的餐敘，讓大家唱唱跳跳、彈奏樂器，有一個調劑身心、歡娛人生的機會。「寓加入協會於康樂聯誼」，這何嘗不是大家踴躍申請入會的初衷之一。

　　從2001年起，本會開始舉辦會員自強活動。從本屆開始，為了服務會員，除了文康自強活動外，我們又增加了知性之旅，像參觀霧峯林家花園、朱銘美術館和八里十三行博物館等。我們的足跡遍及全台，甚至遠赴澎湖列島。當我們走近自然，迎風徜徉，擁抱青山和綠水之際，處處都曾留下一同歡樂的剪影。

　　朱立倫先生說得好：「台灣最主流的力量就是溫和、理性、中道；台灣最重要的力量就是期待有幸福美滿的家庭。因此，我們衷心盼望為僑協營造一個和樂融融的大家庭，出門時可以把年齡、地位、財富、工作、煩惱通通拋諸腦後；個個提得起，放得下；人人不計較；而非藉故生端、勾心鬥角、操弄族群對立，視會場如戰場，製造是非，甚至惡言相向，暴力相加，破壞了協會長久以來以君子風範議事的優良傳統。

　　所幸公道自在人心，天佑我華僑協會！

　　執行編輯張國裕是這些活動剪影的最佳剪輯師。看到這些圖文並茂的成果，我們要再一次對他說一聲：感謝有你。

華僑協會總會理事長　陳三井謹識

2016年2月

《學海無涯：我們的研究活動》序

　　本會自成立以來，秉持創會宗旨，除積極聯絡僑胞、溝通僑情、服務僑社、協助僑胞發展事業、發揚中華文化及推展國民外交等項工作外，亦十分重視對華僑華人問題的研究及研究成果之出版。遷台以後，在先賢的努力下，自民國五十二年（1963）起，陸續出版了「華僑問題研究叢書」（19冊）、《華僑革命史》（2冊）、《華僑名人傳》（2冊）、「海外華人經濟叢書」（10冊）、「海外華人青少年叢書」（100冊）、《華僑問題書目索引》、《華僑與孫中山先生領導的國民革命論文集》（1冊）及《華僑與抗日戰爭論文集》（2冊）等專著，又於民國六十九年（1980）創辦《僑協雜誌》季刊，均獲各方之重視與好評。

　　自民國一〇一年（2012）四月換屆以來，師法先賢重視學術之優良傳統，亦先後規劃出版了《吳鐵城與近代中國》、《海外華人之公民地位與人權》、《何宜武與華僑經濟》、《吳鐵城重要史料選編》四種華僑華人叢書，甚獲士林佳評。

　　除上述活動與出版品外，本會亦不定期舉行演講和各項小型研討會活動，其主題包括「唐人街的過去、現在與未來」、「外國人眼中的中國人」、「近年來中國大陸的海移民潮」等，其於華僑華人的通俗化研究與知識的傳佈同具貢獻。爰將這些資料彙整出版，一來為本會保存會史活動材料，二來廣為流傳，嘉惠於未曾參與或先前尚無緣一睹這些資料的讀者。因出版時間匆促，未及事前送請每位作者過目校正，尚請鑒諒，亦請海內外方家不吝指正。

華僑協會總會理事長
陳三井　謹識
2016年2月

《迢迢密使路》代序

我為什麼要研究兩岸密使？

　　個人主要研究興趣在政治人物史和外交史。在歷史舞台上，人物永遠是啟動風雲的主角，令人依依難捨。外交史的研究是我的「最愛」，雖說「弱國無外交」，但外交官能夠在外交玷壇上展現無礙辯才，折衝樽俎，為國爭光，何其難得？我特別不喜歡研究經濟史，除了本身素養不夠外，也直覺認為數字和表格，加上各種曲線圖，太枯燥乏味。我也不喜歡搞制度史，因為太單調刻板，了無生趣。同樣的，我也不想治軍事史或戰爭史，雖然古人常說：「兵者，國之大事，死生之地，存亡之道，不可不察也。」但「兵者，凶也」，戰爭的殘酷，傷亡的慘重，真叫人觸目驚心，翻開古今中外史冊，斑斑可考，所以實在不願碰。

　　最近我迷上兩岸密使。首先，該給「密使」下個簡單的定義，畫個範圍。「密使」在英文裡有emissary、secret envoy兩字，或亦包含messenger（傳話者、信差），或commissionaire（經紀人、掮客）等，但絕非從事特務活動專搞破壞的secret agent，那是電影裡007式的傳奇情節，精采刺激有之，恐怕未必真實。

　　論密使身分，種類繁多，有軍人，有民意代表（立法委員），有媒體工作者，有學者教授，有中研院院士，有政治掮客，有宗教領袖，亦不乏外國政治首腦，不一而足。他們的身分雖然不同，但大前提（無論主動或被動）旨在促成兩岸和平發展和統一，與目前兩岸的情勢發展息息相關。故這是個有待開發的研究專題，當然就成為我退休後怡情養性的新興趣所在。

　　大約兩年多前，我開始撰寫自兩蔣時代以來，歷經李登輝、陳水扁兩位總統，那些穿梭兩岸，為政治領袖帶信、傳話，甚至參與兩岸事務祕密談判的使者群像，共得十七篇，以「舊庄居士」為筆名，陸續在華僑協會總會的雙月刊——《僑協雜誌》上發表，如今已到了收網、集結

成書的階段。付梓前，除了重新校訂增補以外，並增列兩岸主要參考著作近百種，藉此拋磚引玉，企望海內外有志一同，大家合力來灌溉這一塊新園地，讓它樹茂花香，美不勝收！

　　感謝秀威公司主編蔡登山的支持和鼓勵，本書始有和大家見面的機會。林弘毅先生全程幫忙輸入電腦、翻拍照片並製作參考書目等工作，備極辛勞，在此一併致謝！個人能力有限，本書不足之處，尚祈海內外方家不吝賜教是幸！

陳三井　謹識

2016年6月15日於南港四分溪畔

《八十文存：大時代中的史家與史學》代序

歡歡喜喜　迎接八十

　　我是一個務實而達觀的人，無論生活或工作總以「盡人事而後聽天命」為憑，常抱「船到橋頭自然直」、「水到渠成」的態度，較缺乏古代文士「人生不滿百，常懷千歲憂」的襟懷。因為，論天下事、國事，自有政治人物去操心、去操煩、去操勞，何勞我們一般人微言輕的市井小民來置喙，甚至越俎代庖！當然，我也並不完全贊成時下若干「名嘴」在電視台節目中自以為是耍嘴皮式的治國高調。而家事有學商的太座一肩獨挑，從開門七件小事至投資理財置產大規劃，她都比我高明，我也樂得清閒少過問。我唯一關心的是個人的治史研究工作和舞文弄墨的筆耕生涯。

　　做為一位需要不斷開發新題目、挖掘新材料的史學工作者，我給自己訂下的最低目標，那便是人生不留白。因此之故，不停地撰寫長短不拘的大小文章，努力不懈地發表論文，經常參加海內外學術研討會並提交報告，成為佔滿我這一生的日常功課，這也是個人自知別無一技之長勉強能做的唯一工作。

　　「文章千古事，得失寸心知」，再怎麼說，拿筆桿的人（現在則是打電腦較快），甚少有人不珍惜自己過往一點一滴的辛苦成績，而不把這些不管能否登大雅之堂，能不能獲得讀者共鳴共賞的敝帚自珍之作當成寶貝一樣，而適時的結集成書出版，並引為平生最快慰而有紀念意義的一件事。我曾說過，論文集的出版，一者便於今日同道以及後之來者查閱檢索和參考，一者也是為自己留下一面隨時可以省思、向上奮發的明鏡。

　　退休以來，我感到「諸法皆空，悠遊自在」，多輕鬆，多快意！在此，我要珍惜和感恩，提出四點感謝：

　　首先，我要感謝服務近四十年的近史所，讓我繼續保有書滿為患的一間研究室，還有一台可與外界互通聲氣的電腦，讓我有機會遊走在中

研院幾個社會人文所圖書館、檔案館，和浩瀚如海的史料與推積如山的書本常相為伍，心無旁騖的馳騁遨遊。年屆八十，仍然有班可上，有地方可去，一切要感恩，更要惜福！

其次，我要感謝華僑協會和《僑協雜誌》，在我與它結緣的三十多年間，承歷屆編輯委員的鞭策和鼓勵，雜誌變成我傾吐心聲、發表文章的最佳園地。

再其次，我要感謝林弘毅先生，他在政大攻讀史學博士期間，願意屈就我的兼職研究助理，一手承擔輸入、校訂、編排、電傳所有文稿的工作，既熟練又盡職，功德圓滿。在我退休之後能夠年年有成果，繳出自己尚稱滿意的成績單，弘毅功不可沒。

最後，我還要感謝秀威資訊公司和它的傑出編輯群。一個偶然的機緣認識了秀威主編蔡登山，透過他的推薦和成全，十幾年來秀威為我出版了九本性質不同的書籍，從專書、資料彙編、論文集到開會旅遊小品，堪稱琳瑯滿目。秀威擁有最先進的BOD機器，出書快而兼具品質，雖然行銷網可能不及若干知名且具規模的出版社，卻滿足了我不必捧著豬頭到處找廟祭拜的痛苦。除個人的作品外，秀威也為華僑協會總會出版了《吳鐵城與近代中國》、《海外華人之公民地位與人權》、《何宜武與華僑經濟》、《吳鐵城重要史料彙編》（上下兩冊）等書，雙方合作愉快。

轉瞬年滿八十。自知爬梳原始材料的精力已不再，現在所能做的只是拭拂歷史塵埃的一些輕鬆工作。收在本書的文章，區分為史評、史譚、史述、史憶和史論五輯。望文生義，「史評」乃讀他人撰史之作的心得，可視為《四分溪畔讀史》的續篇；「史譚」係生活與工作中的偶得戲作，難登大雅之堂，或可博讀者茶餘飯後一粲！「史述」則是參觀古蹟盛景之作，旨在存真留念！「史憶」多為個人追憶前賢、師友的文章，結集在一起，可以擺在案頭，隨時見面增加思念，彷彿他們並未離開塵世一樣。最後「史論」的九篇嚴肅的學術性論文，都是七十歲之後至八十歲之前的新作，其所以一並收錄，用意在便於隨時查閱，不致有日久散佚之虞！

出書，對個人而言，永遠是一件快樂的事情。最後，敬祈海內外諸同道友好暨知己不吝賜正。是為序。

陳三井謹識於南港中研院近史所
2017年3月

第三輯　座談兼回憶

「台灣光復35週年」口述歷史座談會

　　剛才戴資政炎輝先生說得好，對於光復前後的這一段回憶，老年人有老年人的感觸，年輕人有年輕人的感觸，的確各不相同。

　　我甚至覺得，不但老年人與年輕人的感受不一樣，就是住在都市的人和住在鄉下的人，他們的感觸恐怕也會有差異。

　　我是抗戰那一年才出生的，一直在彰化鄉間長大，現在且以一個鄉下孩子的經驗，來談談我當時的一些感受和特殊印象。

　　在童年的回憶裡，那是一段餐餐吃番薯、啃地瓜的苦日子。地瓜有多種吃法，最常見的是分切成塊用水煮，也有曬乾成條再煮，反正吃來吃去全以地瓜為主食，飯鍋中根本看不到幾粒白米。當時能吃到一頓香噴噴的白米飯，真是一種奢侈的享受。

　　由於戰爭的關係，我小時各項重要民生物資，如米、麵粉等，都採取配給制。長大後聽母親說，當她懷最小的妹妹時，因吃多了地瓜，母體營養不夠，以致小妹的身體在幾個兄弟姊妹中最差，經常生病吃藥。內人也常提起，她爸爸雖在日據時期主管台北七星區的米糧配給，但因為人正直清廉，從不假藉職權為自己多配一粒米，家中同樣乏米可炊。她的二哥正值發育年齡，每餐吃不飽，有一次，岳母特別先從剛煮好的稀飯中撈起一碗白米飯，讓他獨享，恰巧被岳父撞見，結果遭一頓責罵，認為不該有所例外。母子倆為此事抱頭痛哭了一場！

　　我小時候，對警察的印象最為深刻。在一般老百姓的心目中，日本警察是地方的土皇帝，一身黑制服，腰間配掛一把長刀，既神氣又威風，對待台灣同胞動輒拳打腳踢全不講人道，所以人人怕他，敬鬼神而遠之。

　　最倒楣的是小偷和賭徒在我們村裡，有一次親眼看到日本警察抓到兩個小偷，即就地懲罰，命令他們並排跪在庭院裡，然後拿一根扁擔平放在兩人的腿肚間，日本警察就站在扁擔上使勁，把兩個小偷痛得眼淚直流，屎尿都跑出來，但卻不敢哼叫一聲。

　　又有一次，一位矮矮胖胖的日本警察單槍匹馬到村裡抓賭，眾賭徒

一見苗頭不對，悄悄奪門而逃，日本警察究竟不是三頭六臂，只能選擇較弱的對象追捕，兩人一前一後追趕了數百公尺，一個鐵青著臉，一個氣喘如牛，直到出了村子才追上。但見警察一個箭步躍上，用柔道把那位賭徒摔了一個四腳朝天，躺在地上半天起不來。

由於日本人平常作威作福太過，所以一旦光復，台灣各地都發生群毆「四腳犬」（台胞對日人的稱呼）的事件，以為報復。當時溪湖糖廠有位日本高級主管遭到群眾圍毆，我們村裡有位在糖廠工作的同宗叫陳忠駕，可能平日與這位主管的交情不錯，或者只是見危挺身護駕，結果也被修理得遍體鱗傷，扶著那位主管暫避到村子來，這在當時是一件轟動全村的大事。這位同宗後來養傷很久，身體才告復原。

到了太平洋戰爭末期，日本窮兵黷武的結果，已經到了羅掘俱窮的地步。日本當局挨家挨戶搜刮廢棄不用的鍋、鏟等鐵製品，並強迫抽取每家窗戶鋼筋，間隔取一，以做為製造飛機、大砲、槍彈的原料。我家的窗戶至今還留下這項被洗劫的痕跡。

當日軍節節敗退之際，盟軍的飛機也開始出現在台灣本島的上空。當時我正念小學一年級，每當空襲警報一響，老師便帶著一大群學生沿著竹林小路，邊躲邊趕路回家，遇有防空洞就入內暫避。有一次，我因為好奇，想看盟軍戰機的雄姿，從洞口探出頭來，冷不防老師就在上面，順手給了我一記算盤，痛得我眼淚汪汪的流，所以到現在仍然印象很深。

鄰近的復興鄉有一個教練機場，有一次當教練機試飛的時候，正好盟機駕到，來不及降落機場掩蔽的最後一架教練機，為免暴露機場位置，就四處遊蕩藉此引開「敵」機，終而被發現咬上，一幕真實的空戰就在本村上空上演。不一會兒工夫，但見教練機的尾巴已著火，拖著一串黑煙往下直墜，看得大家都情不自禁地拍手叫好。至於飛機的殘骸掉在那裏，倒沒有多大興致去探尋了。

不久，台灣就光復了。從此以後，再也沒有警報好逃，可以偷懶不上課了。

（原載《近代中國》，第19期，1980年10月20日，頁27-28）

「慶祝建國七十年談我們的時代歷史任務」座談會

綜合各位前述的意見，我個人以為，一個真正的知識分子，除了本身所受的教育與所具備的專業知識外，至少還應具備兩個條件：第一，以「天下為己任」的歷史使命感；第二，關心社會、關心國事的一種「憂患意識」。這也正是曾子所謂的「士不可以不弘毅，任重而道遠」，宋儒所講的「先天下之憂而憂，後天下之樂而樂」，明儒所說的「風聲、雨聲、讀書聲，聲聲入耳；家事、國事、天下事，事事關心」，清儒所謂的「身無半畝，心憂天下」。若沒有這種抱負和精神，即使他的學識再好，頂多只能算做一個專業學者，不配稱為真正的知識分子。

基於這種認識，我們知道，國民革命是一種全民參與的革命，是一種為全民爭自由平等，為全民謀幸福，「順乎天，應乎人」的救國救民革命；而知識分子既是社會的先知先覺者，具有「捨我其誰」的道德勇氣，也最富有「歷史的使命感」，因此他與這場攸關國家前途、民族存亡的重大變革與運動自是息息相關，密不可分。換句話說，知識分子在國民革命過程中所扮演的角色，實在太重要了，幾乎是一種不可取代，無法取代的角色。

從國民革命思想的醞釀過程看，知識分子大致扮演三種角色：

一、他是國民革命理論的播種者。這指的是國父孫中山先生首倡革命，建立第一個革命團體——興中會，並創立三民主義，成為國民革命的最高指導原則。

二、他是國民革命理論的灌溉者。播種後，必須繼之以灌溉，才能使花果盛開，枝葉繁茂。追隨國父革命的一批知識分子像：胡漢民、朱執信、戴季陶以及先總統蔣公等人，不斷對三民主義加以詮釋、補充，使之更加周全、完美。

三、他是國民革命思想的鼓吹者。美國學者布林頓（Brinton）在「革命的解剖」（Anatomy of Revolution）一書中肯定：沒有思想，就沒有革命。知識分子除了是思想的啟迪者外，也是思想

的傳播者。同盟會的成立是知識分子的第一次大團結。在海外的留學生，在國內的知識青年，透過他們所創辦的報紙、刊物，為革命思想而鼓吹，文字宣傳深入人心，造成革命風潮。除文字的力量外，口頭宣傳的功效也很大。據萊特女士（Mary Wright）的研究，單是一個青年教師就可以喚起整個鄉村；單是一個在軍校或軍中的青年，就可以將來自國外的各種新思想散步到各處。

再就國民革命運動的發展過程來看，知識分子至少也擔任下列三種角色：

一、他是國民革命的領導者——一方面他是革命團體的領袖，從興中會、華興會、光復會到同盟會，乃至後來的國民黨、中國國民黨，莫不多以知識分子作為它的領導者；一方面他是歷次革命起義的領導者，民國初年，國父孫中山先生領導討袁、護法，先總統蔣公繼續領導北伐、抗日、剿共，都是最好的例子。

二、他是國民革命的實際參與者——知識分子實際參與國民革命，可謂無役不與。黃花崗七十二烈士，皆為知識青年之精英。

三、他是國民革命的聯絡者——國民革命固然由知識分子所發動，但同樣有賴於社會其他各階層的協助，乃得完成。故其間之運動會黨、新軍，聯絡華僑，籌措革命經費等重任，仍然落在知識分子身上。

知識分子在國民革命過程中所扮演角色之重要，綜合言之，那是一種主導的地位，一方面在思想上居於引導地位，即「先知覺後知」；一方面在行動上站在策畫和指導的地位。

過去辛亥革命之所以能成功，知識分子的向背無疑是其中一大關鍵，那就是知識分子對滿清疏離與背棄，對革命忠誠與熱情的一個結果。今天我們國民革命的第三期任務，乃是反共復國；台灣這三十年來的建設與成就，已經得到海內外知識分子的肯定與讚賞，相信以台灣復興基地所發動的反共復國義師，也必定能得到知識分子的真誠擁護，馬到成功！

（原載《近代中國》，第21期，1981年2月，頁241-243）

台灣研究抗戰史處於剛起步階段

　　我的名字「三井」即充分顯示台灣受日本皇民化統治的結果。抗戰末期，我們幾乎天天都生活在拉警報躲防空洞的日子。台灣光復後，我念的小學也空出了部分教室，讓接收的國軍駐紮，他們常常「小鬼、小鬼」地喊我。而透過不同文化背景的接觸，所以我對這個時期的情況印象深刻。

　　剛剛幾位先生談到研究的問題，中研院近史所原先研究的重點，主要放在清末民初方面，對於抗戰只有零星的研究，頂多到北伐時期，實在趕不上大陸的學術人口和堅強的研究陣容，不但人多勢眾，而且範圍也很廣。目前台灣研究抗戰史方面，套句李雲漢先生的話：是剛剛才起步的階段。為什麼對抗戰的研究，目前才風氣漸開呢？這主要是受到資料限制的問題。

　　雖然抗戰史不是個人研究的重點，不過早在民國六十年，我剛從國外回來，在沒有第一手史料的根據下，只憑著參考幾本外國著作，就不自量力地寫了一篇〈列強與七七事變〉的文章。回憶起那個標題，現在倒是還用得上。在文章中我介紹了七七事變後，列強的應變態度，英國是以歐洲為重，美國是力有未逮，法國是自顧不暇，蘇俄是兩面受敵，德國則是處境尷尬。我認為在抗戰的頭幾年，中國只有孤軍奮戰，因為就國際形勢來看，列強是不可能出兵干預的。除非列強自己的利益遭到攻擊，否則他們一定繼續袖手旁觀。這與所謂「列強是採取不干涉政策」不謀而合。

　　到了十年前，由於資料愈來愈多，我根據《顧維鈞回憶錄》和黨史會發表的對日抗戰史料，寫了〈抗戰時期的中法交涉〉。這次兩岸研討會，我也寫了一篇〈抗戰初期上海對變局的肆應〉，從八一三以後到上海淪陷這段時期，討論除了軍事對抗以外，上海各界如何動員應付抗戰的過程。

（「抗戰勝利五十週年的省思」座談會，原載《中央日報》，
1995年9月15日，第19版）

「台灣情・本土心──蔣經國先生逝世
十五週年紀念口述史座談會」

　　最近臺灣社會上掀起一陣懷舊風，政治上則有所謂「經國熱」，我個人相當同意，某位大報記者所說的，這種現象，多少反映了政黨輪替後當今政治的空洞化與虛無，也就是在經國先生逝世十五年之後，在臺灣政壇上一時還找不到一位像他那樣具有魅力，稱得上偶像型的政治領袖。

　　經國先生的民調一直居高不下，他對這塊土地的犧牲和奉獻，雖然不免出現一些雜音，但也受到大多數人的肯定。我總覺得，經國先生像一棵大樹，為臺灣同胞百姓提供一個遮風避雨的場所，而免於風吹雨打日曬的痛苦。飲水思源，斯土斯民對於經國先生的種種懷念，是值得高興和欣慰的的事情。

　　在高興和欣慰之餘，身為一位專業史學工作者，也頗有一些感慨。

　　第一個感慨是，中國國民黨和國民政府在丟掉大陸後，也喪失了對中國現代史的主體性解釋權。中共在建政後，重視他們的黨史，出版了多少的史料和文獻，幾乎每一位國家領導人，從毛澤東、周恩來到劉少奇，不但有年譜，也有完整的傳記。反觀我們，從去世已26年的蔣中正總統到去世已15年的蔣經國總統，不但看不到一部比較完整的年譜，更遑論傳記？像最近，大陸南京大學方由一批學者集體撰寫一本《蔣介石傳》，《蔣經國傳》也將在短期內面世。我們所看到的是大陸學者、外國學者所撰寫的《蔣介石全傳》、《蔣經國傳》，臺灣學者在巧婦難為無米炊下，所能做的，就是被動的寫些書評，糾正若干史家歪曲和謬誤之處，起不了太大的作用。

　　第二個感慨是，自政黨輪替後，民進黨也非常重視從黨外民主運動到綠色執政這一段歷史發展過程的史料和文獻的整理和出版。中國國民黨似乎又要喪失對臺灣這一段歷史的詮釋權。前幾天，我參加吳三連先生全集與光碟的發表會。在吳三老逝世十多年之後，他們出版了全集與三片光碟片來紀念他，裡面有吳三連的部分日記，日記中記載了黨外運動在中壢事件興起後，經國先生如何因應與對策，特別是吳三連還扮演

著溝通橋樑的角色。一位無黨派的民間人士，可以用這樣具有意義的方式來紀念他，反觀中國國民黨，過去十多年似乎對經國先生的研究做得太少了。

第三個感慨是，政黨輪替後，中國國民黨黨史委員會也開始萎縮，現在已淪為二級單位的黨史館，人員精簡到剩下不到十個人，與中共對口單位的中共中央文獻研究室、中共黨史研究室的動輒一、二百人，當然不可同日而語。連雅堂先生在〈臺灣通史序〉說「滅人其國者，先滅其史」。國民黨還健在，現在卻自廢了武功。有一百多年歷史的中國國民黨，怎能如此不重視自己歷史、任令自己培養出來的人才花果飄零，所以說句開玩笑的話，在民主化的浪潮下，臺灣史變成顯學之下，這些無用武之地的史學家，或許只能寫寫《百年老店國民黨滄桑史》、《國民黨辛酸史》，聊以自遣了。

談完三點不中聽的感慨，我想提出一個嚴肅的建議。連戰主席是臺灣史家連雅堂之後，他是看重歷史的，在座的秦孝公對修史、推動中國現代史的研究，也有很大貢獻。在此，個人對中國國民黨有個建議，不管經費再困難，一定要考慮立刻邀集一批專家學者，著手進行蔣中正年譜、蔣中正全傳，蔣經國年譜、蔣經國全傳的撰寫，但「巧婦難為無米之炊」，沒有一手史料是辦不到的。因此個人在此特別盼望和拜託，孝勇先生夫人蔣方智怡女士，能夠以兩位蔣總統的身後名和長遠歷史地位為重，而不必以一時的雜音和異聲為慮，勇敢的把兩位蔣總統的日記完整的公布出來，便有正本清源的作用。中國國民黨有這種積極的做法，端出牛肉——一手的日記史料和一流的兩蔣年譜和傳記，不但可確保歷史的詮釋權，也讓這些得了便宜又賣乖的片面之詞不攻自破，而且肯定沒人敢唱衰國民黨，看扁國民黨，對於明年的總統大選更有文宣上的加分作用。國民黨想要東山再起，或許這就是一個契機！

（原載《近代中國》，第153期，2003年3月，頁10-12）

「蔣公與黃埔」口述史座談會

　　今天以中國現代史研究工作者的身分，應邀參加本次座談會。一則感動榮幸，一則有無限的感慨。感慨之一是，剛剛眾多黃埔軍官校友現身說法，細述了黃埔軍校光榮的歷史和蔣公的精神典範，遺憾的是所有這些在大陸已蒙塵，在臺灣則蒙羞。怎麼說呢？晚近大陸出版很多有關黃埔的史料和專著，一再竄改黃埔的歷史，汙衊國民黨領導幹部，主要在爭奪這一段歷史的詮釋權，所以說已蒙塵。感慨之二是，在這裡看到有些民意代表作秀式的反穿黃埔大內褲，以「殘兵、敗將、叛將」等不堪字眼，羞辱黃埔軍人，所以說蒙羞。

　　過去，我們感傷的說，軍人「出師未捷身先死，常使英雄淚滿襟」。

　　今天，最令我們憂心、擔心的是，軍人「功成而無聞，身死而名毀」，不知為何而戰？為誰而戰？

　　一個人如果對歷史沒有一點溫情，缺乏對它絲毫的敬意，將不配做一個文明的現代人。

　　大陸學者陳以沛曾語重心長的說出：「自中共建國以來，黃埔軍校史被視為蔣介石的衣缽，少人過問。如果說，過去從『右』的立場加以歪曲，後來則受到了『左』的干擾，有的就把黃埔軍校寫成好像是共產黨創辦的學校了。卒讀一篇校史，不知最早的軍校總理是孫中山，看畢校史展覽圖片，不見一批著名的國民黨人是什麼樣子。這時軍校歷史又成了主要表現共產黨人的歷史。」真是情何以堪。

　　為了不讓黃埔青史盡成灰，以下將提出幾點淺見，以就教於在座諸位方家。

一、國共合作創辦黃埔軍校問題

　　晚近中共出版的《黃埔軍校史料》以及其他著作，往往開宗明義便提出：「黃埔軍校是我國第一次國內革命戰爭時期，國共合作創辦的軍事政治學校。」一再強調，軍校是國共合作的「產物」、「碩果」。這

一點，李雲漢教授早就提出辯正，他這樣認為：「黃埔軍校的全稱是中國國民黨陸軍軍官學校，校長蔣中正，黨代表廖仲愷，都是國民黨人，那裡有『國共合作創辦』的歷史記載？」事實上軍校直屬於中國國民黨中央執行委員會。在此，我再做若干補充。

蔣中正校長在4月26日入校視事後，曾密集式的對下級軍官一連做了四次訓話。

第一次說：「這個軍官學校是我們本黨創辦的學校，為本黨培植幹部人才。」這個「本黨」，毫無疑問的，指的是中國國民黨，而非中國共產黨。

第二次訓話講得更為明確，他說：「各位要曉得這個學校是國民黨辦的，辦事的都是黨員。」

所以說，軍校設黨代表，只有國民黨的黨代表廖仲愷，未聞共產黨也有黨代表。我們常說：「黃埔軍校是黨軍的養成所」，這個黨指的是信仰孫中山三民主義的國民黨軍隊，至為明顯。

二、醜化國民黨領導幹部

中共出版品除了強調國共合作創辦黃埔軍校之外，其共同特色便是醜化國民黨領導幹部，從校長蔣中正、黨代表廖仲愷、政治部主任戴季陶、副主任邵元沖、教授部主任王柏齡，都是他們醜化的對象，極盡污衊詆毀之能事，令人不忍卒讀。現在略舉幾個片段，以見一斑。

蔣介石「是一個極為複雜的人物，除了資產階級思想外，封建主義思想也很嚴重」，他的「功名欲和野心很強烈」，所以「一切只問目的，不問手段，覆手為雲，左右搖擺，以觀風向。今則為友，明則為仇。具有極大的危險性。」他們批評蔣「以黃埔軍校為基地，安插親信，排除異己」，而且行事作風獨裁，最大的罪名則是「反革命」。

戴季陶鬧情緒，「經常不上班，無所事事，把政治部變成一個死氣沉沉、毫無作用的機構。」

邵元沖是個前清舉人，「封建思想濃厚，根本不懂革命的政治思想工作。」他「尸位素餐，庸庸碌碌，無所作為，把主任一職當官做。偶而的演講也因口才極差，內容無聊而被學生戲謔為『催眠術』，不但學生不滿意，連廖、蔣和蘇聯顧問都不滿意，所以把他撤職。」事實上，邵只是代理主任，他之離職，是因為追隨孫中山先生北上，並非

被撤職。

　　王柏齡是黃埔「四巨頭」之一，「為人所不齒，最受人鄙棄，私生活放縱‘不檢點,酒色財氣樣樣喜愛,打茶圍,吃花酒,不亦樂乎？」「作風荒唐，思想反動，一切唯蔣馬首是瞻」，「才不堪大用，是奴才型的人物。」

三、誇大共產黨員的貢獻，自吹自擂

　　軍校早期的籌備，並無一共產黨人員或其同路人參與。但葉劍英（教授部副主任）、張崧年（政治部副主任）在他們回憶中都自稱參與軍校的籌備，以自抬身價。

　　最有趣的是，很多書刊都把周恩來說成政治部第一任主任，如此置戴季陶、邵元沖、張崧年（申府）於何地？事實上，黃埔開學時，周恩來人還在法國未返國呢！周在民國13年秋，先進黃埔軍校當政治教官，11月才接任政治部主任。

　　大陸出版品詆毀戴季陶、邵元沖無能，正所以凸顯周恩來的英明幹練，把他當明星般的敲鑼打鼓哄抬登場。請看周恩來首次露面演講的「盛況」：

　　「那天，學生們為目睹新主任的風采，把會場擠得水洩不通。周恩來英俊的外貌和優雅的姿態，使學生們如癡如狂。而抑揚頓挫的語調和引人入勝的內容更不時被掌聲所打斷。」

　　結論是，周恩來的講課最能感動人，這是師生們的一致評價。

　　此外，周恩來思考周密，處理問題敏捷，原則性和靈活性掌握適度，他經辦的事沒有不水到渠成的。

　　因此，自周恩來擔任主任後，軍校政治面貌發生了變化，出現一派生機，政治工作從此蓬勃的開展起來。

四、蔣與蘇俄軍事顧問

　　黃埔軍校成立後，在「以俄為師」的原則下，設有蘇聯政治與軍事顧問，他們的職責在於加強國民革命軍的訓練，而不應承擔直接指揮軍隊的工作。換言之他們不能喧賓奪主或反客為主。遺憾的是，從加倫、季山嘉到鮑羅廷，有的反對北伐主張，有的宣傳北伐必敗，甚至攻擊蔣

個人為新軍閥，尤其鮑羅廷性格驕橫，作風強悍，曾在公開場合羞辱蔣，聲色俱厲，甚至籌畫倒蔣運動，企圖分裂國民革命，借國民黨的「殼」孵共產黨的「小雞」，最終要消滅國民黨，以扶助共產黨。以蔣中正的立場，他所要求於友邦顧問者，不外個人尊嚴、事權統一指揮與國政獨立自主三大基調。基於「操之在我則存，操之在人則亡」的考量，蔣氏最後不得不為自己所服膺的主義和追求的革命，採取斷然處置，撤換俄國顧問，無怨無悔的向前行。

（原載《近代中國》，第157期，2004年6月，頁176-178）

附：〈忍教黃埔青史盡成灰──有關黃埔校史的討論與辨正〉

一、前言

　　今年為黃埔陸軍軍官學校創立八十週年，海峽兩岸均分別舉辦國際學術研討會，以為慶祝。關於黃埔校史，早期由於文獻不徵，資料不足，出現許多歷史的空白和缺口，甚至不勝枚舉的失實和錯誤之處，自是可以理解，也可以諒解。晚近，隨著新史料的不斷出土以及兩岸學術成果的大量湧現和頻繁交流，空白或隱晦不明之處已獲得較大的填補，惟在雙方黨派立場與意識形態掛帥之下，歷史不是變得南轅北轍，各說各話，便是有如萬花鏡筒下的景象，凹凸變形，面目全非。

　　以黃埔校史為例，大陸學者陳以沛早就語重心長的指出，自中共「建國以後，黃埔校史又被視為蔣介石的衣缽，少人過問。如果說，過去從右的立場加以歪曲，後來則受到『左』的干擾，有的就把黃埔軍校寫成好像是共產黨創辦的學校。卒讀一篇校史，不知最早的軍校總理是孫中山，看畢校史展覽圖片，不見一批著名國民黨人是什麼樣子？這時軍校歷史又成了主要表現共產黨的人的歷史」。當然，陳以沛也不忘提到，臺灣出版的《中央陸軍軍官學校史稿》等書，也有刪改史料，將共

產黨員除名的作法，使研究者難以了解史實真相。[1]兩種做法，同樣為客觀公正的史學工作者所不能贊同。

　　為了不忍黃埔青史盡成灰，以下提出幾個重要問題，分別予以討論並提出辨正。

二、國共合作創辦黃埔軍校

　　晚近中共出版的《黃埔軍校史料，1924-1927》、《黃埔軍校史料續篇，1924-1927》以及其他相關的研究著作，往往開宗明義指出：「黃埔陸軍軍官學校，是我國第一次國內革命戰爭時期國共合作創辦的軍事政治學校」。[2]它一再強調，黃埔軍校「不僅是中國革命的產物，而且又是國共合作的結晶」。[3]有的說：「創辦黃埔軍校，是孫中山在蘇俄十月革命啟示下總結歷史經驗的產物，也是第一次國共合作的碩果」。[4]有的甚至武斷的說：「沒有國共合作，就沒有黃埔軍校」。[5]今年7月，筆者到廣州參加中山大學為紀念中山大學、黃埔軍校建校80周年所舉辦的「孫中山與世界（含共產國際）國際學術研討會」，順便再度參觀黃埔軍校舊址的各項展覽，在主題館展覽說明的最後結語，又發現「黃埔軍校是國共合作創辦的產物」等字眼，前後說法，幾乎眾口一辭，可見這是中共層峰政策上的定調，是一種為爭奪歷史詮釋權的政治語言。

　　問題在於，政治語言不能改變歷史事實，更不能推翻學術真理。關於黃埔軍校是否為國共合作創辦的產物？李雲漢教授早就提出辨正，他指出：「黃埔軍校的全稱是中國國民黨陸軍軍官學校，校長蔣中正，黨代表廖仲愷，都是國民黨人，那裏有『國共合作創辦』的歷史記載？軍校中有幾位中共黨人當教官，但他們是在國民黨容共政策下參加國民黨

---

[1]　陳以沛，〈黃埔軍校歷史的回顧與展望〉，收入王建吾主編，《黃埔軍校史論稿》（河南人民出版社，1990年7月），頁31-32。

[2]　廣東革命歷史博物館編，《黃埔軍校史料，1924-1927》（廣東人民出版社，1985年5月第二版），頁1。

[3]　彭明序，參見《黃埔軍校史論稿》，頁1。

[4]　李義彬，〈第一次國共合作的碩果──紀念黃埔軍校創辦60周年〉，《黃埔軍校史論稿》，頁39。

[5]　王輝強主編，《黃埔軍校祕史》（青海人民出版社，1997年1月），頁1，序言。

的，穿的是國民黨的軍服，喊的是信仰三民主義的口號」。[1]

最近，廣州中山大學李吉奎教授曾撰〈黃埔軍校創辦緣起〉一文，他細說從頭，指出軍校校名，曾經三易而後定，即陸軍講武堂→義勇軍→國民軍軍官學校→陸軍軍官學校，進而認為1936年南京方面出版的《中央陸軍軍官學校史稿》，開宗明義地寫道：「本校為黨立軍事學校，故定名為『中國國民黨陸軍軍官學校』，又以校址位於廣東黃埔島上，亦稱為『黃埔陸軍軍官學校』，是錯誤的」。[2]

事實上，從陸軍講武堂→義勇軍→國民軍軍官學校到陸軍軍官學校，都是在臨時中央執行委員會的幾次會議中決議，以國民黨的名義發布啟事的，故位階上直屬於臨時中央執行委員會，應無疑義。

名稱上可以不必過於拘泥深論，筆者認為最重要的是，當時這些參與並主其事者的想法和認知問題。首先，我們看一看身為校長的蔣中正如何說法？蔣校長於1924年4月26日入校視事後，曾密集式的對下級軍官一連做了四次訓話。

4月26日蔣氏第一次訓話，他說：「這個軍官學校是我們本黨辦的學校，……是本黨要培植幹部人才，預備將來做本黨健全的幹部，擴張本黨勢力，實行本黨三民主義，使中國成為一個真正的獨立國家，使中國的民族成為一個真正的自由民族」。[3]這個「本黨」，毫無疑問，指的是中國國民黨，而非中國共產黨。

4月27日蔣校長第二次訓話，講得更為明確。他說：「各位要曉得，這個學校是國民黨辦的，辦事的人都是黨員。……本校是由本黨創辦的，黨與學校是一體的，絲毫沒有分別的」。[4]

初期擔任軍校政治教官，後來出任黨代表的汪精衛也回憶道：「本來陸軍軍官學校成立的時候，是叫做中國國民黨陸軍軍官學校。那時候為什麼要叫做中國國民黨陸軍軍官學校？因為在民國十三年，所有的軍隊名義上雖是總理的軍隊，大元帥指揮的軍隊；實際上楊希閔、劉震

---

[1] 李雲漢，〈評宋平著《蔣介石生平》〉，《中國現代史書評選輯》（八）（台北：國史館，1992年6月），頁43。

[2] 李吉奎，〈黃埔軍校創辦緣起〉，收入廣州近代史博物館、黃埔軍校舊址紀念館編，《國民革命與黃埔軍校——紀念黃埔軍校建校80周年學術論集》（吉林人民出版社，2004年5月），頁122-123。

[3] 中國第二歷史檔案館編，《蔣介石年譜》（北京：中國檔案出版社，1992年12月），頁177。

[4] 《蔣介石年譜》，頁178。

寰……等，他們各有各的目的，並依照大元帥的計劃去做。大元帥是努力於國民革命工作，而統率中國國民黨黨員同帝國主義和軍閥奮鬥的，看見這種軍隊，使他非常失望！所以，那時候就決定要創設這間學校，純粹本著中國國民黨的黨綱和總理的指導去訓練武裝黨員，希望在這學校裏養成一班有主義有紀律的下級幹部，然後再來組織黨軍」。[1]汪精衛的說法，可以正面回答李吉奎教授的質疑。

一般人的認知也是：「黃埔軍校是黨軍的養成所」，這個黨軍，指的是信仰孫中山三民主義的中國國民黨軍隊，而不是「紅色軍團」；而軍校設黨代表制，我們也只聽說，國民黨的黨代表廖仲愷、汪精衛，未聞共產黨也另派有黨代表，孰主孰從，合作也者，不辨自明。

在諾諾眾士之外，大陸則有一士提出諤諤持平之言，為國共合作問題做了深獲我心，比較令人可以接受的高明論斷。廣東省歷史學會副會長曾慶榴教授在近著《共產黨人與黃埔軍校》一書中指出：「黃埔軍校自有其不同的特點或特色，最主要的就是黃埔軍校將國民黨的觀念灌注於軍校教育之中，不但要以軍救國，而且要以軍興黨。黨與軍隊的關係，被概括為一個公式：軍以黨化、黨以軍成。當時，中國國民黨以實現孫中山的三民主義為宗旨，要求掌握軍隊，創建黨軍，要借助軍隊的力量去完成黨的使命。從歷史發展的軌跡看，黃埔軍校的創辦和國民革命軍的建立，對中國國民黨、中國革命和中國近現代歷史的發展，產生了深刻的影響」。至於中共與黃埔的關係，曾慶榴認為，「由於特殊的歷史事件，中國共產黨與黃埔軍校也有密切的關係。這種關係主要體現在：從軍校籌辦和創辦之日起，就有許多共產黨員在黃埔軍校工作和學習；黃埔前六期的各期，均建立了共產黨的組織。其原由主要是國民黨在改組之初，……在創辦軍校時不僅接受了來自蘇聯的經濟、物資的援助，聘請蘇聯顧問、教官到黃埔工作，而且在任用幹部、招考學生方面，也向中共打開了大門；而當時的國共合作採取了『黨內合作』的形式，中共黨員兼具國民黨員的身分，也為他們進入黃埔軍校工作和學習，提供了有利的條件。……由於上述情況，使許多中共黨員有機會通過各種途徑，陸續進入黃埔軍校，成為黃埔的教官或學生」。[2]

---

[1] 汪精衛，〈汪黨代表在本校成立典禮時訓話〉，原載《黃埔潮》開學紀念特刊，1926年3月8日，收入《黃埔軍校史料》，頁74。

[2] 曾慶榴，《共產黨人與黃埔軍校》（廣州出版社，2004年6月），頁3。

三、周恩來與黃埔

周恩來何時到黃埔？他進入黃埔軍校是透過誰介紹的？他是政治部第一任主任嗎？他在黃埔的表現如何？要回答這幾個問題，從《周恩來年譜》、《周恩來傳》到最近大批出爐的黃埔軍校著作，車載斗量，但輾轉傳抄，頗多以訛傳訛，甚或失實之處，不得不稍微討論辨正。

綜周恩來一生，與黃埔軍校關係密切，先後擔任過軍校的政治教官、政治部主任、軍法處長等職。我們首先要問，他是那年那月進黃埔的？這個問題，至今似乎沒有確切的答案。身為黃埔軍校校長的蔣中正，在以他為譜主的三種資料，包括臺灣版的《民國十五年以前之蔣介石先生》、《總統蔣公大事長編初稿》以及大陸版的《蔣介石年譜》，都未找到該有的合理答案，是否為主編者所疏忽遺漏，不敢斷言。倒是中共中央文獻研究室編的《周恩來年譜》，在1924年，列出：「秋，任黃埔軍校政治教官，講授政治經濟學」。[1]而同一個單位出版的《周恩來傳》，仍然不確定的說，周恩來到廣東後不久，就兼任開辦不久的中國國民黨陸軍軍官學校的政治教官，給第一期學生講授政治經濟學。[2]

現在我們所要追尋的是，周恩來何時抵達廣州？根據南開大學周恩來研究室所編的《周恩來青少年時代紀事》及其他相關資料記載，周恩來於1924年7月20日仍出席在巴黎所舉行的中國國民黨駐法總支部第二次代表大會（周是巴黎通訊處籌備員，在第一次成立大會時被選為執行部總務科主任）。到7月下旬，與劉伯庄、周子君、羅振聲等同行，離開法國，從海路回國。9月1日到達香港。9月初，周恩來、羅振聲從香港坐佛山號輪船到達廣州，不久，根據黨的指示，先後任中共廣東區委員會委員長兼宣傳部長、區委常委兼軍事部長，廣東區委的工作範圍包括廣東、廣西、廈門、香港等地。[3]這裡必須指出的是，迪克・威爾遜

---

1   中共中央文獻研究室編，《周恩來年譜，1898-1949》（北京：人民出版社，1989年3月），頁68。

2   金沖及主編，《周恩來傳》（北京：中央文獻出版社，1998年2月），第一冊，頁104。

3   〈周恩來青少年時代紀事〉，《天津文史資料選輯》，第15輯（天津人民出版社，1981年5月），頁83。另請參閱《周恩來年譜》、《周恩來傳》、《共產黨人與黃埔軍校》等書。

所著的《周恩來傳》說：「1924年6月20日，周恩來離開了巴黎」，[1]李天民的《周恩來評傳》云：「大約是在1924年冬季，周恩來由法國，到了廣東」，[2]都是錯誤的。

　　誠如羅達・威丁堡（Rhoda S. Weidenbaum）所指出，周恩來的任命，與蔣、廖不一樣，多少帶有一些神祕色彩。其真實情況，至今沒有清楚的記載。[3]無論如何，從以上的資料分析，周恩來進黃埔工作的時間，應在9、10月間，如果他在10月才出任中共廣東區委員長兼宣傳部長，則他進黃埔擔任教官也應在這個時間。

　　第二個問題是，周恩來進黃埔擔任教官，是透過誰介紹推薦的？從孫中山、廖仲愷到張申府（崧年），有多種不同的說法。在歐洲國共合作建黨時期，周恩來雖曾被孫中山和國民黨總部委派為巴黎中國國民黨通訊處籌備員，但這主要透過王京岐與總務部的官式聯絡，周恩來與孫中山並無個人親密接觸或書信往返，意料孫中山並不熟知周恩來在歐洲的行止，故不大可能於百忙中注意周恩來其人，進而推薦其入黃埔當政治部教官，又擔任政治部主任。楊牧在〈黃埔軍校述要〉一文中，特別提到，「戴季陶和邵元沖在（政治部主任）任期內，政治工作基本上沒有開展。對此，孫中山很不滿意，才要求共產黨派人擔任軍校政治部主任」。他的結論是，周恩來之接任政治部主任，係應孫中山與廖仲愷的邀請。[4]事實上，孫中山此際面臨嚴峻的形勢，一方面構成「心腹之患」的商團叛亂有待平定，一方面不得不通過北伐另謀生路，北上問題更有如箭在弦上，因此除前後兩次短暫到軍校告別或作最後之視察外，可謂席不暇暖。顯見楊牧的說法，是想當然的誇大之詞，缺乏事實根據。

　　曾在歐洲留學，介紹周恩來加入巴黎共黨小組，回國後擔任黃埔軍校政治部副主任的張申府（崧年，1893-1986），在一篇回憶黃埔的文章說：「李大釗同志告訴我：廣東形勢很好，建議我去廣州。……我到廣州已經是（1924年）2月初了。……我到粵後，馬上參加了黃埔軍校

1　（英）迪克・威爾遜著，封長虹譯，《周恩來傳》（北京：解放軍出版社，1990年3月），頁65。

2　李天民，《周恩來評傳》（台北：黎明文化公司，1976年1月），頁34。

3　羅達・威丁堡，〈周恩來在廣東，1924-1926〉，劉焱主編，《中外學者論周恩來》（天津：南開大學出版社，1990年6月），頁81。

4　楊牧，〈黃埔軍校述要〉，《黃埔軍校史論稿》，頁20。李義彬的〈周恩來與黃埔軍校〉也持同樣說法。參見同書，頁297。

的籌備工作。與此同時，作為國共合作的另一產物——廣東大學正在籌辦，鄒魯任校長，我受聘任教授兼圖書館館長。當時，廖仲愷同志在黃埔軍校負責實際籌備工作，後擔任軍校黨代表。戴季陶是政治部主任。他們對我非常熱情，常請我吃飯，說軍校工作。……談話之間，他們希望我能夠推薦一些在國外學習的優秀學生到黃埔軍校來。於是我開了一個十五人的名單給廖仲愷，名單上的第一名就是周恩來，記得還有周佛海等人。我告訴他們：周恩來人才出眾，但是個窮學生，希望能匯些路費給他。他們當即表示沒有問題。4、5月間，我給周恩來同志寫信說了此事，不久他回信表示同意」。[1]

張申府在接受美國舒衡哲（Prof. Vera Schwarcz）訪談時，也曾蜻蜓點水的提到推荐周恩來的經過。他說：「1923年在莫斯科我也是第一次會晤蔣介石，他的軍事眼光很令我佩服。回到中國後，1924年我在廣州黃埔軍校和他再次見面。我在那裏擔任教官，同時也為共產黨工作。當軍校的政治委員（political commissar）要求我介紹一些人給他時，我首先想到並推薦周恩來」。[2]

這兩篇訪談，也就成為大陸學者論述周恩來進黃埔軍校與張申府有密切關係的張本。張在另外的場合，補充說他開出的名單還有惲代英、高語罕、沈雁冰、歐陽繼修等人。[3]我們有理由相信，身為政治部副主任的張申府有機會與黨代表廖仲愷、政治部主任戴季陶見面吃飯，也有可能當面向他們推薦一些包括周恩來在內的人才。但張申府之介入黃埔軍校，時間不長，在黃埔的各種史料中，並未留下多少痕跡，可謂雪泥鴻爪，印而不深也。[4]

張申府且自謂，他於2月初到粵後，「馬上參加了黃埔軍校的籌備工作」，在軍校，還參加了招考學員的工作。覆按《黃埔軍校史稿》，1924年1月24日，孫大元帥任命蔣中正為軍校籌備委員長，2月1日復命王柏齡、李濟深、沈應時、林振雄、俞飛鵬、宋榮昌、張家瑞為籌備

---

[1] 張申府，〈籌辦黃埔軍校點滴〉，政協文史資料研究委員會編，《第一次國共合作時期的黃埔軍校》（北京：文史資料出版社，1984年5月），頁98。

[2] Vera Schwarcz, *Time for Telling Truth in Running Out – Conversations with Zhang Shenfu* (Yale University Press, 1992), p. 118；舒衡哲著，李紹明譯，《張申府訪談錄》（北京圖書館出版社，2001年3月），頁131。

[3] 曾慶榴，《共產黨人與黃埔軍校》，頁11。

[4] 曾慶榴，《共產黨人與黃埔軍校》，頁12。

委員。其後，為招生需要，3月20日孫大元帥任命蔣中正為入校試驗委員會委員長，王柏齡、鄧演達、彭素民、嚴重、錢大鈞、胡樹森、張家瑞、簡作楨為試驗委員。[1]另據王柏齡回憶，最初協助籌辦者尚有王登雲、顧祝同、陳繼承、劉峙、陳誠、朱一鳴等人，[2]以上三項名單，並未出現張申府的名字，這或許是張申府事後自抬身價的一種說法。

關於周恩來與軍校政治部的關係，以訛傳訛，誇張失實之處，更不在少。最有趣的是，很多書刊往往簡明扼要的把周恩來說成政治部第一任主任，如此置戴季陶、張申府、邵元沖等幾位前輩於何地？事實上，黃埔6月16日開學時，周恩來人還在巴黎尚未返國呢！許多黃埔一期的畢業生回憶，在1924年到1925年周恩來是代理主任。據張國燾說，周恩來一回國就成為代理主任。王逸常還認為，「周恩來同志組建了黃埔軍校政治部」。[3]許多編寫名人傳記的外國學者，如法國的畢仰高（Lucien Bianco）[4]與美國的Howard L. Boorman，[5]和許介昱[6]都堅持說周恩來擔任過副主任，這些都是與事實不符而明顯錯誤的。可以確定的是，周恩來既沒有擔任過副主任，也沒有代理過主任，他是在11月間就任政治部主任的。戴季陶時代的副主任是張申府，不久，張申府與戴季陶相繼離粵，遂由政治教官邵元沖代理主任。邵是11月13日以中文秘書名義隨孫中山乘永豐艦離開黃埔向香港航行北上，周恩來於是正式接任政治部主任。這是黃埔軍校初期政治部重要人事更迭的大概情形。事實歸事實，不需要灌水或自吹自播。

四、刻意醜化國民黨領導幹部

一般大陸出版品除強調國共合作創辦黃埔軍校外，其共同特色就是

---

[1] 《黃埔軍校史稿》（北京：檔案出版社，1989年7月），頁1-99。按此係根據1936年的《中央陸軍軍官學校校史稿》影印而成。

[2] 王柏齡，〈黃埔軍校開創之回憶〉，收入中國國民黨黨史會編輯出版，《中國國民黨第一次全國代表大會史料專輯》（1984年1月），頁382。

[3] 羅達‧咸丁堡，〈周恩來在廣東，1924-1926〉，《中外學者論周恩來》，頁82。

[4] Lucien Bianco & Y. Chevrier, *Dictionnaire biographique du mouvement ouvrier international* (Les Editions Ouvriers, 1985), p. 769.

[5] Howard L. Boorman, *Biographical Dictionary of Republican China* (Columbia University Press, 1967), Vol. I, p. 393; Vol. II, p. 202.

[6] Hsu Kai-yu, *Chou En-lai: China's Gray Eminence* (Doubleday & Company, New York, 1968), p. 47.

刻意醜化國民黨領導幹部，從校長蔣中正、黨代表廖仲愷、政治部主任戴季陶、代主任邵元沖到教授部主任王柏齡，都是他們醜化的對象，極盡污蔑詆毀之能事，令人不忍卒讀。茲略舉數例，已見一斑。

「蔣介石是一個極為複雜的人物。除了資產階級思想外，封建主義思想的影響對他也很嚴重」，他的「功名欲和野心很強烈」，所以「一切只問目的，不問手段，翻手為雲，覆手為雨，左右搖擺，以觀風向。今則為友，明則為仇。具有極大的危險性」。[1]他們主要批評蔣氏「以黃埔軍校為基地，安插親信，排除異己」，而且行事作風獨裁，其最大的罪名則是「反革命」。

李吉奎教授針對黃埔軍校校長問題曾大作文章，對於蔣校長的擅行離隊、公然解散軍校籌備處一事，有嚴厲的批評。他認為，蔣之所以在軍校籌備正順利開展之際，採取解散這種非常手段，有四大理由：

（一）蔣介石心中存在對孫中山的不滿情緒：蔣對孫引用一些包括鮑羅廷在內的顧問不滿，因為聘任這些顧問不是蔣個人意願，他對蘇俄及其在華顧問心存芥蒂乃至疑忌滿腹。

（二）孫中山接到蔣介石寄來的訪蘇報告後，未公開表示意見，不置可否。實際是，他的對蘇不友好言論不為孫所樂見，與其聯俄外交相牴觸，但又不便公開披露，只好默不作聲。然而，蔣對此卻大為惱怒。

（三）蔣介石赴蘇考察，雖以軍事為主，但於黨務、政治，並不是漠不關心。孫中山並未提名蔣介石為出席一大的代表，又特派廖仲愷為軍校黨代表，有監軍的性質，凡此都可能使蔣心滋不悅。

（四）蔣介石認定孫不信任他，至少不如陳其美對蔣之信任。

最後，李吉奎強調，在緊要關頭，曾有14次脫隊紀錄的蔣，其作法是一種「目無法紀的行為。他之所以如此張狂，估計是他認為孫中山手裏沒有多少牌可打，最終少不了他，故恃寵而驕，不顧大局」。[2]

「戴季陶的思想、言辭都比較激烈，好作驚人語」，他喜鬧情緒，往往戴有色眼鏡來看待形勢，一切都不順眼。他任軍校政治部主任兩個月，「經常不上班，或每隔一天到政治部走一趟，看看例行的文件就走

---

[1] 張慶軍、劉冰，《黃埔軍人魂》（吉林文史出版社，1996年8月），上冊，頁135-136。

[2] 李吉奎，〈黃埔軍校創辦緣起〉，《國民革命與黃埔軍校》，頁135-137。

了，無所事事，把政治部變成了一個死氣沉沉、毫無作用的機構」。[1] 反而被共產黨貼上「國民黨右派」標籤的戴季陶，在共產黨的眼裏，就像他們設計的一幅漫畫所反映的：戴季陶身穿長袍馬褂，頭戴瓜皮疙瘩小帽，十分吃力地背著一尊孫中山的塑像，朝著陰森破敗的孔廟裏走，旁邊站著的洋人、軍閥、黨棍、財東，拍手稱快。[2]

邵元沖「原是前清舉人，封建思想濃厚，根本不懂革命的政治思想工作。他不聯繫學生，不接近下級軍官，與黨代表、蘇聯顧問也極少來往」。他「尸位素餐，庸庸碌碌，無所作為，把主任一職當官做」。「偶而的演講也因口才極差，內容無聊，而被學生們戲謔為『催眠術』」。[3]不但學生不滿意，廖仲愷、蘇聯顧問、蔣介石都不滿意，終於撤掉了他的治政部主任職務。[4]事實上，邵只是代理主任，他之離職，是因追隨孫中山北上，並非被撤職，與邵在黃埔工作好不好，並無太大關係。

很高興看到，大陸學者曾慶榴經過爬梳《邵元沖日記》[5]後，講出了公道話。邵元沖，字翼如，生於1888年（一說為1890），浙江山陰人，浙江高等學校畢業，1906年參加同盟會。[6]曾慶榴除了批評「邵是一位對中共成見極深、反共意識很強烈的人」外，認為「從邵元沖1924年6月和7月兩個月間在黃埔工作的情況，可知他對軍校的教學及他所主持的政治部工作，還是盡了職責的。他講授《各國革命史略》課時雖不多，但備課認真，上課之前廣泛閱讀有關的參考資料，還不斷修改講義」。尤其值得一提的，是邵在軍校組織政治討論班，為此投入許多精力。特別是他每天晨5時或6時頃起，11時或12時頃就寢，因此絕不是一位「閉目塞聽、不諳世事、無智無識的舊式人物」，因此邵元沖在黃埔的工作，「也不宜簡單地予以否定」。[7]

教授部主任王柏齡，字茂如，江蘇江都人，日本士官學校十期，被視為「黃埔四巨頭」之一（另三位分別是蔣介石、周恩來、何應欽）。

---

[1] 張慶軍、劉冰，《黃埔軍人魂》，上冊，頁30-31。

[2] 王逸常，〈周恩來與中國青年軍人聯合會〉，《黃埔軍校史料》，頁344。

[3] 袁小倫，《周恩來與蔣介石》（北京：光明日報出版社，1994年10月），頁16。

[4] 張慶軍、劉冰，《黃埔軍人魂》，上冊，頁33。

[5] 邵元沖著，王仰清、許映湖標注，《邵元沖日記》（上海人民出版社，1990年）。

[6] 《邵元沖日記》，頁1，標注說明。

[7] 曾慶榴，《共產黨人與黃埔軍校》，頁68-69。

早期積極參與軍校的籌備，主管軍校的教務工作，對教材的編寫，戰術的教練，課程的安排，規章制度的制定，不無功勞，但仍難逃被醜化的命運。他的「私生活十分放縱和不檢點，酒色財氣樣樣喜愛。一有空就往廣州城裏跑，打茶圍，吃花酒，不亦樂乎？」此外，他的「作風荒唐，思想也反動，一切唯蔣馬首是瞻」，是個「才不堪大用，奴才型的人物」，所以最受人鄙棄，周恩來斥之為最被人所不齒。[1]

大陸出版品一再詆毀戴季陶、邵元沖無能，醜化國民黨領導幹部腐化，正所以凸顯周恩來的英明幹練。請看周恩來主持政治部的卓越政績：

（一）建立起政治部的日常工作秩序和工作制度。設立指導、編纂、秘書三股。……明確各股的任務，規定工作細則。制訂對學生、官長、士兵的各種調查表。出版《士兵之友》，每日油印發給學生和士兵。

（二）加強對軍校學生的政治教育。突出地進行兩方面的教育：一是為什麼要革命？是為了打倒帝國主義、軍閥和貪官污吏。二是軍民關係，要救國衛民，嚴守紀律。每周組織一、二次對學生的政治講演。舉行政治討論和政治問答。統計學生成績，擴大圖書室，增購書報。創立體育會，備辦各種體育用具。

（三）指導新成立的校軍教導團的政治工作。……規定了士兵的政治訓練計劃，在對學生繼續進行政治教育的同時，擔負起對教導團士兵進行政治訓練的任務。

（四）指導建立中國青年軍人聯合會。其目的在廣泛地聯合除黃埔軍校以外在粵的各軍事學校中已畢業和未畢業的青年軍人。聯合會以蔣先雲為負責人，出版機關刊物《中國軍人》，到1925年4月間，會員已發展到二千多人。[2]

經過這樣一番整頓，黃埔軍校政治部的工作很快納入正軌，出現了新的氣象。當時擔任政治部指導股主任的王逸常回憶說：「從此以後，黃埔軍校的政治工作蓬蓬勃勃地開展起來了。周恩來同志每日除了用少量時間瀏覽我們為他準備的報紙剪輯、工作日記、批閱來往函件外，大

---

[1]　張慶軍、劉冰，《黃埔軍人魂》，上冊，頁36-37。
[2]　《周恩來傳》，頁86-87。

量的時間都花在找人談話和抓工作落實上。他思考事務周密，處理問題敏捷，原則性和靈活性掌握適度，他經辦的事沒有不水到渠成的」。[1]

周恩來在黃埔，有如「天之驕子」，幾乎所有中共黃埔校友的回憶以及相關著作，都把他像明星般捧上天。請看周恩來首次露面在軍校大花廳演講的盛況：

那天，學生們為目睹新主任的風采，把會場擠得水洩不通。周恩來英俊的外貌和優雅的姿態，使學生們如癡如狂。而抑揚頓挫的音調和引人入勝的內容更不時被掌聲所打斷……。

結論是，周主任的課最能感動人。這是師生們的一致評價。「國內外鬥爭形勢的分析」就是一門百聽不厭的大課，因為他對國內外形勢瞭如指掌，每次講演都有新意。而且，他的講演博而能約，條理清楚，易於紀錄和背誦。學生們固然喜歡聽，帶隊的長官也經常肅立一旁，靜聽到底。有人還寫了一首《清平樂》來形容他講課的情景：

風而止步，雀兒悄悄顧。
屏聽堂上細談吐，撥盡心頭迷霧。
一副和藹笑容，親如浩蕩春風。
紅棉攝其笑靨，襯得花兒彤紅。[2]

自周恩來執掌政治部之後，黃埔島上的政治氣氛便日趨濃厚，各種政治講演頻繁舉行。周恩來除了邀請不少著名人物給學生進行各種題目的演講外，自己也經常親自上台。「他演講的風格是以精密、分析見長，廣徵博引，以理服人，很能吸引學生。後來黃埔左右派鬥爭最激烈之時，有些中派人士十分焦急苦悶，他們甚至希望周恩來多上台幾次。因為只有他演講時，即使最狂熱的右派份子也洗耳恭聽。將周恩來演講比喻成菩薩說法、口吐蓮花是不恰當的，但的確有使虎豹斂爪、鳥獸無聲之功效」。[3]

相對於前面對戴季陶、邵元沖兩人的描繪，真是愛憎分明，極盡美化與醜化之對比。論周恩來在黃埔的表現，簡直完美得無以復加，令人嘆為觀止。相形之下，戴季陶、邵元沖則幾乎是一無是處的天壤之別了。

---

[1]　王逸常，〈周恩來與軍校政治部〉，《黃補軍校史料》，頁181。
[2]　袁小倫，《周恩來與蔣介石》，頁21-23。
[3]　張慶軍、劉冰，《黃埔軍人魂》，上冊，頁79。

五、結語

　　誠如上述，有關黃埔軍校史實之失實，或誇張，或被扭曲之處，以及論述國民黨領導人物之失真，或抹黑，或醜化之處，均不勝枚舉。筆者在此，無意責備某位作者或某個單位，因為這無異是大勢所趨的時代悲劇，亦是某種「成王敗寇」歷史法則的推演。筆者更無意對所有呈現出來的問題作全盤檢討或辨正，而只願藉此提出三點淺見，以就教於海內外專家學者。

　　第一，吾人論史，應盡量設身處地，以當時情境為主要考慮因素，而不宜以事後的主觀價值判斷做論斷，更不宜以後見之明的回憶來臧否人物或顛覆歷史。以攻擊蔣介石「反革命」為例，試問在俄國顧問聯手操作下，中共當時籌畫倒蔣運動，企圖分裂國民黨，借國民黨的殼去孵共產黨的「小雞」，最終則要消滅國民黨，以蔣介石的立場，他能袖手旁觀或束手就縛嗎？

　　第二，國共軍事對壘或從事思想鬥爭，已超過半世紀，如今雖不能完全「相逢一笑泯恩仇」，但至少應跳脫各自黨派立場，放下意識形態的包袱，不要只想美化自己，醜化對方，更不必強分你我，而應以黃埔軍校為整體，強調它在中國近代軍事史上的地位，強調黃埔將士在北伐和抗戰期間的重大貢獻。

　　第三，歷史要往前看，更要從大處著眼。處身二十一世紀的史學家，更要有此胸襟和氣度。歷史要推陳出新，隨著時代的推移，不斷的做出新的解釋，不要炒冷飯，更不必拘泥於過去。但要做出新的解釋，除了個人超脫的史觀外，新史料的發掘配合，更不可或缺。在此順便呼籲，擁有當年黃埔出版刊物（例如《黃埔月刊》、《黃埔潮》、《中國軍人》、《青年軍人》等）的機構，早日將這些一手材料整理出版，以深化黃埔軍校史的研究，讓更多具創見、富新意，而且重要又有價值的研究成果源源不斷湧現，這才是兩岸紀念黃埔軍校創立八十週年最有意義一件事。

（原載《近代中國》第160期，2005年3月，頁128-140）

法語是我的最愛

　　說起個人學習法語的故事，有些曲折，那是本身興趣和外語刺激造成的結果。我不是法語系科班出身，在大學四年期間也始終沒把握機會修習法語，至今引為畢生最大的遺憾！

　　記得大學畢業後，在中部一家中學擔任實習教員，同住單身宿舍的一位老師常於課餘之暇，抱著一本《大學法文課本》高聲朗讀，音調抑揚頓挫，悅耳動聽，增強了我學習法語的興趣。

　　退伍後，有幸來到台北工作。在上班之餘，我利用晚上時間到青年服務社補法文，終於得償修習第二外語的夙願。為我啟蒙的兩位老師，一是在新聞局服務的劉克俊先生，一是外交官夫人南斯拉夫籍的Mme Song，後來又被介紹到教育部主辦在台大上課的歐語班就讀，期間一度也有緣到永和修道院跟隨一位比利時籍修女練習會話。

　　到法國後，知道自己的法文根基尚淺，第一年便先在巴黎大學Cours de Civilisation Française à la Sorbonne學習，晚上則到Alliance Française補習，雙管齊下，大部分時間與外國學生混在一起，培養敢開口講的勇氣。回憶這一段學習的過程，雖然挫折不斷，但我已享受到學習法語的樂趣，我發現法語才是我的最愛，法文世界為我開啟視野的另一扇窗，而中法關係史的研究更是畢生無怨無悔的志業。

　　　　　　　　　（原載：陳郁秀、王效蘭等著，《我說法文》，
　　　　　　　　　中華民國法語教師協會出版，2002年，頁28）

「臺北市文獻會一甲子人與事」
口述歷史座談會

　　首先，我要恭賀臺北市文獻會成立一甲子，也很高興我今天能來參與，能夠見到幾位我們前任的主任委員，像王前主委、莊館長，以及幾位教授、文獻會同仁，很高興見到您們，但很可惜楊寶發主委沒來。

　　我和文獻會是一種客卿的關係，我在哪個單位都把自己定位為客卿，客卿可以自由自在，隨時可以離開。我和文獻會結緣必須先從臺灣史蹟研究會講起，在座先進都很清楚，那個時候在楊寶發兼任主委的時代，臺北市文獻會和臺灣省文獻會、救國團合辦臺灣史蹟研究會，剛才葉執秘也提到。

　　這個史蹟會後來加了「源流」兩個字，另外還分為兩個梯次，一個大專學生組、一個是中學老師組，那個時候因為邱秀堂的關係，由於她在淡江上課，經由她的居中介紹，認識文獻會的王國璠執行秘書，我們都稱他王公。由於他的錯愛讓我擔任史蹟會研習組組長，但那時我對臺灣史可以說一竅不通，完全是門外漢。不過有這個機會和年輕學員在一起生活、聽課、討論，以及由林衡道教授帶領參觀活動，我覺得受益匪淺。我這樣說，我對臺灣史發生興趣，完全就是王執秘和林衡道教授把我引進門，不過我後來還是做了臺灣史研究的逃兵。

　　大概在民國66年的時候，他們成立一個臺灣史蹟研究中心，王執秘好意要我掛名研究組長，這本來是義工性質，不過那時候的近史所所長很小心謹慎，就以為我在史蹟中心多領了一份薪水，他沒有想到年輕人不一定是為了薪水而工作。當時我在研究中心參與幾件有意義的事情，我稍微舉例一下：

　　第一個就是創辦《史聯雜誌》，我從第一期就開始參與；第二個事情就是編纂《鄭成功全傳》，那個時候我們邀集臺灣史學界一些菁英共同合寫，完成這部到目前為止，是否算是較為詳瞻的鄭成功傳記，不過林衡道教授對於這本書非常肯定，這本書現在已經絕版。我們在座的周老師也參加這本書的撰寫；第三件事情就是參加澎湖史蹟勘考團，莊館長也有參加，那是陳奇祿先生帶隊，活動很成功。

　　後來就由於史蹟研究會和文獻會這一點關係，我就做了文獻會的委員，但時間不是很長，那時候擔任委員的還有幾位教授朋友，像陳捷先教授、王啟宗教授。回憶起來，王副主任委員兼執行秘書是一個很了不起的人物，我對他非常欽佩，他真的是一個謙沖有禮，很尊敬知識分子或學者的人。

　　特別的是，他是一個很有創意、很想做事情的人，除了史蹟中心之外，文獻會在他的主持推動之下，也做了一件大手筆的事情，就是編纂一部《臺北市發展史》四大冊。為什麼要編發展史？當時考慮如要編《臺北市志》，無論體例、綱目要先送內政部審查，稿子寫完也要送內政部審查；讀書人最不喜歡人家東審西審，為了這樣子的緣故，大家希望有一個大的彈性，或是自主性。我雖然掛總纂的名銜，但沒幫上什麼忙，只寫了兩篇外交和學術的文稿，最後把這部書完成。我們現在看這部發展史，也許外界的評價不是很高，因為有些資料也許是炒冷飯，但平心而論，至少我們也開了先例，換句話說，現在臺灣也有很多縣市也以發展史的方式來寫。

　　因為我和王公來往比較密切，他對我很尊重，也很客氣、愛護，所以在我離開的時候，他親自用篆體寫了一副對聯給我，我覺得非常慚愧，也非常感謝他，這一副對聯一直掛在我的書房，上聯是「居以志養，士以祿養」，下聯是「德為人師，學為經師」，實在愧不敢當。我非常感念他，他過世時我也去參加他的公祭，王月鏡局長在任的時候，曾經對文獻會，或史蹟會出過力的人，頒了一個「承先啟後」的紀念牌，這事我還記得。

　　我和文獻會、史蹟會的關係大概就是這樣，但有一件很遺憾的事情，已經十幾年我一直沒講出來，就是在臺北市長輪替之後，有一位兼主委，剛剛也有來賓提到他。他曾在委員會議上對工作幹部頤指氣使，大聲斥責，對與會的人一點都不尊重。我碰過那麼多的主委，從楊寶發主委、黃宇元主委到王月鏡主委等，從沒有發生過類似的事情。所以我回去以後，馬上寫了一封信請辭委員職，我曾讀過星雲法師的《佛光菜根譚》，它裡面提到「一等主管是關懷員工、尊重專業，二等主管信任授權、人性管理，三等主管官僚作風、氣勢凌人」。我不要侍候這種三等主管總可以吧，因此就請辭。但是信寄出去後卻石沉大海，會裡既沒有回個電話，也沒有一封信表示慰留，想當然也不會再慰留我，因此到下一屆委員續任時就不聘了，從此我和文獻會就像斷了線的風箏般地離

開了。我過去曾寫過有關我和文獻會的文章，第一篇是〈臺灣史蹟研究會紀實〉，第二篇是〈尋根到澎湖〉，第三篇是〈回首福山意氣昂〉，另外一篇是紀念林衡道先生，題為〈史緣書緣億衡道仙〉。這些都收錄到我這本小書《走過的歲月：一個治史者的心路歷程》，我今天就送給文獻會典藏，我的話就到此結束，謝謝。

（原載《臺北文獻》，第180期，2012年6月，頁22-25）

從接棒到交棒

　　個人一生同近代史研究所結下不解之緣。從民國51（1962）年10月踏入學院高牆，進近史所擔任臨時助理員開始，至民國91（2002）年8月屆齡退休止，歷經王世杰、錢思亮、吳大猷、李遠哲四位院長，以及郭廷以、梁敬錞、王聿均、呂實強、張玉法、呂芳上六位所長，扣除出國進修的時間，前後在所服務近四十年，可以說把大半青春歲月奉獻給近史所。爬梳檔案和埋首故紙堆的研究歲月，酸甜苦辣諸味雜陳，自不待言。其中的許多人與事涉及敏感，尚不到公開發表的時候，在此僅將接任所長和交卸所務的一段歷程略為交代，以為近史所創所六十週年之談助。

一、承先啟後談接棒

1. 歷任所長產生方式

　　近代史研究所自民國44（1955）年2月成立籌備處至民國80（1991）年8月我接任所長，前後歷經六位所長，茲簡單列表說明如下：

任別	姓名	起訖時間	備註
1	郭廷以	44.02任籌備處主任 54.04任所長	58.08赴美，由王樹槐代理 59.05辭職，仍由王樹槐代理
2	梁敬錞	60.06-62.08	請假期間，由王聿均代理
3	王聿均	62.08-68.08	—
4	呂實強	68.08-74.08	—
5	張玉法	74.08-80.08	—
6	陳三井	80.08-86.08	—

　　論所長產生方式，從第一任到第四任，大致由院長決定聘任，若所內無適當人選，則外聘，梁敬錞先生即其一例。第五任所長之產生，由

現任所長推薦三人，院長擇一聘任。一般而言，研究同仁對新所長之遴聘，並無置喙之機制，但隨著民主意識的抬頭，同仁愈來愈有所長適任與否關係本所學術發展至關緊要之覺醒，故於第三任時，所內少壯同仁十餘人曾有共同連署，反對王聿均出任所長之舉，被院方視為「紅衛兵」造反。

第六任除由所長推薦三人外，增加院長徵詢研究人員一項，逐漸走向民主化，多少已顧慮到所內同仁意見，惟所有徵詢意見並未公開，以保留首長的最後裁決權。總而言之，推舉加上徵詢，已較前進步，但只能算做半截式的民主。

2. 從組主任到副所長

民國77（1988）年，經院務會議通過，本所為拓展研究領域，設立四個研究組，分別為一般近代史組、政治外交史組、社會經濟史組、思想文化史組。同仁可依個人研究興趣和研究領域，自由選組，每組各在十至十五位研究人員之間。組設組主任，其產生方式採各組同仁推舉方式，列舉人選和理由，再由所長視情形決定，報院長聘任。

我的興趣在政治外交史研究，故加入政治外交史組，經組內同仁推舉，所長遴選，出任第一任政治外交史組組主任，任期三年。

我的組主任任期尚未屆滿，張玉法所長因所務繁忙，又常有出國從事學術交流之事，故必須增設一副所長幫忙。79年1月，我出任副所長，仍兼組主任，這兩項資歷，對於以後之接棒繼任所長，有極大而正面之幫助。

3. 吳大猷院長的徵詢函

張玉法所長的第二任期（一任三年）至民國80年8月屆滿，依規定必需進行下任所長的選拔事宜。這時除由現任所長按例推舉三人報院外，比較具有民主素養的吳大猷院長特別增加一項動作，即發通函給所內每一位研究人員，徵詢他們的意見。上下雙軌運作，多少兼顧了所內基層的意見，以與所長的推舉相結合。

80年5月27日，吳院長有通函給每一位研究同仁，要大家推薦新所長。其所開列條件如下：

（1）在有關的學術上之貢獻，以及獻身致力於學術上之熱誠；

（2）在學術上之名譽和地位；

（3）對本所學術發展的方向有深入的認識；

（4）能與同仁為學術、為中研院和諧相處，並有為公而忘私的胸襟。

最後附言，「相信每一位研究同仁，為了本所的學術發展和同仁和諧，都會踴躍回函，表示自己的想法，讓院長知道」。

4. 推薦結果與面見吳院長

大約一星期後，遇到在總辦事處兼秘書組主任的陶英惠兄，他私下告知，經向吳院長秘書那廉君探尋結果，所內同仁回函推薦結果，除有一人同時開列三個人的名字外，幾乎清一色都單獨推薦我，並沒有出現勢均力敵的對手，造成院長選擇上的困難。

7月13日上午，當我正出席所內一項例行學術會議時，院方突然以電話通知，要我立即往見吳院長。到院長室，兩人交談約四十分鐘，大部分時間是吳院長一人獨白，我只有聆聽的份。他首先坦承並不認識我，經徵詢所裡意見結果，大多數同仁支持我接任所長，問我意見如何？我誠懇表示，我的興趣在做研究，既然大多數同仁支持我，個人唯有勉力以赴，庶不負所望。接著，吳院長拋出幾點口頭指示：

（1）不要自己單獨做決定，讓大家多參與（我插話表示，一定和同仁多溝通，在人事和經費方面做到公開公平公正的原則）。

（2）有問題隨時找他，不要等到問題鬧大時才說（他原則上不干預各所事務，並問我所裡有何問題？我回答：大致和諧，並趁機請教他，對研究人員直接投票公開選舉所長[如民族所]的看法）。

（3）他鄭重表示，公開選舉並非理想的好辦法，那完全以popularity為考量，例如電影明星雷根（Ronald Reagan）之當選美國總統，事後證明他並不稱職。故他不贊成台大醫學院的選舉方式，因為選後留下很多後遺症，會造成對立分裂，影響學術圈的和諧。他比較傾向以推薦方式，保持confidential為佳。

（4）一年至少召開一次所的諮詢委員會議，檢討研究方向和領域，並且要多遣送年輕同仁出國深造，藉以開眼界，避免研究走入死胡同。

吳院長是一位宅心仁厚的長者，更是一位學養並稱的謙謙君子，有話直說，個性爽快。終第一任期內，他果然信守承諾，並未干預所務（如推薦新人或介入升等問題），我也沒有因所務有糾葛為他增添麻煩。

5. 交接典禮

談話後一星期不到（7月19日），張玉法所長親自送來吳院長署名的所長聘書，聘期三年。張所長說，他如釋重負，頓覺輕鬆許多。我順口回答，這可是件苦差事。他也表示，頗具同感！

8月16日上午，假本所檔案館會議室，舉行新舊所長交接典禮，同仁出席者約五十幾人，也有幾位外賓。

吳院長親臨致詞，特別強調，選舉是最壞的一種民主制度。院長致詞畢，由會計主任馮瑞麟監交，把所長印信從張所長手中交給我。隨後我講話，感謝院長親臨致詞勉勵，並坦承此刻的接棒心情是「承先啟後」、「任重道遠」，深覺誠惶誠恐，近史所成立至今，已有三十六年的歷史，在前幾任所長的努力下，已奠定良好的基礎，並建立了國際聲望。最近幾年，拜「五年計畫」之賜，更有突破性的開展。今後，本人願在院長指導和本院各處室支持配合下，以及全體同仁的合作下，為本所的研究和各項發展貢獻心力。

從出任副所長到繼任所長，一向愛護我的呂實強學長，見到我時常掛在嘴邊的一句話是「水到渠成」，一再勉勵我繼續「修德養望」，得意時不忘形，遇挫折時不氣餒，一切便可操之在我。我個人一向行事低調，謙沖待人，但也因為出身師大，是創所所長郭廷以的學生之原罪，不可避免的引起少數非師大同事的閒言閒語。因為除呂實強、張玉法兩任所長是師大學長外，我是第三位緊跟著當所長的師大畢業生，難怪有人會不平。幸好這其間是經過一定的機制，並非私相授受，故心中坦然。若易地而處，也就不覺得奇怪了。

二、如釋重負談交棒

光陰過得很快，我的兩任所長到86年8月屆滿，按規定必須辦理新所長的遴選事宜。

1. 新所長的產生方式

中央研究院研究所組織規程（79年4月11日發布，81年8月7日第一次修正，85年5月15日第二次修正），對於所長的產生，又有新的規定。依據組織規程第三條，有關所長之遴聘，明白規定：「其人選由各所（處）學術諮詢委員會或院長特派之聘任小組推薦二至四位候選人，再由院長徵詢所中助研究員、副研究員、研究員及特聘研究員之意見後聘任之。」

此時各所已先後成立所諮詢委員會，諮詢委員會對於所長的產生扮演關鍵性的角色，等於為院長分勞，先做一次徵詢工作，供院長遴選時之重大參考。

本所諮詢委員會早在張玉法所長任內便已成立，我接任後蕭規曹隨，人選並無變動。其名單由劉廣京（院士兼召集人）、全漢昇（院士）、孔復禮（Philip Khun, 哈佛大學教授）、王曾才（代表台大）、李國祁（代表台師大）、王壽南（代表政治大學）和我本人（當然委員）共七人組成。

諮詢委員會按例每年開會一次，在85年7月開會時便已決定，趁翌年4月劉廣京院士來台在台灣大學客座時，在台北開會決定推薦下任所長候選人。至86年4月，劉先生到台灣，遂於4月7日發給同仁一封通函，推薦所長候選人一至三人，於17日前密封送交文書室或親交渠本人，並附內容要點如下：

（1）希望同仁個別提出書面意見，說明應推薦人之學術成就與辦事經驗，密封後交秘書處轉交。
（2）渠於4月9日、10日、11日三天上午10:00至12:00，下午2:00至4:00在本所研究大樓1605室，與同仁個別談話所長候選人問題，以便轉陳於諮詢委員會4月下旬（或稍早）之會議。
（3）同仁如欲約談，請於8日之前，透過秘書江淑玲小姐訂約會時間。

2. 呂芳上廣獲支持

在回收之廿五份推薦表中，呂芳上先生獲得廿四張第一人選推薦票；陳永發先生獲得第一人選一票，第二人選四票；林滿紅小姐獲得第

二人選四票。有十五張過半數僅單獨推薦呂芳上一人，有六張推薦包括呂芳上在內的兩位，有三張推薦包括呂芳上在內的三位候選人。大家推薦呂芳上的理由，歸納而言，有下列幾項：

（1）學術方面：出版學術專刊三種，論文約五十篇，質量俱佳，極獲海內外學術界之好評與推崇，對中國近代史有深廣的研究，對民國史的研究貢獻尤大。

（2）人品方面：為人溫文儒雅，謙沖為懷，對人和氣，樂於助人，能任勞任怨；人品端正，富包容力；氣宇恢宏，視野開闊，有助於本所學術交流之展佈。

（3）領導能力：長於協調溝通，深具領導能力；人際關係良好，可獲得老、中、青三代及行政人員較大多數之支持，爭議性亦較小。

（4）行政經驗：處事沉穩幹練，行政經驗豐富。

綜合以上幾項，大部分同仁公認呂先生為下任所長之最佳人選。

3. 諮詢委員會開會

4月19日，召集人劉廣京院士假汐止伯爵山莊某別墅召開諮詢委員會議，出席者有在台之委員王曾才、李國祁、王壽南和我本人五人（全漢昇院士因身體不適未出席，惟以電話表示尊重開會結果），經上、下午兩次集會討論結果，決定廣納同仁之意見，推薦三位候選人，並經投票，結果呂芳上獲得第一人選五票（全票支持），陳永發獲得第二人選四票、第三人選一票；林滿紅獲得第二人選一票，第三人選四票，故依序推薦呂芳上、陳永發、林滿紅三人為所長候選人。

4月23日，劉廣京院士以本所諮詢委員會召集人的名義，有一簽呈送給李遠哲院長，並依得票結果，優先推薦三位下任所長名單，列第一優先順序的呂芳上，被推薦的理由如下：

（1）研究視野廣闊，結合政治史、社會史與思想史之方法，著作有三部卓越專刊，內容結實，文字優美，先後獲國內重要學術著作獎三次。

（2）曾在黨史委員會從事研究及負責檔案之徵集、整理和出版工作，並擔任本所檔案館主任，行政經驗豐富。

（3）先後曾赴史丹佛大學、倫敦大學等美、英名校做長期訪問研究，國內學者談其書而敬其人。

（4）待人誠懇，處事公正、沉穩，長於協調溝通，深具領導能力。
（5）氣宇恢宏，具開拓學術之熱忱，係所長第一人選。

以上全都是正面的優點，而沒有負面的缺點，至於其他二位，則優點和缺點參半並列。

陳永發部分，有三項意見：

（1）學有專精，為中國共產黨史專家。其博士論文由加州大學出版社出版，享譽國際。
（2）個性直率坦誠，常有新的見解。
（3）曾任圖書館主任，但行政能力稍嫌不足。

林滿紅部分，有三項意見：

（1）勤奮好學，潛心研究，對台灣經濟史、兩岸經貿關係等問題有獨到的研究。
（2）書卷氣較重，對一般行政事務常有一些不切實際的構想。
（3）人際關係欠佳，未講究溝通的藝術。

4.「改革派」鼓動所長直選

自民國77年李登輝繼任總統之後，台灣的政治民主化和本土化進入一個新階段。歷經一連串的政爭和一波又一波的社會運動之後，台灣社會的民主意識已大為抬頭。本來不議政的學術社群也受到衝擊。就以李登輝總統提名軍人郝柏村為行政院院長候選人一事為例，知識界即有數百人連署簽名以「十大理由」反對軍人組閣；緊接著全國大專院校教職員共有二千餘名連署支持，中研院內也有不少同仁表態支持兩造，形同對立。特別是李遠哲先生於民國83（1994）年1月接任中研院院長前後，他在許多場合的談話，總予人有鼓吹「校園民主」、「教授治校」、「研究員治院」的印象，因此學院高牆人心浮動，唯民主是尚。

所內少數中階研究人員受到此一風潮的鼓舞，追求改革，以院內一、二個研究所為榜樣，主張所長直選。他們自稱「改革派」，有的以「六君子」自居，無視於所諮詢委員會的功能，在所務會議上強行通過「所長候選人選舉辦法」，並迅速成立「五人選務小組」，積極推動所長直選，其召集人更揚言，他們的行動已獲得李院長的首肯。其人打著「民主」、「直選」的旗號，事實上在力拱某一位特定研究員，傳聞若抬轎成功，他便可出任副所長。他獨斷獨行，若干措施已經偏離體制內運作，甚至為了拉票串聯，還搞心理戰，針對若干位副研究員以下同

仁，以升等與否為要挾，這正是先前吳大猷院長所顧慮的對立分裂。我更擔心的是，直選將置院長所聘的諮詢委員於何地？再者，萬一直選所產生的所長人選，同諮詢委員會所推薦的人選不同，又將如何善了？

有鑑於此，身為所長，為了釜底抽薪，我不得不於6月6日去面見李院長，報告所內人心浮動，要直選所長，請教他的看法。他樂觀地回答我幾點：

（1）如果僅是純粹供院長做遴選之參考，他不反對；

（2）萬一直選和諮詢委員會所推薦的人選有出入，他會召集大家，再做溝通協調；

（3）他以清華大學選校長為例，認為是極佳的模式，因此他有意對未來所長遴選，比照大學辦法另組遴選委員會，以國內學者為主，充分討論，達成共識。

大勢所趨，至此我已無力可回天，只得順勢而為。

6月12日，本所舉行所長候選人投票大會，出席人員只有二、三十位，不少人並未親自到場，而改用通訊投票。當時會場充滿詭異氣氛，選務召集人志得意滿的在會上特別強調，他們見過李院長，院長並不反對此事。他還說，能通過民主決定的事，希望大家不要杯葛，因為今天是本所值得大書特書而極富意義的日子。

我也轉達院長的意思，強調這只是一項假投票，僅供院長參考而已，所以院長在精神上並不反對。

開票結果，呂芳上獲得卅一票，可見他是眾望所歸的最合適人選，某位特定人選僅獲十三票，其他幾位候選人所得票數零零落落，都未超過兩位數字。原先信心滿滿，以為勝券在握的那位召集人，看到此一結果，好像洩了氣的皮球一樣，再也不堅持自己去見院長直接送交選舉結果，既是表功又屬越權的行為，真是空歡喜一場！

5. 交棒典禮上的講話

呂芳上先生被發表為繼任所長後，8月15日舉行新舊所長交接典禮。應院方要求，典禮提前於9:30舉行，臨時通知同仁趕來參加，能到者皆到，共有五、六十人之多。李遠哲院長致詞時，除了感謝我六年的辛勞之外，並暗示兩點：（1）院方對本所中長期計畫可能有嚴厲的批評；（2）民主時代，領導要強而有力，權力來自溝通和共識的凝聚。接著，頒贈一個象徵權力的九龍鼎給我。

我致詞，歸納有三點：

（1）感謝所有研究和行政同仁的支持和通力合作，才能出版那麼多出版品。

（2）感謝李院長明智的選擇，為同仁選出一位最無爭議、最具共識、最孚人望的新所長。呂先生有許多我所沒有的優點，他是一個苦幹實幹型，默默做事的人；他不是一個喜歡把自己的意志強加到別人頭上的人，也不是一個稍微擁有一點權力，便把自己膨脹到不可理喻地步的人。至少，他常把笑容露出來，不像我生氣時會扳起面孔。

（3）他是第一位採用直接民選和推舉產生的所長，可見他是同仁心目中最佳的所長人選，所以呼籲同仁以行動、學術成果和實實在在做事支持他。

我54歲接棒，60歲交棒，大有如釋重負的快感，六年來不計毀譽，無怨無悔，不管美好或不美好，那一仗已經打過，在人生經歷上又增添了可資回憶的一頁。

6. 遲來的紀念牌

卸任後，李遠哲院長頒給我一座紀念牌，上面刻著數行字，內容是：

> 三井先生戮力研究工作之餘，並兼近代史研究所所長職務，在所務推動盡心盡力，使該所學術成績百尺竿頭更進一步，而為學界同儕所肯定，此乃遠哲深所敬佩者，茲以先生任期屆滿，特誌數語，以表感謝之忱，並祝
> 健康
>
> 　　　　　　　　　　　院長　李遠哲　敬贈
> 　　　　　　　　中華民國八十六年八月十五日

這塊紀念牌，沒有按一般慣例在交接典禮上當場頒給我（我也未預期到），而是在卸任一年多後才利用另外一個場合送給我，所以我說它是「遲來的紀念牌」。不過，一切已似雲淡風輕，任何形式的肯定或獎勵都無所謂了。

（原載《近史所一甲子》，2015年2月，上冊，頁29-42）

「中央研究院近代史研究所創所六十週年 座談會」紀實

六十年一甲子，真的是一個新的里程碑，值得慶祝，應該大書特書。我參與四十年，前十年尚未趕上，後十年已退休。我非常感謝所裡的同仁籌備這次座談會，做得非常好。我要說的第一點是，南港中央研究院，誠如剛才許多嘉賓講的，有三大優點，第一是人才濟濟；第二是資料（resource）豐富；第三是我們的學風非常自由，可以說全世界包括美國、歐洲、日本，以及大陸，很少能找到研究環境這麼好的地方，把理工、生命科學跟人文科學都放在一起的研究院。我們現在憑一卡就可以在人文組通關借書，如魚得水，非常方便，這是別處絕無僅有南港得天獨厚的特色。如果時光能夠倒流的話，我很願意從助理員開始，從頭再做一遍。

第二點我要特別提到，有一位校長講過，大學除了大樓之外，還要有大師，談到這一點，剛剛在影片中已經介紹過，我們從一棟兩層樓的老房子，到現在有五棟大樓，這是不容易的事情。我們的大樓是自己蓋起來的，也就是說歷任所長爭取來的，我們的圖書館是王聿均先生做所長的時候擬訂的計畫，後來呂（實強）所長把它完成。我們的檔案館，是呂實強所長向吳大猷院長說：「少林寺需要有一座藏經閣。」所以爭取了預算，在張玉法所長任內完工。

張玉法所長要卸任的前後，正好趕上臺灣經濟起飛，院內有五年計畫，那時候經費比較充裕，所以爭取蓋了研究大樓，就是現在我們的新研究大樓。那是張玉法所長爭取來的，在座的陶英惠先生擔任主任委員，非常辛苦，在我任內把大樓蓋起來。各位看看，我們蓋的絕對不是紅磚綠瓦，而是別有特色的建築。檔案館像白宮，新大樓很有特色，所以大樓是我們自己蓋的。

另外，近史所的大師也是自己培養的，這些我不必講太多。

我是第六任所長，在憶往錄裡面寫了一篇〈從接棒到交棒〉，就不多講了。最後，做為近史所的老人，我提出兩句話跟年輕同仁共勉，第一句話「從兼愛到最愛」，意思是我們做研究固然可以興趣廣泛，甚至

可以擴大領域，但時間和生命有限，最後一定要有最愛。我舉兩個例子，我最近看楊振寧的傳記，楊振寧在普林斯頓大學拿到博士學位後，在芝加哥大學當講師，他的老師就勸他：「你該結婚了！」包括胡適先生、吳大猷先生紛紛介紹女朋友給他，但是他後來選擇的是杜聿明將軍的女兒杜致禮。他可以同時交往好幾個異性朋友，但是最後他選擇了杜致禮。我們興趣可以廣，但是最後一定要定於一尊，不能夠博愛，最後要找一個終身伴侶。

再舉一個例子，譬如說你在體育方面有天賦，可能什麼都會，排球、籃球、田徑樣樣行，過去師範大學體育系有一位體育健將謝天性，他是田徑國手，田徑非常好，幾乎是十項全能，但是他也愛打排球，是排球國手，打籃球人高馬大也很行，運動天賦非常好。各位如果看網球，當今世界網球男子排名第一是Novak Djokovic，他在十一歲的時候做了一個選擇，他的父親是滑雪教練，他的姑姑、叔叔都是滑雪高手，他對滑雪很有興趣，但是他最後選擇了網球，因為他也喜歡網球，現在他是世界排名第一。所以，即使你有天賦，若要達到最高的成就，還是要選擇你的最愛。這是我送給大家的第一句話。

另外，我們做研究，年輕時候對什麼都有興趣，興趣非常廣，當然網撒得越廣越深，收穫越大。但是到了六、七十歲收網的時候，便要記得「抓大放小」，不能全部都要。這是我送給同仁的第二句話，相互勉勵，謝謝。

（原載《國史研究通訊》，第8期，2015年6月，頁113-114）

四年大學「刻板」生活瑣憶

我是史地系49級，民國45年9月入學，49年6月畢業，在校前後將近4年，雖說是科班出身，其實只不過懵懵懂懂的過了4年刻板的大學生活。往事歷歷，在平凡平實中或仍有值得回憶的點點滴滴。

一、宿舍生活點滴

大一註冊完畢，最令人苦惱的是，因為宿舍不足，有不少新生必須在外租房子住。我與幾位高中同校畢業的同學，就在學校附近的浦城街，租到一戶公家宿舍加蓋出來的一間四、五個榻榻米大的房子，四個人合住，只有平躺睡覺沒有翻身的空間，房間裡只有一張共用的書桌，斗室侷促，無論學習和生活都很不方便。因此，十分羨慕有宿舍住的同學。到了下學期，系教官或許禁不起我一再去囉唆懇求，終於答應讓我住校，但床位分配在第2棟宿舍，同寢室的大多來自不同的科系，雖不若本系的同學親切熱絡，但至少有一棲身之所，每人擁有一角屬於自己的書桌，已經很滿足。到了二年級，宿舍重新調整，我歸到以史地系為主的第8棟宿舍（原僑生宿舍），住樓上808室，因此認識不少學長，例如當時四年級的陳昭成、丁珂、蔡銘泉，三年級的吳永英、張玉法、張建國等人。

師大當時的伙食並不算好，飯可以吃飽，菜量卻明顯不足，故餐廳一側設有小攤子由一中年婦女販賣，自己可以花錢加菜，每餐能加個滷蛋或一塊豬肉（價錢在5角到1元之間），便感覺不錯。年輕人好動，到了晚上便已飢腸轆轆。那時宿舍旁的一條街，好像叫龍泉街（現已改名叫師大路），入夜小吃攤林立，最令人懷念的是牛肉麵攤，一碗2元5角，味道鮮美，辣得過癮，實在好吃。通常三、五成群結伴而去打牙祭，而口頰留香趕在宿舍關門前回來。

在宿舍除了看書、整理筆記、溫習功課外，偶爾也來點消遣。最流行的是「拔虎抽」，即俗稱的「找冤大頭」。若是5個人參加，便在一

張白紙上作5條線，線的下端彎來彎去，連接每人要出的錢額。若以一碗牛肉麵2元5角為基價，有的多出一倍，有的打平，有的免費，相差不大。玩法是把白紙下半蓋住，由每人任選一線圈選。開獎之後，大家便按自己的份捐攤，快快樂樂去飽餐一頓。另外是玩撲克牌的one card，可以4、5個人同時玩，先是每人發5張不同花色的牌，再從剩下的牌中翻出一張牌，大家便按花色輪流跟牌，若跟不下去便一直抽到有為止。手上若握有Baba（即俗稱鬼），可以在緊要關鍵轉你自己想要的花色，遇有不同花色卻同數字的牌也可以下令轉色。當你手中剩下一張牌時，要喊one card。換言之，誰先出清手上的牌，誰便獲勝。輸的人就要請大家吃一碗熱騰騰的牛肉麵。

　　對個人來說，課餘最大的消遣便是看電影。從初中開始，我便是個標準的影迷、影痴，最喜歡看電影。但做為一個窮學生，西門町像「大世界」、「新世界」的一輪電影看不起，往往等到它們下片後，才搭公車（學生票半價）轉一趟車過淡水河到三重去看。三重的幾家電影院像「金國」、「天台」，我都是常客。常常是週末吃過午飯後便出發，到那裡連看兩部好片，十分過癮。

二、困學難成找緣由

　　從師院到師大的主要目標，便是造就中學師資，從事國、高中歷史教育，而非真正的培養高深的史學專才，因此無論師資、所開課程和內容大多以此為滿足。那時還是史地合系的時代（民國51年始分系），除共同必修的大一國、英文外，同時分組而不分系。很多課仍是共同必修、一齊上課。我上過的幾門地理課，印象都不是很滿意。本來對地理興趣不高的我，從此與它更形同陌路。還記得有門「地學通論」，由一位近視度數很高的賀姓講師擔任，上課時他兩眼緊挨著一本厚厚的教科書（指定每人要買），隨意念一段，沒有系統的東拉西扯一番，根本提不起大家的興趣。還有像中國各省地誌或歐洲地誌的課，講師還停留在像中學老師一樣寫黑板的階段，而其內容之簡單、講課技巧之單調，反不如我高中上過的地理老師。至於歷史的幾門課，大致比較深入而有內容。限於篇幅，在此無法詳談。總結四年課下來，有幾點感想：
　　（一）大部分教學只是一種單向式的口授教學，多半是知識性的傳授，缺乏具啟發性的討論式教學；

（二）學生上課被動，沒有報告要交，仍停留在「蔣光超」、「貝多芬」的地步，獲益有限；

（三）除了「史學方法」外，沒有開過「史籍導讀」或「論文寫作」等史學入門的課目，對有意更上層樓的同學缺乏引導和激勵作用。

三、遺憾總是事後知

俗話說，大學「由你玩四年」。當時不興舞會、烤肉等活動，平心而論，也沒有玩的各種條件。四年懵懵懂懂而刻板的大學生活，至今回味，個人覺得有三大遺憾：

（一）未參加過校內任何一個聯誼性或文藝、學術性的社團，窄化了自己的生活圈，未能拓寬人生的視野；沒有選修第二外語，這個遺憾直到畢業後到台北工作才因修習法語而得到彌補。

（二）未能好好精讀一、二種中國史學名著或啃讀一本原文西洋史學經典，大大辜負科班出身的令譽。

（三）看到校園裡成雙成對，頗讓高中剛畢業小毛頭的我十分羨慕。那時感覺，文學院中音樂系的女生最漂亮，穿著較花俏（家境可能較好），英文系的女生美麗而有氣質，而國文系、史地系的女生因所學關係，似乎比較保守而欠活潑。自己雖有心儀的對象，也大膽的到過女生宿舍站崗數次，惟與班上同學的「約會」，僅止於校園裡沒有牽手的散步而已，並沒有從同窗之誼進一步譜上戀曲（史地系變成班對的並不多，印象中似只有50級的陳存恭、曾雲珍一對）。所以四年空轉，深以沒能好好談一段值得回味的戀愛為憾！

往事如煙，已不可追。如果人生可以重新來過，鑑往知來，四年大學生活我一定要好好規劃，善加珍惜，不讓它空耗、虛度，雖不敢說一定如何多采多姿，但至少充實、精緻，了無遺憾！

（原載：張玉法主編，《畢業五十年：師大史地系四八級回憶錄》，
2009年4月，頁69-71）

「孫中山研究口述訪問」

問：陳先生，您好！我們是「孫中山研究口述史」項目組。您長期從事孫中山研究，尤其是在孫中山與法國、孫中山與美國等方面有獨創之處。這裡先請您簡單介紹一下您的學術歷程。

　　我出生於台灣彰化縣屬一個相當偏僻的鄉下，從小在農村生活長大，家庭是一個沒落的小康之家，兄弟姐妹多，食指浩繁，父親是鄉農會裡一個不受重視的小職員，但在那個偏僻的以陳姓為主的小村莊，我們這一房大抵都受過中等教育，勉強算得上耕讀傳家。我排行老三，從小就不願意下田幫忙農作，只喜歡讀書，因此締造了兩項紀錄。第一，我是我們村（豐澤村）第一位念大學的大學生；第二，我是我們鄉（埔鹽鄉）第一位出國留學拿到博士學位的人。所以，我在家鄉還頗有點名氣。

　　從小學到中學的成績，我幾乎都是名列前矛，但因為家道中落，供不起學費和生活費在台北念書，因此只能選擇有公費或免學費的台灣師範大學（前身為台灣師範學院）就讀。師大文學院有英語系、國文系、史地系、藝術系和音樂系五個系，我沒有語言的天份，更不具音樂和藝術的稟賦，所以只能選擇史地系。當時師大史地系從二年級起便分組選課，我對地理沒有興趣，又因從小愛看各朝演義，兼又受到中學歷史老師的影響，所以選擇了歷史組。當時的歷史組頗有幾位不錯的老師，如郭廷以、王德昭、張貴永、吳俊才等。最主要的是學歷史，可以上下古今任君遨遊，可以和古人神交，海闊天空，不像地理只能在台灣這塊狹小的空間做考察活動。但是大學四年仍然過得懵懵懂懂，沒有立下志向，不知一部廿四史該從何著手？

　　等到中學試教期滿及服兵役歸，有機緣轉換跑道進入中央研究院近史所當一名最基層的助理員，在郭廷以先生的啟蒙和眾多學長的相互切磋下，逐漸對中國近代史產生濃厚的興趣，經過將近兩年的學習觀摩，慢慢地學會如何找研究題目，如何蒐集資料，如何做註解，如何寫一篇論文，如何present自己的paper。就像一個學徒一樣，從頭訓練。當時台

灣的大學開設歷史研究所尚不多，這一套史學基本方法確實是入行很重要的必備條件。

　　大學四年，在外語方面，只接觸到英文，沒有聰明到想要去學法文、日文。在初入近史所學院門牆的兩年中，我利用各種機會去修習法文，並加強日文。皇天不負苦心人，兩年後我終於考過一項公費獎學金，可以到法國進入巴黎大學文學院（老Sorbonne）念書。出發前，我抱定要念外交史，特別是近代國際關係史。從法國殖民遠東、侵略中國開始；我更要瞭解十六世紀以來，特別是十九世紀當令風行的殖民浪潮。所以，我精讀的重點擺在雷凡努（Pierre Renouvin，早年巴黎大學文學院教授，時已退休）的成名經典之作《遠東問題：1840-1940》（La Question d'Extrême-Orient）。在本書內，作者第一次嘗試對「深遠力量」（forces profondes）提出兩點基本分析：第一是亞洲眾多的人口；第二是歐洲人想獲取此一龐大市場的意願。全書殖民立論由此一觀點出發，但這並不能概括說明各國向外殖民擴張的複雜動機。不論英、法、俄的經濟利益，或是中國的停滯抑日本的進步，雷氏均以一貫的態度，加以經濟的或心理的分析。

　　第二本有待精讀的是雷凡努的巨著《國際關係史》（L'Histoire des Relations Internationales）。在不斷尋找歷史的新解讀過程中，雷氏一方面承認歷史因研究的缺陷常有其不確定性，一方面從經驗中孕育出一套清晰的理論來。雷氏並不相信「歷史的法則」或「歷史的教訓」，但他認為可以經由觀察與探索，對每一種「深遠力量」加以特別研究。這就是他在1964年的一本新著《國際關係史緒論》（Introduction à l'Histoire des Relations Internationales）所要追求的目標。

　　所以進入巴黎大學文學院讀書後，我主要選修三門重要課程，一是杜侯傑（Jean-Baptiste Duroselles，雷凡努教授高徒）的《從1919年到今日的外交史》（Histoire Diplomatique de 1919 à Nos Jours）；二是德洛士（Jacques Droz）的《外交史：1648-1919》（Histoire Diplomatique de 1648 à 1919）；三是嘉尼亞志（Jean Ganiage）的《1871年至1914年的殖民擴張與國際競爭》（L'Expansion Coloniale et les Relations Internationales de 1871 à 1914）。這三門課對我決定論文的題目幫助很大。

　　經過一連串必要的關卡，最後我決定拜德洛士教授為師，請他指導博士論文。題目是《中法戰爭期間法國的對華態度》，這是一個偏重法國殖民遠東與對華外交問題，讓我有機會到法國外交部調閱外交檔案，

到海軍部查閱歷任海軍部長的文件，到殖民部看到歷任交趾支那總督（如杜丕，Admiral Dupré）和海軍軍官安鄴（Francis Garnier）等人殖民遠東的激進思想，建構了法國政府殖民政策的基本目標。

其次，我馬不停蹄的長期泡在國家圖書館（Bibliothèque Nationale）借閱耶穌會士、法國地理學會、經濟學家以及其他護衛者對殖民擴張思想的鼓吹。同時探討兩次擔任內閣總理的茹費理（Jules Ferry），分析他的殖民思想和對華外交政策。最後，在法國眾議院的資料室，翻遍眾議員對內閣總理有關殖民政策的質詢和辯論，除政府部分外也能兼顧輿論的反響。由此串起法國對遠東（主要是越南）殖民的全貌，那就是：十九世紀是一個殖民擴張的極盛時代，第三共和初期的法國在茹費理執政時期，雖然也標榜「法蘭西的虛榮與偉大」，看重「商業與財政兩方面的利益」，但內部共和基礎不穩，黨爭頻仍，內閣不安於位，對外強敵威脅仍在，危機重重，故在政策與行動之間，常出現猶豫不決，遲疑不進的情形。

問：您認為您最重要的學術成果是什麼？在孫中山研究方面的主要成果有哪些？

本人研究興趣，主要是近代中國史，但最愛的是中法關係史，從外交、文化到教育。但有關孫中山先生的研究，佔去不少時間，也有一些學術成果，茲分三方面說明如下：

（一）啟蒙時期的醞釀

本人的學術生涯，並非一開始即從事孫中山研究，而是因緣際會為外在環境所促成；明白言之，頗有趕鴨子上架的無奈感！

首先，在秦孝儀先生出掌中國國民黨黨史委員會時，為編印「近代中國叢書」，特囑本人撰《國民革命與台灣》一書，是書後來由呂芳上、卓遵宏兩人增添第四章「恢復中華的起點，重建民國的基地」一章，並配以圖片，而於1980年10月由近代中國出版社出版。

國民革命與台灣關係特別密切，書中第二章即論述兩者關係，特關「興中會台灣分會的成立」、「國父首次來台策劃惠州起義」、「翁俊明與同盟會台灣分會的成立」、「國父二次來台及其遺跡」、「國父三次來台及臨終前對台胞的期許」等五節，強調孫中山先生三次來台的經過以及所引起台灣同胞如火如荼的抗日浪潮，包括北埔事件、林杞埔事

件、土庫之役、羅福星革命、六甲事件、余清芳事件、霧社事件等，並兼論台灣志士在祖國的奮鬥，包括三二九之役出錢出力、辛亥起義投效革命、翁俊明、杜聰明之密謀刺袁、林祖密與護法運動、民族意識的覺醒與革命組織的成立、台籍志士對九一八事變的激憤、台籍志士對抗戰的貢獻、抗戰勝利與台灣光復等節，旨在回顧台灣歷史與中國歷史同心相結、血肉相連，兩者密不可分的關係。

因前書的關係，復以前書的部分內容為基礎，於1984年承中央文物供應社之邀，撰寫《中國國民黨與台灣》一書，並於翌年出版。是書有三章篇幅論及孫中山，分別是第二章「興中會與台灣」、第三章「同盟會與台灣」、第四章「中山先生與台灣」。歸納以上兩項成果，作者幾乎已將孫中山與台灣的關係，做了比較有系統而深入的敘述，綱舉目張，架構完整，後繼者只能在枝節上略作增補而已。

兩書之外，並擴大題材，另撰〈羅福星與中國革命〉、〈台灣志士與辛亥革命〉、〈翁俊明與台灣總部成立的一段經緯〉等三篇單篇論文，均與孫中山有關。其後，這些論文收入《台灣近代史事與人物》（台灣商務印書館，1988年及2008年再版）。

此外，因參加孫中山研討會之故，亦先後撰寫〈香港中國日報的革命宣傳〉和〈從文化層面探討中山先生思想的現代性〉兩文。以上是本人在此一時期的初步研究成果，大抵以史實的論述為主，談不上是滿意的成績。

（二）沉澱的歸納期

台北中華民國中山學術文化基金會自1965年成立以來，即以闡揚孫中山先生思想及獎勵學術研究為主要工作，廣邀海內外學術界人士撰寫專書，輯為「中山叢書」和「中山文庫」，逾百餘種。「中山叢書」中，自2001年起另闢「孫中山與世界」系列，邀請專家學者分門別類撰寫，並予以出版，至今已出版下列十種，依出版時間先後分別是：

1. 蔣永敬、楊奎松合撰，《中山先生與莫斯科》（台灣書店，2001年）
2. 李雲漢，《中山先生與日本》（台灣書店，2002年）
3. 陳三井，《中山先生與法國》（台灣書店，2002年）
4. 李國祁，《中山先生與德國》（台灣書店，2003年）
5. 黃宇和，《中山先生與英國》（學生書局，2005年）

6. 陳三井，《中山先生與美國》（學生書局，2005年）

7. 段雲章，《中山先生的世界觀》（秀威公司，2009年）

8. 張家鳳，《中山先生與國際人士》上下冊（秀威公司，2010年）

9. 李金強，《中山先生與港澳》（秀威公司，2012年）

10.蘇慶華，《中山先生與檳榔嶼》（秀威公司，2015年）

以上十種，除第一、二種外，均由本人負責推薦、聯絡、甚至核閱全稿、修訂內容與文稿，並介紹接洽出版單位。本人並親自撰寫法國與美國兩書。此一系列叢書出版後，頗獲學界重視，因購書不便，向中山學術文化基金會索書者大有人在。

本人所撰之《中山先生與法國》一書，旨在對中山先生一生與法國之關係，做比較完整而有系統之回顧。有關孫中山與法國的關係，中外學者利用個別的檔案資料，從不同的角度，就不同的時期，已做出一些基礎性的研究。惟大體而言，詳略有別，空白仍多，尤其法方檔案的開發和利用仍明顯不足，希冀以此建構較令人滿意的全貌，恐有實際困難。

繼前書之後，本人勉力續撰《中山先生與美國》一書，旨在求系列套書之完備。中山先生一生與美國的關係，有如一部近代中美關係的縮影。是書依時間先後，區分為六章二十四節，主要有第一章「中山先生思想與美國」、第二章「中山先生的革命與美國」、第三章「辛亥革命與美國」、第四章「民初政局與美國」、第五章「中山先生晚年與美國關係」、第六章「美國人及美國官方眼中的孫中山」。全書約十五萬字。本人的結論是：終中山先生一生，就其與美國官方接觸和交涉的過程而言，不啻就是一部失望、挫折和屈辱的歷史。對一個他所讚美傾慕的國家，卻對他反應冷淡，這也是中山先生一生中最大的遺憾！

（三）退休前後的努力

研究孫中山一旦入門，除了自己的興趣之外，外界的鞭策與呼召往往不斷，因此便形成個人一生一世的志業。除上述若干成果之外，再略作補充。

一是2006年11月12日孫中山誕辰140周年，中國社會科學院、中國孫中山研究會、廣東省社會科學院、中山市人民政府等單位聯合在中山市香格里拉大酒店舉辦一次名為「孫中山與振興中華」的國際學術研討會，筆者奉籌辦單位指定，提交一篇題為〈孫中山與列強關係——六十年來台灣研究之回顧〉，在大會發言。筆者於六十年來台灣對此一專題

的研究回顧，做了四點總結：

1. 由於政治生態不變，中國國民黨勢力消退，再加上經濟呈現不景氣，台灣的「紀念史學」已日趨式微，今後恐難能舉辦大型而有規模的紀念孫中山的研討會了。

2. 受到「本土化」的影響，台灣年輕一代的史學工作者，已漸漸將研究重心轉向「顯學」——台灣史，於民國史或孫中山的研究已越來越不加重視，愈表冷淡，以致人才凋零，青黃不接，甚至後繼無人，前景並不樂觀。

3. 理論不足，缺乏主動性；綜合性、貫通性的研究相對不足。

4. 整體而論，無論大方向的史學研究或一般性的孫中山研究，就台灣學者的選題或觀照面而言，似不如大陸學者來得識見宏遠而極富巧思的創意。

筆者有幸，這是台灣學者深入有系統的論評台灣孫中山研究的第一人。

二是2007年8月，河北師大與中國社會科學院近代史研究所政治研究室在承德聯合舉辦「晚清改革與社會變遷」國際學術研討會，本人亦應邀與會，所提論文是〈從斌椿到孫中山：晚清國人鐵路觀的演變〉，主要論述孫中山鐵路觀的精華。該文除收入社會科學文獻出版社出版之論文集外，亦收入拙著《四分溪畔論史》（北京：九州出版社，2013年4月）一書。

三是2002年自中央研究院近史所退休後，學術活動並未終結。2011年中山學術文化基金會為慶祝中華民國建國百年，特任命筆者為編輯委員兼主編（另二位編輯委員為李雲漢、張植珊），負責籌編《中山先生建國宏規與實踐》專輯。是書共分「百年歷史詮釋篇」、「中山思想探索篇」、「海峽兩岸實踐篇」三輯，收論文二十五篇，由秀威公司於2011年10月出版，都658頁。本人在書中亦撰文一篇，題為〈從嚴復到孫中山：論國人對自由觀念的詮釋〉，此文並收入筆者論文集《四分溪畔論史》。

問：您涉獵的範圍比較廣，研究成果專而精，請您談談在學術上取得成果，要遵循什麼樣的理論和方法？是史料重要還是方法重要？

學術研究，因學者個人專攻不同，使用方法和理論各異，加上用功程度與天份才氣有別，自然成就不可同日而語。就孫中山的研究而言，一般來說，歷史學家重視史料與史實的敘述和分析，較少使用理論；孫

學或三民主義學者喜歡做深奧思想層面的詮釋，往往把孫中山通俗化的學說變得更為抽象難懂；而政治學家、社會學家和經濟學家則非得引介套用一些外國學者，如Samuel P. Huntington、Raymond Aron、Edward Said、Francis Fukuyama等人的理論和方法，以資做為框架而自得，其實所用史料在史學家看來相當貧乏。總之，各家各有所長，有利也有弊，長短不一，優劣互見，貴在能相互尊重，彼此對話。文人不相輕，學者各顯神通，做到百花齊放，容忍異見，學界不興一言堂，自由、開放，這才是學術日新又新的王道。

余英時先生說過：「光有漂亮的理論，寫不出一篇好的學術文章」（大意如此）。誠哉斯言。個人以為，不論研究歷史事件或歷史人物，在史學家看來，當然史料最為重要。史學家和小說家不同，不能虛構人物，不能憑空捏造史實，也就是胡適所講的「一分證據，說一分話」。一個上乘的史學家並不以堆砌史料、排比史實為滿足。除必要使用的史學方法外，他當然也要熟悉社會科學的一些基本理論，必要時可以輔助使用，作為框架。框架就是能把散落一地的資料串起來，使之不鬆散的骨架，就像人體一樣有了骨架，才能昂然挺直。

文章千古事，歷史有其嚴肅的一面。古人劉知幾、章學誠有所謂史家三長、四長的說法，在此不必贅述。最後想說的是，從事史學工作，不論是教學或研究，難免不無「千山萬水我獨行」的寂寞感，要想在有生之年名利雙收，雖非絕無僅有，但恐怕得之不易。但只要下定決心，「眾裡尋他千百度」，不論為誰憔悴為誰消瘦，總有「驀然回首，那人卻在燈火闌珊處」的樂趣！願以此與大家共勉。

問：您認為近年來海峽兩岸的孫中山研究是否有新的趨勢？其特點有哪些？您是如何評價孫中山的思想和人格、地位和作用的？

桑兵教授曾說：「在起步較晚而進展顯著的中國近代史領域，孫中山研究顯得相對成熟。近年來，孫中山研究總體上由顯學退隱；同時，在基本認識和具體史事判斷方面卻遭遇越來越多的挑戰，表明即使像這樣的領域也還存在著巨大潛力和廣闊空間」。大陸的情形如此，台灣的情況亦復如此。不過，個人不像桑兵先生那麼樂觀。台灣學界對孫中山的研究，應該是由顯學而沒落，從高峰而往下坡走，那是一個老成凋謝、後繼乏人、青黃不接、由盛而衰的年代。今後不僅整個社會和學界

不會重視孫中山研究，即使偶有少數人繼續鑽研，恐怕很難再有創新的題目出現，最多只能在現有的知識基礎上添柴加薪，奢望有突破性的經典之作問世，或推出整體有建設性的史料彙編，並不樂觀。

可喜的是，在這個網路發達、數位化系統逐漸取代傳統蒐集資料的時代，台灣有少數年輕學者，已知突破傳統文史研究，利用社會網路分析（Social Network Analysis, SNT）進行相關的歷史研究，將抽象的「社會關係」具體轉化成為「節點」與其「連結」。結合電腦科技、數學運算，「社會關係」變成可觀察、計算、比較的具象模型。

例如國父紀念館的劉碧蓉副研究員，以1913年至1916年孫中山與日本的社會網絡為素材，研究發現：（1）頭山滿與澀澤榮一是孫中山此時期的重要人脈。頭山滿是大陸浪人的第一號領導人，澀澤榮一是日本的實業家，孫中山在日本的社會網絡人脈中，彼二人一直扮演著重要角色；（2）袁世凱政權是孤立的群組，孫中山所參與的歷史事件都與他有關係。

又台灣大學國家發展研究所副教授鄧志松與碩士生曾佩佩，以社會網絡分析法研究南洋華僑的救國運動（1895-1911），分成三個時期轉化為不同的社會網絡圖，發現：（1）前期（1895-1900）南洋華僑直接與康梁接觸的並不多，大多是透過林文慶，而革命黨人此時期尚未出現；（2）中期（1901-1906），此時期的革命勢力已進入南洋與維新黨人士分庭抗禮，孫中山的中介中心性高居第一，顯示孫中山在串連不同的集團上扮演著重要角色，而林義順的排名則提升。（3）後期（1907-1911），孫中山的中介中心性排名仍高居第一，顯示孫中山仍扮演重要的橋樑角色，因其多在各地募款。有趣的是，張永福的pagerank高居第一，特徵向量中心性卻甚低，表示他對外連結雖多，但與重要人物的連結卻較弱。

中山先生不僅是推翻滿清、創立中華民國的國父，而且也是兩岸共同推崇的一位偉大思想家，更是一位最瞭解西方思潮，備受西方學者尊敬的國際性人物。

論評中山先生思想、人格、地位和作用的中外學者眾多，其著作亦車載斗量，如汗牛充棟，難以枚舉。且從幾方面略加敘述：

1. 人格特質

（1）他是一位不折不扣的樂觀主義者：十次起義屢敗屢戰可以獲

　　得證明；

(2)　他不看重個人權位：他讓出總統職位給袁世凱，可以證明；

(3)　他氣度恢宏、超越黨派：在反滿抗清的大纛之下，他海納百川，包容不同省籍、黨派、主義而共同為革命而努力，又一例證。

2. 思想特色

(1)　學貫古今，識通中西；

(2)　取法乎上，建設一個超越歐美的世界強國；

(3)　獨具特色的社會主義觀和世界大同觀。

問：您與西方學者聯繫較多。請問西方學者是如何認識孫中山的。

　　數十年來西方學者對於孫中山各方面的研究，可以說百花齊放、猗歟盛哉！薛曼（Lyon Sharman）說孫的學說多難自圓其說，對西方的瞭解不夠透澈，是一位內心洋化，西體中用之人，而且具有個人中心主義，自高自大，總在尋求別人的尊崇。史扶鄰（Harold Schiffrin）教授對孫早年的革命生涯，有過相當精闢的論述。他曾說，孫不能算是一位淵博的思想家，卻自認有能力可以帶動風氣。他又說，孫的三民主義不能算周全，也缺乏知人之明，但卻有百折不撓的韌性。他大膽樂觀、進取不懈，很令人佩服。韋慕庭（C. Martin Wilbur）的名著《孫中山：壯志未酬的愛國者》著重在孫的晚年。他認為孫絕非天生的革命家，當年為了奔走革命，足跡遍及各大洲，交遊列國人物，視野寬廣，奮鬥不懈，遭受挫折不餒。他確具現實主義，他有壯志未酬的遺憾，但同樣有「永不放棄的堅持，無論志氣、毅力均高人一等」。此外，法國學者白吉爾（M-C. Bergère）則說，孫中山是不著邊際的思想家，是失敗連連的革命領袖，早期則是中西文化的邊緣人，後來又成為中西文化的溝通者，在實際行動和理論上有一定的時代侷限，但不得不承認他由「南海冒險家」蛻變到「創建共和之父」，終至成為民族主義運動的領導人。她又說，真實的孫中山不是被歌功頌德的那個冰冷形象，而是勇於冒險犯難、面對成功與挫折不會逃避的血肉之軀。白教授最後為孫的生平下的一個註解是：「他是一個屬於當代世界的人物」。

問：您認為兩岸學者研究孫中山，對推動兩岸交流有什麼重要作用？

孫中山一直是國人永誌不能或忘的政治家。在台灣的中華民國崇戴孫中山為「國父」，這是有歷史根據的。民國29年（1940年）4月1日，當時在重慶的國民政府以渝文字319號訓令通告全國，正式表揚。其文稱：「倡導國民革命，手創中華民國。更新政體，永奠邦基。謀世界之大同，求國際之平等。光被四表，功高萬世。凡我國民，報本追遠，宜表尊崇」（參見秦孝儀主編，《國父年譜》，下冊，頁1305）。而中國大陸則推尊孫中山為「革命的先行者」，足見孫中山的確是近代中國的歷史巨人，又是受到海峽兩岸共同推崇最無爭議的政治人物。

孫中山思想博大精深，源起於20世紀變動的中國，對海峽兩岸，包括港澳以及散佈東南亞的億萬華人社會都有其深遠的影響。自兩岸開放探親，推動文化學術交流以來，孫中山研究已成為兩岸學者面對面相遇、開會、切磋、討論各項歷史問題的最佳平台。

在一次座談會上，兩岸學者從學術交流談到未來和平統一，提出一些基本的認識，茲摘要如下，以供參考：

1. 今天兩岸的分隔，從歷史的長河看是短暫的，但合是中華民族的期望。兩岸不應繼續分裂，應早日合。合是中國歷史的規律，但每次合不是處在舊的水平上，而是在新的基礎上發展的組合。兩岸要為合做好準備，創造條件。

2. 中國歷代政治上雖有分裂、動亂和割據，卻是歷史不斷、國族不散、文化不亡。統一不是單方面的意願。「一國兩制」需要台灣從上到下都能接受，才能合得起來，否則各彈各的調，再談一百次也沒用。

3. 中國傳統有一個世界大同的理想，這與全球化、地球村的觀念可以結合在一起看。「大陸中國」是所有中國人的根，而「海洋中國」則是中國人的希望。（這與習近平主席所倡導的「一帶一路」不謀而合）「海洋中國」包括有台灣、香港、新加坡以及海外華人社會。今天中國最好的做法，應該是修文德以來之，既來之，則安之。

4. 著眼未來，須借鑑歷史，吸取經驗和教訓。合作不是以大吃小，以強凌弱，而是要平等相處，共同聯合。

5. 政治的分合猶如大海表面的波濤；而民族與文化的交融積澱，

則猶如海底不移的岩床，並非人為的、主觀的意向所能撼動或
毀滅。

問：我們瞭解到，您對海外華人史也有深入的研究，請您簡單談談清末時期海外華人的生存狀況。

清末時期海外華人的生存狀況並不理想，茲簡單說一說早期移民的一頁辛酸史。

中國近代大量移民海外，大約和西方列強利用船堅砲利打開中國門戶同時發生。因為西方帝國主義的勃興，在海外要開拓市場，榨取原料，對內需要僱用外來勞力，而幅員廣大、人口眾多的中華古帝國就成為它們垂涎的一塊肥肉。飽受欺凌、自顧不暇的清政府只有眼睜睜地讓大漢子民背負著屈辱和貶抑，在異域掙扎生存。茲舉數事說明如下：

1. 豬仔販賣

人口販子把大群青年華工塞進擁擠不堪的底層統艙，像運豬一樣運售。

新加坡的豬仔販運是在英國殖民當局操縱和庇護下，由當地華人黑社會惡霸式人物出面經營，他們設豬仔館（牢房）與廈門、汕頭、澳門、香港、海口等地的豬仔館聲氣相通。

2. 苦力貿易

與豬仔販賣稍有區別，掠販者多為西方人口販子投機商及代理人，成本和代價稍高，以澳門、香港為大本營，販售苦力到古巴、祕魯等地。

苦力船被稱為「海上浮動地獄」，其陰森慘屬情景比黑奴貿易猶有過之。小說《苦社會》敘述苦力上船以後，數千人被鎖在船艙裡，連窗門也不開一個；吃的是酸饅頭，且不得飽；疾病無人過問，鞭打時有所聞，如同生活在一個暗無天日的地獄之中。

3. 賭命的築路華工

1850年代，美國開始修築太平洋鐵路，最初雇用三千名華工，鐵路鋪架到加州與內華達州交界的高山區時，大塊的山岩必須用炸藥爆破，才能安置鐵軌，然而懸崖峭壁甚至沒有可以立足之地，只好把華工放入

籃子裡，從峭壁往下吊送，藍中工人選擇適宜的地方，控鑿小洞，埋入引信，然後引爆。再趁火藥尚未爆炸的間不容髮之前，必須快速地把籃子吊起，否則便有被炸得血肉橫飛之虞；有時繩索中斷，便活生生的墜入萬丈深淵。華工與愛爾蘭工人比較，不但工時長，而且待遇差，猶其餘事。有時還要受愛爾蘭工人與當地白人的欺侮，岩泉（Rock Spring）華工慘案，即是一例。

4. 天使島變成惡魔島

1800年代，所有進入美國的華人，不論以公民或移民的身分，所持文件都必須經過審查，並由醫生檢查身體，以防止傳染病帶菌者入境。初抵美國的華人，在受移民局官員審訊之前，被迫等候多日、數週，甚至好幾個月之久。在這段枯候期間，華人先是給拘在一座擁擠不堪的木屋中，後來美國政府在舊金山灣中央的一個名叫天使島的小島上，構築一所新的移民站。中國移民入境後，先做肝蛭和鉤蟲的檢查。尤有甚者，華人往往必須脫光衣服，赤裸裸的排在一起，更令婦女們極不自在。

就以本人研究的歐戰華工為例，更是人類歷史上一大悲劇。華工遠涉重洋，冒死效命於西歐戰地，憑我燕趙齊魯男兒艱苦卓絕之特性，含悲忍淚，毋怠毋忽，終能達成艱鉅使命，獲致光榮之成果，不惟有助於協約國之獲得最後勝利，亦無愧於中國參戰之任務。

惟一般而言，華工之地位並未獲得聯軍應有之尊重。華工除納入嚴格之軍事管理外，由於語言之隔閡，風俗習慣之差異，於工作和生活方面仍時有不愉快事件發生，甚至虐待情事亦有所聞。尤可嘆者，華工為工作而捐軀或患病，或受傷而成殘廢，及大戰勝利後，卻在談不上任何撫恤或補償下輕易被遣送回國。華工生命之不值，莫有甚於此者。

據李安山的《非洲華僑華人史》指出，早期招募到非洲的契約華工或是修路，或是在種植園裡作勞工，他們同樣遭受極不人道的待遇。有的雇主不履行契約所規定的義務，有的對華工進行虐待，有的對華工的病痛生死毫不關心，還有的甚至對其家屬進行迫害。在南非，在馬達加斯加、留尼旺和模里西斯等地的華工對他們的待遇多有抱怨和反抗。華僑華人處境艱難，當然希望祖國政府做為他們的堅強後盾。遺憾的是，處於衰弱的清朝政府已是力不從心。

根據莊國土、陳華岳等著，《菲律賓華人通史》所述，菲律賓華人社會之命運多舛，與世界其他國家的華人社會相比，同樣悽慘。菲華

不但經歷多次幾乎滅族的大屠殺，而且在西班牙統治菲律賓的400年期間，一直對菲華施以苛政。在19世紀末美國佔領菲律賓的統治時期，同樣實施「排華法案」，不僅對當時菲律賓華人的移民事務和地位加以諸多限制與歧視，尤其對當今菲律賓華人社會的特點與構成帶來了深刻的影響。到了菲律賓獨立之後，華人初為菲化、入籍等各種風波所困，終能逢凶化吉，遇難呈祥。

時移勢遷，到了1990年代，來自亞洲的新移民大量的移入美國、加拿大以及澳洲等國。比起早期移民以及那些苦命出國的華工，他們大多是擁有專業技術以及可觀資產的富二代或擁有中等以上收入的移民。為了因應全球化浩浩蕩蕩的潮流，也為了與時俱進，僑社組織也開始有了新的名稱、新的面貌出現。

新移民審時度勢，他們成立僑社不再侷限於狹隘的同鄉會的地緣組織，不再拘泥於同姓同宗的宗親組織，不再以單一的業緣團體為滿足。而在招收成員方面，他們則廣結善緣，海納百川，融眾僑於一爐；在地理範圍上，則以六大洲為目標，超越國界或地區的藩籬；在組織上則冠以「世界」、「全球」或「國際」的稱號。

這些僑社、僑團以總會號召全球，自然出現成員眾多、架構龐大、分工細密等特色，而且不但人才薈萃，經費也較前雄厚，所產生的影響力也就更為深遠廣大。

相比於早期的傳統海外華人，這是新一代僑商、華商以及眾多教育程度高、語言能力強的各類專業人士融為一體，從以前的單槍匹馬、孤軍奮鬥到目前的串聯組織、團結一致作為起點。這也是他們充滿智慧、眼光獨到、放眼世界必走必經的新里程。唯有如此，他們始能為自己創造更大的財富，為僑胞謀更大的福祉，為鄉梓和祖國做出更大的貢獻。套一句國際佛光會的話，他們標榜「全球連線，四海均有佛光人；只要太陽升起的地方，就有佛光普照，法水長流」。

問：請您談談最近關注的研究項目有哪些？最想做的研究項目有哪些？

本人自2002年由中研院近史所退休，改為兼任研究員之後，迄今已14年。退休最大的好處是「悠遊自在，諸法皆空」，可以按照自己的興趣、計畫和腳步，去做自己想做的事，因此十幾年來工作效率反而比以前提高，可以把過去研究的存貨出清，所以大致維持在每年至少出版一

本專書或編纂一本史料專刊的紀錄。退而不休，筆耕不輟，出書照舊，這是自己退休生活的寫照，個人對此也深感滿意！

在台灣，退休的學者不能申請或參與公家機構（如中研院或科技部）的專案研究計畫，本人也不喜歡參與被別人牽著鼻子走的專案計畫。所以，我寧願做單幹戶，除有時提論文參加學術研討會外，大部分時間做自己想做的研究，自在又快樂。

總結這14年，我出版的學術性專題專書有4種，論文集有2種，史料叢刊有2種，茲簡單列表如下：

（一）專題專書4種

1. 《中山先生與法國》（台北：台灣書店，2002年12月）
2. 《中山先生與美國》（台北：學生書局，2005年1月）
3. 《中國躍向世界舞台：從參加歐戰到出席巴黎和會》（台北：秀威，2009年7月）
4. 《旅歐教育運動：民初融合世界學術的理想》（台北：秀威，2013年4月）

（二）論文集2種

1. 《舵手與菁英：近現代中國史研究論叢》（台北：秀威，2008年7月），448頁
2. 《四分溪畔論史》（北京：九州出版社，2013年4月），393頁

（三）史料叢刊2種

1. 《民初旅歐教育運動史料彙編》（台北：秀威，2014年6月），504頁
2. 《吳鐵城重要史料選編》（台北：秀威，2015年10月），上下二冊，共792頁

其他非學術性專集多種，不在此介紹。

我主要的研究興趣在外交史和政治人物史。外交史的研究是我的「最愛」；在歷史舞台上，人物永遠是啟動風雲的主角，令人依依難捨。我不喜歡研究經濟史，因為數字本身太枯燥乏味；我也不喜歡搞制度史，因為太單調無趣；同樣的，我也不想治軍事史或戰爭史，雖然古

人常說：「兵者，國之大事，死生之地，存亡之道，不可不察也。」但「兵者，凶也」，戰爭的殘酷，古今中外皆然，實在不想碰。

我最近迷上兩岸密使，開始研究自兩蔣時代以來穿梭兩岸，為政治人物帶信、傳話，甚至參與祕密談判的使者。我已經撰寫了17篇，以「舊庄居士」筆名，陸續在《僑協雜誌》發表，將來準備結集成書。茲將篇名簡列如下：

1. 〈李次白上海投石為和談〉，《迢迢密使路（一）》，《僑協雜誌》，144期

2. 〈宋宜山大陸行為和談「摸底」〉，《迢迢密使路（二）》，《僑協雜誌》，145期

3. 〈曹聚仁穿針引線大陸行〉，《迢迢密使路（三）》，《僑協雜誌》，146期

4. 〈章士釗為和談鞠躬盡瘁〉，《迢迢密使路（四）》，《僑協雜誌》，147期

5. 〈沈誠為北京傳密函〉，《迢迢密使路（五）》，《僑協雜誌》，148期

6. 〈廖承志公開致書蔣經國為兩岸和平統一〉，《迢迢密使路（六）》，《僑協雜誌》，149期

7. 〈旅美學人穿梭兩岸忙〉，《迢迢密使路（七）》，《僑協雜誌》，150期

8. 〈新聞工作者的兩岸統一夢〉，《迢迢密使路（八）》，《僑協雜誌》，151期

9. 〈中研院院士的中國情結〉，《迢迢密使路（九）》，《僑協雜誌》，152期

10. 〈兩岸調人李光耀促成辜汪會談〉，《迢迢密使路（十）》，《僑協雜誌》，153期

11. 〈星雲大師的兩岸佛緣〉，《迢迢密使路（十一）》，《僑協雜誌》，154期

12. 〈北京傳話人南懷瑾的傳奇故事〉，《迢迢密使路（十二）》，《僑協雜誌》，155期

13. 〈蘇志誠充當李登輝密使大曝光〉，《迢迢密使路（十三）》，《僑協雜誌》，160期

14. 〈李登輝訪問康乃爾大學衝擊兩岸關係〉，《迢迢密使路（十

四）》，《僑協雜誌》，161期

15.〈李登輝密使曾永賢的北京任務〉

16.〈李玉階兩度致函鄧小平的微言大義〉

17.〈陳建中北京行傳達的信息〉

從上述可知，密使的身分種類繁多，有軍人，有民意代表（立法委員），有新聞記者，有學者，有中研院院士，有政治掮客，有宗教人物，有外國政治領袖，不一而足。他們的身分雖然不同，但大前提在促成兩岸的和平發展，與目前兩岸的情勢發展息息相關，故值得挖掘史料，作一有系統而完整的研究。本人參考兩岸相關著作逾百種，對這個尚待開發的專題進行研究，作為我退休後怡然自得的新興趣所在。

問：2016年是孫中山誕辰150周年，您認為孫中山最值得我們紀念的內容有哪些？

孫中山誕生於1866年，今年是他的150周年誕辰（實際年齡），台灣已在去年舉行過各項慶祝會活動或研討會，今年則輪由大陸來紀念。

國學大師錢穆曾推崇孫中山，謂：「在近代中國，能巨眼先矚，瞭解中國傳統政治，而求能把它逐步接上世界潮流的，算只有孫中山先生一人。他的三民主義，實能採納世界政治新潮流之各趨勢，而使其會歸一致。」而孫中山更說：「適乎世界之潮流，合乎人群之需要。」「世界潮流，浩浩蕩蕩，順之則昌，逆之則亡。」所謂世界潮流，就是歷史發展的趨勢，所謂人群需要，就是迫待解決的社會中心課題。

錢穆又說：「推敲孫先生政治意見的最大用心處，實與中國傳統精義無大差遠。」與嚴復、梁啟超一樣，在孫中山的身上同樣可以找到傳統思想的根源，錢穆再說：「大體上，在他（指孫中山）總是有意參酌中外古今而自創一新格。惜乎，他的意見與理想，不易為國人所接受。人人只把一套自己所懂得於外國的來衡量，來批評，則孫先生的主張，既不合英美，又不合蘇聯，亦不合德意，將見為一無是處。」

孫中山是位實際革命的領導者，他的政治思想難免不為配合實際革命的需要而創新立論，事實上並無害於其思想與理論的純潔與超越性。先哲先賢的思想與理論，有待國人繼續研發增補與不斷試驗，隨時代進步而賦予新內容、新生命。事實上，孫中山的思想豈可說是一無是處，

他的巨眼先矚，他的許多劃時代的設計藍圖，他的建國宏規，不少已經在海峽兩岸次第實現。當年孫中山先生倡議在十年內建築二十萬里鐵路，有人謔稱為「孫大砲」，反觀今日大陸高鐵的重大建設和輸出，加上「一帶一路」的規模，已遠邁當時的平實計畫。空谷足音，孫中山地下有知，亦可以告慰矣！

問：請您談談自己在求學和任教期間發生的趣事。

　　我的第一分工作是教書，擔任中學老師是我的第一份職業。這是一份有保障的工作，也可以把它當成一生的志業。師大的性質，主要在培養中學師資，故從學校當局到教授本身，一般似並不太鼓勵學生從事研究，所以上課的方式仍以老師單向式的演講、學生抄筆記為主，俗稱「蔣光超」（台灣藝人名字，訛化成「講」和「抄」）或「貝多芬」（暗喻只要背熟老師的筆記，考試即可得高分），很少做啟發性的討論，或指導學生撰寫報告和論文。所以四年的大學生活下來，臨到畢業我卻有「前不見古人，後不見來者，念天地之悠悠，獨愴然而涕下」的悲戚感覺。更有「學海無涯，人生苦短」的茫然。我徬徨，我六神無主，不以作一個中學老師為滿足，但卻不知道自己的興趣在哪兒？那時的心情，就像一艘即將啟碇遠航的船隻，而掌舵的自己卻不知道目的地在何方。

　　在中學，我教過歷史和國文，差一點被安排去教「學非所用」的地理和公民。在台灣以升學為導向的的許多明星中學，從校長、教務主任到學生家長或學生本身，大都把歷史等社會學科當成無足輕重的副科，與英文、數學等科目簡直天差地別，不可同日而語。所以社會學科的老師通常都不受重視，而且任何科系的大學畢業生都可以來教。

　　教書應該是一項專業工作，需要熱誠、奉獻的精神，更需要口才清晰、便給，最好兼具啟發性的幽默感，當然方法也很重要。我自認對教書工作有熱誠，對教育抱「有教無類」的奉獻精神，但很快我的熱誠因學生的頑劣而打了折扣，我的奉獻精神因社會的勢利態度而退燒，後來便形成一種無法言宣的挫折感。

　　等到我留學回來，除在中研院（俗稱象牙塔）從事以研究為主的工作外，因緣際會也開始到象牙塔外的大學開課教書。首先到師大母校歷史系，開一門法國史選修課，大學部二、三、四年級都可以來選，一班

四、五十人，不多不少剛好。我除了印發講義外，每學期作二、三次幻燈片播放，介紹法國王朝歷史和名勝古蹟，讓學生在課堂臥遊一番，引發興趣，享受法國文明的洗禮！我也指定學生撰寫讀書報告或翻譯名著，並擇優推薦到刊物上發表，以示鼓勵，故與學生互動良好，尚值得安慰！其後，亦曾在師大歷史研究所博士班，代授「史學方法理論與實際」一課，邀請名家到班上演講，學生雖僅三人，但後來都成為學有專長的名教授。

不久，又由中研院借調到淡江大學出任教授兼歷史系主任，前後開過「西洋通史」、「法國史」（歷史系與法文系合開）、「中國現代史」三門課。淡江的學生素質雖不如台大，但自由開放學風猶有過之。淡江是個私立大學，歷史系每一年級招收兩班，幾近百人，所以不管必修或選修都採大班制，上起課來十分吃力勞累！所幸，學生無論男女多把我當偶像，不管有沒有選我的課，都樂得與我親近。除上課外，我經常安排午餐時間與學生交談，瞭解他們的學習心得和家庭狀況；我鼓勵有領導才幹的同學辦系刊──《史訊》，為創刊號撰寫〈邁開歷史的步伐前進〉；我為喜歡舞文弄墨的同學潤飾文稿，登在校刊《淡江青年》上；我三十八歲那年，曾為一位大學尚未畢業而早婚的同學在婚禮上當證婚人。以上種種瑣碎之事，雖微不足道，但回想起來，也頗為有趣。

1986年，台灣成立第一所以電視和廣播教學為主的空中大學。我從中研院借調到空大，擔任教授兼人文學系主任。空大成立伊始，千頭萬緒，百廢待舉，一切典章制度必須趕快建立，特別是與傳統大學有別的創校風格也亟待建立。身為人文學系主任，除了出席每周一次冗長的行政會議外，最大的責任就是聘請若干語文選修科目和本系要開課程的學科委員（電視或廣播主講老師）。即便是聘好了教師，並非就可以高枕無憂，還要幫忙教材編纂組催稿、協助教學節目處拿到腳本，才能如期安排老師進棚錄影。在百忙中，我自己還與其他兩位教授合開「人類的歷史」一課，一方面要撰稿印出教科書，以應學生上課之需，一方面還得趕腳本以配合電視台進棚錄影工作，真是隨時要救火，忙得不可開交！所以面對這件苦差事，我奉陪一年後即辭退。

除了象牙塔裡的教學工作外，我也曾熱心參與象牙塔外的一些活動，那指的就是救國團主辦的「台灣史蹟研究會」，後來更名為「台灣史蹟源流研究會」。

「台灣史蹟研究會」是一項學術性的活動，由救國團委託台北市文

獻委員會、台灣省文獻委員會、台灣省教育廳、台北市教育局合辦，以大學生和高中老師為主要對象，分冬令和夏令兩次，旨在探討鄉土史事、闡明地方古蹟、表彰先賢潛德、宏揚愛國情操、啟迪民族精神，進而從地緣、血緣以及文化整體關係，體認台灣與中國的一脈相承關係為其宗旨。更確切的說，在期勉台灣年輕的一代於接觸先民豐富的遺產與鄉土史蹟之餘，能夠「繼承歷史文化血脈，開拓民族生命新機」，進而「強固艱難抗暴的誓願，發揚仗節死義的精神」，終而「完成驚天動地的中興大業，再造可歌可泣的史篇」。在史蹟會裡，我除了擔任研習組組長，幫忙規劃課程、主持座談、延聘講師和輔導長外，並曾經在情意難卻之餘，推出一道「微量級」小菜——「台灣革命先烈事蹟簡介」，並接替李雲漢教授開講「國民革命與台灣」一課。客串的工作不能太長，我講了幾期之後，便堅拒再講，做了史蹟會的「逃兵」。

後來文化建設委員會舉辦全台巡迴演講，在全省各縣市的公務人員動員月會上，開辦一系列的文化講座，我又被推薦以「台灣史蹟源流」為題，風塵僕僕的到全省各地做巡迴講演。

以上所述，是我三十年來在塔裡塔外所參與的種種活動和所開過的課程，其間的酸甜苦辣自然兼而有之。對個人而言，這主要是一種學習，一種成長和一種磨練，或許拓寬了人生的視野。個人自忖資質平庸，能夠有幸經歷過這麼多「微不足道」的事情，不敢自詡「那美好的仗已打過」，至少「打開心內的一扇窗」，「衝破人生的冰河」，為自己的一生留下甜美的回憶！

（原載：胡波主編，《孫中山研究口述史》，
廣州南方出版信媒、人民出版社出版，2016年11月，
海外與港澳台卷，上冊，頁127-161）

敬悼「後野史亭」主人沈雲老

筆者不才，曾於《傳記文學》第九十卷四期（民國九十六年四月）撰刊〈沈雲龍研究近代中國史的一些波瀾〉一文，聊表對亦師亦友長者的一番思念！本年十月，適逢雲老逝世二十週年，因覺前文仍有意猶未盡之處，故補綴數事，藉資悼念！

（一）

二十世紀中國史學界有所謂的主流學派與非主流學派之分。依據王爾敏教授的論述，兩個主流學派，一個是以傅斯年、顧頡剛等為馬首是瞻的科學主義史學派，另一個是以郭沫若、翦伯贊為重要領袖的馬列主義史學派。而非主流學派則有國粹學派、南高與學衡、戰國策派、錢穆的傳統史學派、張其昀的歷史地理學派，再加上郭廷以所創立和其門生所延續的「南港學派」等。[1]

以近代史為主要研究領域的「南港學派」，一開始不成氣候，不但被視為非主流，而且更難登所謂學術殿堂。當中雖不再有主流、非主流之分，然則多少尚有主、客之別與在朝在野之不同。這是半路出家沒有廟門的沈雲龍自況為「後野史亭」主人與劉紹唐的《傳記文學》之被稱為「野史館」的由來，好事者不無拿來與國史館或近代史研究所互別苗頭、分庭抗禮的味道。事實上，學術研究本來就是天下公器，非一家一系一幫所能獨佔，有更多的民間學者或在野人士，相率投身研究，相互切磋激盪，並非壞事。

「南港學派」主人，從創所所長郭廷以到王聿均、呂實強、張玉法等幾位所務負責人，對常在《傳記文學》撰稿的近代史學界客卿沈雲老，都十分尊重。自民國六十七年開始至七十六年沈老逝世為止，南

---

[1] 王爾敏著，《20世紀非主流史學與史家》，廣西師範大學出版社，2007年1月，236頁。

港中央研究院近代史研究所凡舉辦重要學術研討會，必邀沈先生出席與會，並且奉為貴賓。在前後近十次研討會中，雲老似乎並沒有提過論文，但擔任過四次評論人，先後評論過筆者、趙中孚、王聿均（二次）。評論時十分認真，有褒有貶，登出來的評論稿往往佔了十八開本討論集達二、三頁之多，絕不敷衍了事。他竟稱呼筆者為「我的朋友陳三井」，對所提不成熟論文語多溢美之詞，令人倍覺汗顏！

（二）

　　身為客卿的沈雲老對另一位客卿梁和老（敬錞，字和鈞）十分推重。梁和老曾於民國六十年六月短暫出任過近史所所長，為期二年。他的傳世之作，包括《九一八事變史述》、《開羅會議》、《史迪威事件》、《日本侵略華北史述》、《馬歇爾使華報告書箋註》等，尤其在撰寫《史迪威事件》過程中，頗受當局禮遇，得參閱當時尚未公開的「大溪檔案」，故書成之後，甚受國內外學者重視與好評。

　　沈雲老在早年應郭廷以所長之邀，主持該所之口述歷史工作近十年，但不知以何緣由，卻無任何名義，只是個人口頭承諾，並無任何聘約。俟梁和老接任近史所所長之後，發現此一不合常理的怪事，始補發一紙聘約。如此總算稍微彌補郭先生事非得已的「失禮」，亦能寬慰雲老心中的缺憾！實屬一舉兩得。

　　雲老稱和老為史學前輩，對其治學功夫與創見十分稱道。猶憶民國六十六年八月，梁氏在《傳記文學》發表一篇〈抗戰勝利前後的中美關係〉大文，這原是他在紐約「七七抗戰四十週年紀念會」的演講稿，其後沈雲老在《傳記文學》201期（民國六十八年二月）撰〈近四十年來中美關係的探討〉一文，予以引申回應。梁文首先指出：

　　　　自一九四五年抗戰勝利，以迄一九四九年退出大陸止，這個
　　時期的中美關係具備四個特徵：
　　　　一九四五──一九四六的特徵，是「壓」（壓迫）；
　　　　一九四七年的特徵，是「拖」（拖延）；
　　　　一九四八年的特徵，是「棄」（拋棄）；
　　　　一九四九年的特徵，是「斷」（斷絕）。

沈雲老認為，梁文所根據的，幾乎都是中美雙方第一手資料，採證確鑿，絕無曲解或偏見，而且歸納為「壓」、「拖」、「棄」、「斷」四項特徵，作為此一段中美歷史公案判決的主文，真如老吏斷獄（梁老曾任最高法院推事、高等法院院長，故有此喻），一字不能移易，不愧是具有史家三長的權威之作，為國內外研究中美關係史者所共佩！

（三）

沈雲老雖非史學科班出身，所撰專書與論文也並不完全符合現代史學規格，但他博聞強記，再加洞察力敏銳，尤以歷史人物之研究最為擅長，故仍能以《黎元洪評傳》、《徐世昌評傳》、《黃膺白先生年譜長編》、《尹仲容先生年譜初稿》等多種專著傳世，在近代史學界佔有一席之地。

沈雲老積三十餘年治史心得，雖自謙用的是土方法，但亦自我修練出一套顛撲不破的史學法則，此即：

（1）不肯人云亦云，隨便苟同，亦決不引洋自重。

（2）對史事不可任意歪曲，對人物不可厚誣或是瞎捧。

（3）不以成敗論人，不敢忘是非之公。

（4）儘量排除主觀成見，提供客觀史實，比較功過得失，讓讀者自行體會研判。

（5）遵從「信以傳信，疑以傳疑」的中國史家治史傳統，有幾分證據，說幾分話，絕不武斷地輕下結論。

時光荏苒，沈雲老雖已離我們遠去，但他的爽朗笑聲彷彿就在眼前。他筆耕不輟所留下既傲人又耀眼的著作，此生已不虛，應也無憾！

（原載：《傳記文學》，545期，2007年10月，頁60-62）

魂斷巴黎未了情
——常玉和他的藝術創作

一、常玉傳奇的一生

1930年代的巴黎曾是多少騷人墨客吟詠、多少文豪大師謳歌頌讚的天堂樂園，又是多少異鄉遊子夢寐以求的人間仙境。

在留法旅法的畫家中，從早期的徐悲鴻（1895-1953）、劉海粟（1896-1994）、潘玉良（1899-1977）、林風眠（1900-1991）到常玉，以至後期的趙無極（1921-2013）、朱德群（1920-2014）、席德進（1923-1981）等人，常玉的名號其實並不算是響亮的，甚至可以說其一生遭遇堪稱相當潦倒落魄，至少並沒有在生前享譽過國際畫壇盛名。

一提起常玉，有人稱他為「一個被埋沒的天才畫家」，或「落魄終生的畫家」，也有人把他稱為「東方的馬蒂斯（Henri Matisse）」，因為常玉的畫受到馬蒂斯野獸派的影響，但沒有野獸派的強烈和霸氣。

常玉（San Yu），字幼書，生於四川順慶縣（今南充）一個富裕而兄弟姊妹眾多的家庭。幼時即跟隨書法名家趙熙學習書法，也學習中國山水畫。常玉在1918年曾經赴日本投靠二哥常必誠並短期習畫。後於1919年回到上海，當時劉海粟擔任上海圖畫美術院校長，雇請女性模特兒鼓吹實際的裸體繪畫，歌頌肉體美，引起軒然大波，而常玉旅法以後的作品也有數量相當可觀的裸體繪畫，雖無直接依據，但我們隱然看到這一影響。

1921年，常玉響應蔡元培、李石曾、吳稚暉等人發起的留法勤工儉學，而跟隨大批的四川學子到了巴黎，當時的他是位風度翩翩的美少年，他在經濟上有大哥常俊民的生意支持，跟那些需要「儉以求學，勤以做工」的莘莘學子是不可同日而語的。

在巴黎初期，常玉曾與徐悲鴻、蔣碧薇、張道藩、孫佩蒼、謝壽康等人組織「天狗會」，以與劉海粟在上海成立的「天馬會」對抗，但後來也漸行漸遠。不久，常玉與在工作室認識的女同學M. C. Guyot de la

Hardrouyère結婚。三年後又離了婚，終生未再娶。此後他生命中出現了無數的女人，有年輕貌美的貴族小姐，有豐乳碩臀的模特兒，或是金髮而體態豐滿的德國小姐。

1964年教育部長黃季陸訪法期間，曾經邀請常玉來台灣在師範大學任教，並安排在國立歷史博物館舉辦展覽。常玉把他的重要畫作42件託大使館運回台灣，黃部長還匯了400元美金給他做路費，卻因中華民國與法國斷交，由於護照與身分的變更而沒能成行。隔年1966年8月，因為住處瓦斯中毒而辭世。他終生未曾踏上台灣的土地。

二、巴黎非典型的沉潛

1921年暑假，常玉剛抵巴黎不久，因戰敗後的德國生活程度低於巴黎，為觀察德國的藝術品和欣賞德國各地風光，他追隨徐悲鴻、蔣碧薇夫婦到了柏林，但很快地又回到巴黎。

常玉為什麼不像徐悲鴻、方君璧等中國學生報考法國國立高等美術學校（Ecole Nationale des Beaux-Arts），從名門正派的學院去學習呢？根據學者專家的綜合分析，大概有兩個原因：

1. 法國的國立高校一切講究文憑學歷，常玉在赴法前並沒有進過任何美術學校，提不出符合法國資格檢定（équivalence）的一紙文憑，當然不得其門而入。
2. 國立高等美術學校在前後兩任校長的領導下，作風保守，其學風與教學已經無法滿足巴黎這個城市受到後印象主義影響的新世代藝術家的需求。

因此，窮則變，變則通。常玉只好另闢蹊徑，委身於「大茅屋學院」（Académie de la Grande Chaumière）學習。「大茅屋學院」是1904年由西班牙畫家卡斯特路裘（Claudio Castelucho）在巴黎南區蒙帕納斯（Montparnasse）大茅屋街創立的一間美術學校。成立之後，因為許多藝術家前來教畫或習畫而逐漸成名。這裡的教學不採取學院式教法，頗能吸引基礎尚無或未成熟的藝術學習者。此外，這裡提供人體模特兒，也是受到歡迎的原因之一。所以，常玉在巴黎的活動空間主要在蒙帕納斯一帶，那是一個不受學院派拘束，不講究證書，可以自由發揮的畫家樂土。

三、常玉的藝術創作

　　常玉的藝術創作包括素描、水彩、油彩及雕塑等。這次史博館的「相思巴黎——常玉展」（展期自2017年3月11日至7月2日），共展出常玉作品52件，完整囊括常玉晚期繪畫的人體、靜物、動物與風景三大題材，也是品質最佳、來源最可信的常玉收藏，舉世聞名。

　　館藏49件（另私人收藏3件）作品依分類為：裸女6件，或坐或站立或躺臥者，有單裸女、雙裸女以至四裸女。其中「四女裸像」已公告成為「重要古物」。常玉早期裸女以粉白色系為主，而且幾乎是背對著觀者，臉部輪廓僅畫單眼（或稱獨具慧眼），簡略卻富神韻。

　　靜物是常玉獨特風格之表現，也是他運用東方美學與西方素材之最佳典範。史博館有靜物27件，佔了典藏半數以上，可見其規模。早期靜物包含牡丹、菊花、玫瑰及果實等，或插在瓶中象徵百年好合的荷花，或長於盆內的時繁華時疏落的盆花。常玉習慣在盆面題字。

　　風景與動物是史博館最具特色的常玉晚期作品，從長頸鹿、馬、豹、貓、蛇到天上飛的老鷹等，應有盡有。其中以馬作品最多，從單馬、雙馬、六匹馬到群馬等，動靜自如。

四、蓋棺暫論定

　　「你不曾見過他，但這並不影響您對他才賦的確認，他無比的才賦：簡單、寧謐、有氣魄，我曾經冠稱他為『中國馬蒂斯』。」[1]這是一位法國友人對他的追憶評價。

　　常玉生命中的最後幾年，是窮困潦倒的，出門往往以步代車。他常常剪下雜誌上模特兒的圖片，妥善整理置於書桌的抽屜裡，作為作畫時模特兒的代用品。

　　正如旅法作家胡品清近距離的觀察，「初居巴黎，常玉深深被法國浪漫的異國情調所迷惑，他愛上了巴黎古老的街道、閒逸的露天咖啡館，結交志趣相投的朋友。最令他心折的是巴黎的女人：她們時髦的打扮，窈窕的體態，優美的曲線，走在路上飄揚如波般的裙擺，或站或立

---

[1] 陳炎鋒編著，《巴黎的一曲相思：常玉》（台中：印刷出版社，1982年），頁8。

都有一種令人銷魂的風采。」又說「年輕的常玉，深具波希米亞人浪子般落拓的氣質，有高度的審美觀，在那個思想浪漫自由的國度，他放懷地展開天才的翅翼去追求理想中的真與美。」[1]

認識常玉的台灣畫家席德進曾將常玉一生未能成名而至落魄的原因，除指出與性格鬆散有關外，並歸咎於性和女人。這種說法並沒有搔到癢處，也不真正瞭解常玉。

旅法的雕刻家熊秉明認為，常玉生性「樂天逍遙」，這樣的人容易自足，但卻難以應付藝壇上那些畫商的需索無度，所以他在名與利上都無所獲，這是一針見血的看法。

胡品清對常玉的評價是客觀而權威的，我們再引一段話與讀者分享：「由種種跡象看來，戕害常玉藝術生命最大的致命傷，是在於他的缺少責任感，不能節制及今朝有酒醉的苟且心理。常玉的藝術生命是被他自己埋沒了；他不知安排生活，不為明天打算，機會來的時候未能把握，任其溜走，以致與成功失之交臂。一個天才需要機運及環境的培養，更需要靠自己的努力及肯定，而常玉蹉跎了大好光陰，再回頭時，發覺自己的生命已似塞納河上夕陽的餘暉，……反顧一生，愛情虛空，事業又無成，常玉深深被鄉愁、冷漠侵蝕，受窮困病痛相逼。」[2]

這是多麼深入而令人折服的見解。

主要參考資料：

1. 衣淑凡，《常玉油畫全集》，台北：國巨基金會，2001。
2. 徐伯陽、金山合編，《徐悲鴻年譜》，台北：藝術家出版社，1991。
3. 《中國——巴黎，早期旅法畫家回顧展》，台北市立美術館，1988。
4. 陳炎峰，《巴黎的一曲相思：常玉》，台中：印刷出版社，1982。
5. 「相思巴黎常玉展」，《歷史文物》，第27卷第3期，國立歷史博物館。

（原載《僑協雜誌》，164期，2017年7月，頁60-63）

---

[1] 胡品清，〈巴黎夢——落魄終生的畫家：常玉〉，《中國時報副刊》，1988年3月25日。

[2] 同上，《中國時報副刊》，1988年3月27日。

追憶傅維新：一位成就他人的公僕

（一）

　　在異國求學的孤寂日子裡，在人生邁向遠程的旅途上，若有幸能獲得一、二位長輩或知性朋友的呵護，無論是精神上一錘定音的支持，或生活上關懷備至的照應，都將是一生中最難以忘懷的貴人，同時也是個人的最大福氣。傅維新先生（時任中華民國駐比利時大使館文化專員，相識之後改稱他為傅大哥），就是這樣一位令人難以忘懷的貴人。

　　民國五十年代，在我初抵花都巴黎念書時，因為白天上課聽講，夜晚加班補習法語，生活緊張而且壓力大，因長期失眠而患耳鳴（疑似中耳炎），十分苦惱！幸在某次同學聚會場所認識傅大哥而說起，他體貼介紹我去找一位華裔的趙明德醫師求診，而且對症下藥一次即治癒。趙明德、劉學敏夫婦都是留法前輩，兩人均獲國立里昂大學的醫學博士，一度在越南開業行醫，後來入籍法國在巴黎定居。趙醫師原籍湖北高陽，與發起民初旅歐教育運動的李石曾同鄉。有了這一緣分，我也曾在趙府與李石曾見面請益過。

（二）

　　傅維新，北平人，原肄業中國大學，隨政府來台後以流亡學生身分，插班就讀台灣大學。畢業後，民國47年進入教育部國際文教處工作，承辦公、自費留學考試，以及國際展覽等項業務。民國52年（1963）冬，奉派到巴黎駐法文化參事處工作。中華民國與法國於1964年2月斷交後，改調駐比大使館工作，仍承辦在歐洲地區文教業務，至1990年退休。

　　傅維新先生旅歐先後四十餘年，在職時除承辦文教工作為海外留學生服務外，並協助歷史博物館在歐洲推動文化交流工作，舉辦各式各樣

的畫展不計其數。他所認識交遊的中外畫家，更是不勝枚舉！他最津津樂道的是邀常玉來台任教與開畫展的一段往事。他就是陪黃季陸部長至巴黎拜訪常玉、連絡他安排他返國服務的承辦人。此外，他所認識交往的藝術家尚有凌叔華、潘玉良、趙無極、朱德群、席德進、張大千、楊英風、蕭勤、廖修平、王琦、黃君璧、李奇茂、陳慧坤、劉國松、歐豪年等人，在此無法一一細述。

為了人生不留白，晚年傅大哥把他歷年所承辦的業務和為《藝術家》雜誌所寫的專欄彙集，命名為《旅歐四十年來文化交流紀要》，由國立歷史博物館於民國94年（2005）分上下兩冊出版，可謂圖文並茂，有興趣的讀者可以參閱。

筆者有幸，承傅大哥寄贈一套，為人謙和的作者且於扉頁留下一段平實的話：

> 「三井兄嫂指正：
>
> 旅歐四十餘年，實為虛度。承歷史博物館邀稿湊數，上冊係記事本點滴，掛一漏萬，所述人與事，諒兄嫂亦熟習。下冊為《藝術家》雜誌邀稿刊出拙文，酌選十餘篇，約十萬字。不善書寫，年老辭窮語拙，送請翻翻照片，消遣解悶！
>
> 　　　　　　　　　　　　　　　弟　傅維新　敬上
> 　　　　　　　　民國96年6月6日於台北長庚養生文化村」

（三）

本年（2017）9月4日晚，僑協會員趙嬋玉女士受傅大嫂張炳煜女士之託，給我打電話並告知傅大哥已於3日凌晨病逝於新店天主教耕莘醫院，享年93歲。趙女士同時通知，請注意明天《聯合報》訃聞，喪家將不另發訃告。訃聞載明9月19日上午在輔仁大學淨心堂舉行追思彌撒。

在哀傷之餘，筆者曾於7日晚致電傅大嫂，請其節哀，並附告因報名西南歐六國團體旅遊，不克出席追思彌撒，請其見諒勿怪！

傅大哥大嫂在退休不久之後，決定鮭魚返鄉，選擇在林口長庚養生文化村養老長住。很多人可能還不曉得，2008年6月，本會成立比利時分會，以戴耀南醫師（中山學校董事長）出任分會會長，傅大哥還是幕

後牽線人呢！後來他與傅大嫂兩人都樂意加入本會作為會員，每逢三節聯誼聚餐時，幾乎都可看到他們賢伉儷出席的倩影。

傅大哥是一位虔誠的天主教徒，天堂裡有他是一件好事。據筆者所知，傅大哥是一位標準的公務員，奉公守法，熱心負責，嚴於律己，誠信待人，沒有甜言蜜語，不會自我吹噓！我喜歡他這種平實的作風，更喜歡像他這樣一位實事求是，始終一貫的君子型大哥。

在長庚養生文化村居住的一段日子裡，我未曾專程去拜訪過他們；在出席本會舉辦的餐會時，我也沒有特別招呼過他和大嫂；在輔大的追思彌撒時，筆者又因故缺席了。這些都是我深感自咎，並特別覺得遺憾的幾件事情。有人喜歡自我調侃說，在忙碌的現代社會，道別僅是一種儀式，重要的是心中長久的懷念！不是嗎？在天堂有知，一向寬以待人的傅大哥，或許不以為忤吧！傅大哥，請安息吧！

（原載《僑協雜誌》，166期，2017年11月，頁68-70）

從冰凍北極到水暖春江
——參與兩岸史學交流憶往和展望

一、解題

　　兩岸之間過去數十年，除了軍事對立、政治僵持外，史學何嘗不也是另一個重要戰場。

　　兩岸史學家相遇，面對面開會，甚至交鋒、切磋討論歷史問題，最早始於1982年4月的芝加哥亞洲學會（S. A. S.），惟此係屬於境外的首次遭遇，因此雙方充滿諜對諜的攻防心態，彼此築起心防，戒慎恐懼，其冷峻場面猶如冰凍的北極，感受不到絲毫暖意。

　　其後，經過十年的努力醞釀，遲至1992年5月，大陸學者終於衝破重重障礙，首度應邀到台灣參加研討會，完成了歷史性的破冰之旅，從此「兩岸猿聲啼不住，輕舟已過萬重山」。在水到渠成、逐漸加溫之下，終至走到春江水暖，今日交流頻繁的地步。

　　兩岸學者，特別是近代史學者間的學術交流，從最初的困難橫阻到化被動為主動，乃至漸入佳境，其過程雖然充滿酸甜苦辣，但總結而言，其結果是圓滿的、有利無害的。至少，就兩岸史學的研究和水平的提升而言，當有正面的激勵作用。

　　論兩岸學術交流，可以寫一部大書。筆者曾於2011年8月，就個人參與的部分和以見證人的身分，出版《輕舟已過萬重山——書寫兩岸史學交流》（北京：社會科學文獻出版社）一小書，茲再重啟回憶之扉門，就若干關鍵性問題作一整理，以就教於海內外同道、同好，並請不吝賜教是幸！

二、兩岸解凍的弄潮兒

　　兩岸關係的解凍，學術交流的啟動，並非天上掉下來的禮物，而是透過若干熱心人士從中奔走推動，加上一些機構的支持，始克有成。茲

分別說明如下：

（一）旅美華裔學者首先促成兩岸學人的境外遭遇

安排兩岸史學家見面開會，「相逢一笑泯恩仇」，切磋討論歷史問題，旅美華裔學者最為熱心，扮演了急先鋒的角色。

首先要提的是安排芝加哥亞洲學會的謝文孫教授。謝文孫係前外交部長沈昌煥的外甥，台大外文系畢業後，曾在中央研究院近代史研究所追隨沈雲龍先生，擔任短期口述歷史的訪問工作。後來到哈佛大學留學，獲博士學位，當時在密蘇里大學任教，與台灣關係相當友好。在他的設計下，台灣方面由秦孝儀率領李雲漢、張玉法、張忠棟、林明德四位學者，與大陸的胡繩、李宗一、李澤厚、章開沅、趙復三等五位學者，在1982年的芝加哥亞洲學會討論辛亥革命的本質問題，可以說是最受媒體關注的一次盛會，也代表兩岸學者正式攻防對仗的精采一役。謝文孫形容芝加哥會議是兩岸交流「新紀元的開始」，不過卻是一次「早產」的學術交流。因為，更大的開拓，仍有待政策的開放和機構群策群力的支持。

其次要提的是旅美華裔學者唐德剛、吳天威、朱永德等教授，他們早在1982年便結合了北美的學者成立「北美廿世紀中華史學會」，並於1986年10月初在伊利諾大學舉辦「西安事變五十周年」研討會，分邀台灣與大陸學者參加，台灣被邀參加的有李雲漢和劉紹唐（傳記文學發行人）。

又在唐德剛、吳天威、朱永德等人的熱心推動下，為了共同促進中日關係歷史演變的深入研究，以提供作為未來中日兩國合作方向的參考，特結合中日兩國學者，於1995年8月在香港中文大學舉行「第一屆近百年中日關係」研討會，邀請美加、新加坡、香港、澳門及兩岸學者參加。會議共宣讀59篇論文，會後由蔣永敬、吳天威、譚汝謙、張玉法四人主編，交由中華民國史料研究中心出版論文集。

（二）破冰之旅──大陸學者出席政大「黃興研討會」

從1982年4月的芝加哥研討會到1992年5月的黃興研討會，整整經過十年的醞釀，大陸學者終於衝破重重障礙，首度應邀到台灣參加黃興研討會，完成了歷史性的破冰之旅，從此「兩岸猿聲啼不住，輕舟已過萬重山」。

主辦會議的政治大學本來邀請大陸學者張海鵬、尚明軒、韋杰廷、章開沅、姜義華、李喜所六位教授來台，但因好事多磨，由於簽證問題，最後只到了張海鵬、尚明軒、韋杰廷三位。破冰之旅，得來不易。負責籌備，甚至親自前往香港接機，協助辦理各項手續的歷史所所長胡春惠教授最為辛苦。會後，他不無感慨地說：「大陸數名教授趕來赴會，不僅突破了北京和台北兩邊的重重障礙，也是大陸學者正式受到邀請，集體到台北出席會議的紀錄的開創者。」

（三）邵玉銘與「聯合報系文化基金會」扮演的角色

在早期兩岸史學交流方面，聯合報系扮演了相當重要的角色，因為它可以提供比較充裕的經費，有大眾媒體（聯合報、民生報和歷史月刊）可以加強報導，更重要的是它有一位學歷史出身的執行長。在邵玉銘卸任新聞局長，出任聯合報系文化基金會執行長後，積極想有所作為，舉辦「中國歷史上的分與合」學術研討會，便是其中一項開大門、走大路的創舉。

是會，由聯合報系文化基金會出錢出力，邀約中央研究院歷史語言研究所與近代史研究所兩所及台灣大學、師範大學、政治大學三所大學的歷史系所協辦，組成了一個籌備委員會，邵玉銘任召集人，各協辦單位的所系負責人管東貴、陳三井、張秀蓉、王仲孚、張哲郎，還有中國歷史學會的祕書長王壽南，加上中央研究院院士張玉法共八人為籌備委員。籌備委員會在聯合報大樓開了不少次的會議，終於敲定了邀請十位大陸學者來台，其名單如下：

劉家和（北京師大）
吳榮曾（北大歷史系）
田餘慶（北大歷史系）
王天有（北大歷史系）
朱瑞熙（上海師大）
吳　楓（東北師大）
李治亭（吉林社科院）
關　捷（東北民族學院）
茅家琦（南京大學台灣所）
張憲文（南京大學歷史所）

　　研討會於1994年7月中旬假中山南路的國家圖書館舉行，共宣讀22篇論文，並邀請余英時、許倬雲兩位教授發表專題演講，講題分別是「中國歷史上政治分合的基本動力」和「體系網路與中國的分合」。會後，並由聯經公司出版《中國歷史上的分與合學術研討會論文集》。

（四）近史所接棒當仁不讓

　　台灣史學界邀請大陸學者來台北開會，1992年政治大學的「黃興研討會」開了先例，著了先鞭；其次是1994年聯合報系主辦的「中國歷史上的分與合延討會」，創了規模，締造盛史。隨之而來的，由中研院近史所於1995年1月接辦的「第三屆近百年中日關係研討會」，則創了大陸來台開會學者最多的紀錄。由黃興之會的三人到「中國歷史上的分與合」的十人，這次則是十四人，而且大多數是近代史學者，其名單如下：

　　　　余繩武（中國社科院近史所）
　　　　張振鵾（中國社科院近史所）
　　　　陶文釗（中國社科院近史所）
　　　　龔書鐸（北京師大）
　　　　楊惠萍（大連大學）
　　　　易顯石（遼寧大學）
　　　　劉恩格（齊齊哈爾師院）
　　　　關　捷（東北民族學院）
　　　　方慶秋（南京二檔館）
　　　　孫宅巍（江蘇社科院）
　　　　翁　飛（安徽社科院）
　　　　張富雄（廣東社科院）
　　　　吳雁南（貴州師大）
　　　　劉申寧（深圳行政學院）

　　繼香港、北京之後，近史所接棒主辦「第三屆近百年中日關係研討會」，自然當仁不讓，義不容辭。但中研院近史所是個隸屬於總統府下的公家機構，對這項突如其來的任務，事先並沒有編列預算。身為所長

的我，除了成立籌備委員會與香港、北京和美國三地商洽邀請對象外，還得到所外化緣找錢，最後沒有想到的是北京還送來一顆未爆彈，幾乎造成難以收拾的大災難！這件事有待第三段分解。

（五）張玉法院士的大手筆

談兩岸近代史學術交流，不能不提張玉法這張王牌人物。中國近代史學會成立不久，在創會第一任會長張玉法院士的領導下，推出一項石破天驚、魄力十足的新猷，於1995年9月1日至3日假中研院近史所舉行「慶祝抗戰勝利五十週年兩岸學術研討會」。

是會除由聯合報系文化基金會贊助新台幣二百萬外，並聯合政治大學歷史系所、東亞研究所、中研院近史所、太平洋文化基金會協辦。贊助單位尚有知行文教基金會、華視文化教育基金會、中國電視公司、台灣電視公司、中國廣播公司、台灣水泥公司、傳記文學社等，真是得道者多助，大家為了兩岸學術交流都願共襄盛舉。

這次盛會與以往三次研討會最大的不同，就是廣邀三十二位大陸學者來台，在人數上創下新紀錄。因篇幅所限，名單不備舉，但可以說幾乎網羅到大陸各個省區以及社科院、高校等單位的知名學者，如章開沅、楊天石、楊奎松、張憲文、陳紅民、陳謙平、石源華、馬敏等人，堪稱在台灣難得一見的史學盛會。

三、學術交流過程中的幾股逆流

自兩岸學術交流以來，風風雨雨，並非一帆風順，其中甘苦真是滿腹辛酸無人知。茲舉數例略作說明如下：

（一）所謂「吳三桂」說

在廣州方面，從1979年至1986年，至少已舉辦過四次紀念孫中山的研討會，但因兩岸不來往，尚未公開邀請台灣學者參加。直至1990年的「孫中山與亞洲」國際學術研討會，始首次邀請台灣學者出席。1990年台灣學者赴大陸開會，尚早於1992年大陸學者的來台開會，由於是兩岸學者第一次在境內接觸，故狀況百出，衍生出不少問題來。

第一個問題：中華民國政府教育部認為，學者赴大陸開會師出無名，不符合規定，最初並未批准，後來經與會學者聯名要求，改以「探

親」名義，順道參加。

第二個問題：這時台灣人民除探親外，赴大陸參加任何會議，仍屬敏感問題，美國賓州大學教授張旭成在美國眾議院外交委員會亞太小組的某次聽證會上曾說：「凡主張中國人內部應求同存異、自立自強謀求民族長遠利益的統一論者，也就是出賣台灣人民利益的現代吳三桂」。這就是「吳三桂說」的由來。1991年11月26日，《自由時報》刊出立委葉菊蘭的質詢，指8月初應邀參加北京「兩岸論壇」的學者為急統派，是出賣台灣利益的吳三桂。這些學者包括紐約大學的熊玠、東吳大學的曾祥鐸、東海大學的魏元珪、世新大學的王曉波。

1992年7月26日，中國國民黨中央委員會大陸工作會副主任蕭行易向《台灣時報》透露，5月下旬中共在一項對台工作會議上，曾經鎖定十位台灣學者為對岸文化、學術統戰的對象，其名單包括胡秋原、陳映真、王曉波、雷瑜齊、段宏俊、張曉春、林正杰、曾祥鐸、李慶華、張平沼。

（二）所謂「一中一台」、「兩個中國」問題

在中研院近史所主辦「第三屆近代中日關係」研討會，萬事俱備，即將開鑼前夕，大陸團長、前中國社科院近代史所所長余繩武突然發來了一封傳真，特別聲明，「我們是以個人身分赴台，而非代表團體、組織」，故在討論會上，不希望「出現有傷兩岸學者感情的問題，如『一中一台』或『兩個中國』、『台灣獨立』等問題」這封信大概是國台辦等有關單位要求他們表態的。這是一顆未爆彈，如果稍一處理不慎，很可能搞砸了研討會。但我覺得事情並不如想像的悲觀、嚴重，立即擬好稿子以傳真答覆，強調「中研院本是一個學術研究機構，為海內外所共知。此次主辦會議，必定基於過去傳統，一秉學術立場，客觀討論，絕不涉及政治敏感問題，不會出現有傷學者感情的問題，……相信兩岸學者必有共同理解。」這封傳真所幸及時拆掉引信，大陸學者如期前來，沒有釀成難以收拾的大災難！

（三）旗像問題的困擾

1996年8月中研院近史所與華僑協會總會合辦「華僑與孫中山先生領導的國民革命」研討會，共邀請大陸學者桑兵、林家有、周南京、莊國土、黃昆章、俞辛焞、林金枝、譚天星等二十位僑史學者來台開會。

臨開幕前夕，隨團秘書長馮宏光（代表中國海外交流協會）突然提出兩個棘手問題：一是會場不得出現旗像；二是陸委會與僑委會等官方機構的宴客，不便接受。

這真是節外生枝，無中生有。雙方經過緊急而馬拉松式的徹夜溝通談判，終於各讓一步，有比較圓滿的解決。事實上，中研院是個學術機構，我們平常開會的地點從不懸掛國父遺像或擺置國旗。倒是移師華僑協會會場，舉行閉幕式時，鐵城堂上原就有國父遺像、國旗的，但為了增加一些貴賓的座位到台上，很自然地把兩旁的國旗挪開了。至於官方宴客時，不想參加的可以不必勉強，而以半數以上出席為原則。及至用餐時，兩岸學者有說有笑，談得很愉快，事先的種種顧慮完全不存在。可見有些事情水到渠成，事先大可不必小題大作。

（四）錙銖必較為哪樁？

兩岸近代史學術交流，除了上述的一些困擾外，大半的台灣學者還會碰到一些微不足道，被打臉矮化的若干小動作，心裡雖不滿意，但多半不予計較或採息事寧人態度，不了了之。

首先是對台灣學術機關名字之不尊重。例如大學不能出現「國立」字眼，遇到「中央研究院」不是加括弧，便是乾脆避用，甚至在「一個中國」框架原則下，主動為台灣學者冠上「中國台北近代史研究所」字樣。又如筆者曾答應大陸某期刊掛名編委，其結果常在本人的名字後面自動加上「中國台灣」四個字，令人啼笑皆非。

其次，大陸對「中央研究院」這個名稱特別敏感，大概認為台灣當前仍是中國的一個行省，怎能僭稱中央？所以處處提防，處處設限。我們在邀請大陸學者來台訪問或開會的邀請函上，往往不能印在帶有「中央研究院」字樣的信紙上，而常被要求改用空白信紙處理。在我們看來，學者的這些不情之請，並非他們的本意，故只能「曲為諒解」，否則交流這齣戲便唱不下去了。

四、盛開的花蕊不怕凋謝

筆者自1994年12月首次登陸，參加南京大學主辦的第三屆中華民國史討論會以來，二十年間所出席的兩岸近代史學術研討會，論次數實難以計算，論足跡則遍及大江南北，包括長春、承德、北京、上海、

南京、杭州、武漢、廣州等地。而在國內舉辦的重要學術研討會，亦幾乎無役不與。茲就個人兩岸奔波所得，提出幾點淺見，以就教於同行、同道。

（一）主辦單位的輪替

先說台灣方面：

早期中研院近代史所大致扮演了交流的舉足輕重角色，經常召開大型研討會，大陸學者也以能爭取到中研院開會為榮。後來近史所政策逐漸改變，常化整為零，或改採小而美型態，降低了學術的全面領航作用。

國史館早期以召開國內會議為主，甚少與大陸交流。自呂芳上接任館長以後，由於大環境丕變，加上政通人和，逐漸扮演起近代史學術交流的龍頭角色，取代了近史所的地位。

國父紀念館在前後幾任館長的積極努力下，初期以孫中山與現代中國為題定期主辦研討會，大陸學者頗為捧場，績效可觀。

在大學方面，政治大學引領交流風騷，其他大學則偶一為之，端視經費與主事者的態度而定。倒是香港的珠海、浸會兩大學，持之以恆，在兩岸交流史上有其地位。

再說大陸方面：

大陸的大型研討會集中在北京（以中國社科院近代史研究所主辦的「近代中國與世界」研討會為主），南京（以南京大學民國史研究中心主辦的「中華民國史討論會」為主）、廣州（以中山大學等相關單位主辦的「孫中山研討會」為主）、武漢（以中國史學會和湖北社科院等單位合辦的「辛亥革命研討會」為主）四個重鎮。近年來，浙江大學在陳紅民教授主持下成立「蔣介石研究中心」，定期舉辦有關蔣介石的研討會，堪稱異軍突起。其他內陸或西南的大學，或因經費難籌，或因人力不足，較少舉辦近代史研討會，未能遍地開花，多邀兩岸學者與會。

（二）邀請對象的選擇

一場或一次研討會成不成功，作為主角的出席人最為重要，故主辦單位莫不精挑細選。一般而言，近史所或國史館的邀請對象比較嚴謹，多為大陸科研單位或高校A咖名教授或後起之秀。國父紀念館比較能顧

及地區與高校的平衡，除學術交流外，多少亦兼顧聯誼作用。

（三）會後參觀、論文集出版等問題

大陸名勝古蹟景點多，研討會在景點（如承德、奉化等）舉辦，或會後兼有一、二日的名勝古蹟之旅，「寓開會於旅遊」，有其吸引力和優勢。學者藉此大江南北走透透，遍訪名山大川，何樂不為？同時，亦能藉此促進兩岸學者深化友誼，可謂一舉兩得。

台灣的情形稍有不同，限於經費，囿於人力，主辦單位（除國父紀念館外）通常不敢有此規劃。頂多辦個半日遊，通常復以大陸學者為限，坐失兩岸學者除了「坐以論道」之外，還可以深化感情交流的大好機會！

會後論文集的出版，應是負責單位留下業績、傳之久遠的重要成果。台灣的機構有年度預算、決算的壓力，通常都能在規定期限內出版並寄發，善莫大焉！大陸有必須將全稿往上送審的壓力，有交付外面出版機構出版的作法，有時加上字數龐大，校對費時，往往積壓多年尚不見天日，令提交論文者翹首，年復一年空望！

五、未來展望

最後談一談未來展望。

雖然，我相信，兩岸學術交流應是不可逆轉的盛事；

雖然，我認為，盛開的花朵不怕風吹雨打。

但對於520之後的近代史學交流，還是頗為擔心的，至少不可避免的會產生質變與量變的問題。

首先，如果研討會主題談的不再是孫中山，不再是辛亥革命，不再是與抗戰有關的近代史問題，而是比較狹窄、意識形態濃厚，充滿以轉型正義為名，進行扭曲史實的課題，敢問在座的大陸學者朋友，他們還會有興趣再來台灣嗎？

其次，交流除了論學之外，主要也是交朋友、套交情。台灣同行之所以一而再、再而三的到大陸出席各式各樣的研討會，有大部分是盛情難卻，為捧場而去。同樣的，大陸同道朋友，一再穿梭兩岸來台灣出席各種會議，絕大多數也都是一種交情的反射。

人對盤了，情誼在，才能迸發交流的美麗火花，讓交流的康莊大道

持續向前邁進！

（原載：呂芳上主編，《三十年來兩岸近代史學交流的回顧與展望
　　　　（1980-2010），世界大同文創公司，2017年6月，頁45-53）

第四輯　蜘蛛喜結網

赤手擎天，柱撐半壁河山
──淺談台灣對鄭成功的傳說和評價

　　大凡一個偉大人物的誕生，不僅震撼了他那一個時代，並且影響了長遠的後世，鄭成功就是這樣一個典型人物。他的抗清復明，驅荷開台以及向海洋發展等諸般不朽志業，不僅在中國歷史上燦爛耀目；而他忠於故國、遺部綿延所保存的民族思想與革命精神，也間接開啟了中國現代史的契機。這志業與精神兩方面的開創性貢獻，在臺灣都廣受推崇並獲得肯定。

一、民族英雄的典範

　　提起鄭成功，在臺灣可說是個家喻戶曉的英雄人物。從小學教科書到大學歷史教材，甚至一般政論性、社教性的刊物，都把鄭成功塑造成一個「移孝作忠」、「反清復明」、「愛國保種」的民族英雄典型。而在文獻界、學術界，有關鄭成功史事的研究特別興盛，其成果可謂洋洋大觀。甚至為鄭成功登陸的地點和時間發生論戰，好不熱鬧。

　　當國民政府播遷來台之初，由於標榜以台灣作為民族復興基地，為了激勵民心士氣，鄭成功那不屈不撓、堅貞奮鬥的精神，遂成為一種政治號召和褒揚學習的榜樣。

二、有關鄭成功的傳說

　　鄭成功一生深具傳奇性，臺灣民間留下了許多有關他的傳說，可見他深得民心，遺愛在民間。在此且舉一些比較有趣的例子：

1.國姓魚

　　本省的虱目魚，又稱國姓魚。相傳係國姓爺來臺後才發現的，所以叫國姓魚。又國姓埔海邊出產國姓蟯及�鱟魚，又稱國姓魚，據說均為國姓爺帶來臺灣的。

2. 國姓井

在臺中縣大甲鎮鐵砧山南坡，有一井叫「國姓井」。相傳鄭成功率軍北上，進駐大甲，經鐵砧山，水源斷絕，軍士苦渴，鄭成功乃禱告於天，然後拔劍鑿地，甘泉隨之湧出。其後鄉人遂立碑，稱「國姓井」。

3. 鶯歌石

在臺北縣鶯歌鎮東北隅的山上，矗立著一塊巨石，形狀宛如鶯歌斂翼棲息，人們遂把那塊巨石喚作鶯歌石。相傳這巨石是一隻鶯歌精，當鄭軍北上路過此地時，鶯歌精即噴出煙霧把路濛住，軍隊因而迷失方向。鄭成功見狀大怒，便以大砲襲擊，一砲將它的嘴打缺一角，煙霧隨之消散，而鶯歌精從此變成了石塊，不再作怪。

4. 劍潭

劍潭位於今臺北市中山北路中山橋東側，基隆河轉彎處。相傳鄭成功揮軍北上，來到劍潭，正欲領兵將渡河，潭底的千年魚精出來興風作浪，阻撓鄭軍渡河。鄭成功見狀大怒，於是拔劍投諸潭心以斬妖精。妖精雖被誅除了，但寶劍也從此長沉於潭底。其後，每逢月晦或颱風落雨時，寶劍必發出它的光芒來，以示不畏淫威。

5. 龜山島

位於宜蘭縣東方海面上，據說鄭成功行軍至該處海邊時，有大龜精在吐霧迫近海岸，好像要吞沒鄭軍士兵。鄭成功乃下令對龜精射了一砲，龜精便沉下海去，不多一會卻又浮出，變成了今日的龜山島。

6. 東海長鯨

鄭成功未病時，他的部下曾夢見一人冠帶騎馬，前導成功，騎鯨出了鯤鯓入東海而去。不久，鄭成功即病逝。所以，相傳鄭成功係東海長鯨所投胎轉世。

三、寓意深遠的節日

從臺灣民俗的兩個節日中，亦可看出人們對鄭成功的忠於故國、富

有民族精神的崇敬思念：一為三日節，另為一為太陽公生。按臺灣祭掃祖先墳墓的節日，亦有兩個，一稱三日節，古稱「上巳節」，固定於每年農曆3月3日舉行，故亦稱為「死節」；又一叫做「清明節」，於春分後第十五日舉行，大約為公曆4月5日，因為日子沒有固定，所以稱為「活節」。既為同一祖先又操同一方言的本省人，對祭掃祖墳，為何要在兩個節日分別舉行呢？考其原因，有三種傳說，其中之一與鄭成功有關。據說鄭成功在福建南安石井時，於清明日看見家家戶戶都上山掃墓，耳所聞都是「清明」一詞，一時感覺不快，因「清」在「明」之上，而且可以解釋為清除明朝之意，以為不吉祥，隨即下令把掃墓改在「上巳節」舉行。

三日節過後第十六日，就是太陽公生日。是日上午家家戶戶在庭裡，面向東方置一小桌，桌上擺著燭台煊爐祭果及餅製小型九隻豬和十六隻羊。於是，婦女們燒香，虔誠地望著太陽遙拜與祈禱。這個節日，相傳也是由鄭氏遺留下來的一個富有濃厚民族精神的祭典。按3月19日為明思宗（崇禎帝）殉國之日，惟祭典之地點與其他節日不同，一定要在屋外者，因屋外光明，取意於「明」，再點燭照耀，更有「大明」之意。至於所供祭品用九豬十六羊，更含有誓欲殺盡滿人與漢奸之深意！

四、驅荷開台，建樹永垂千古

要評價鄭成功，大致可以從他偉大人格及豐功偉業兩方面著手。臺灣鄭氏宗親會會長鄭彥棻在《鄭成功傳略》一書中指出，鄭成功之所以能永垂青史而為後人所景仰，主要他具備了下列四種精神：一為民族大義的愛國精神，二為移孝作忠的儒家精神，三為創業圖治的建設精神，四為大公無私的治事精神。言簡意賅，把鄭成功的不朽精神做了最傳神的詮釋！

論鄭成功的功業，當以驅逐荷蘭人，收復臺灣居其首。這方面論者甚多，拙編《鄭成功全傳》綜合各方意見，歸納其意義如下：

就政治上的意義來說，第一，恢復臺灣這一片乾淨土，保存故國衣冠於海隅，使不願臣服於清人的流亡宗室、忠臣遺老、避秦義民，有一個廣大、安全而富庶的地方可以安置，這在政治的意義上是值得重視的。因為其後延續了永曆正朔有二十餘年，對於鼓舞大陸人心，自有其深遠的影響。第二，和滿人作戰，一方面需要一個安定的後方，一方面

需要經濟上的支持，臺灣既復，地區之廣大，足以屯兵、練兵，更足以休養生息、生聚教訓，使反清的人力資源不斷繁衍壯大。

就國防軍事的意義而言，臺灣是中國海防的戰略據點，就西太平洋來說，形勢之優無與倫比，因此在早期極易引起外國之覬覦。鄭成功對荷蘭的軍事行動，是中國人第一次收回歐洲的殖民地。其後，他不但大量開拓土地、設官置守，而且杜絕了紅夷（荷蘭）、佛郎機（西班牙）和倭寇（日本）等再對臺灣有所覬覦，這實為中國海防上的一大貢獻。

就社會經濟的意義而言，臺灣在荷據時期，不脫殖民地性質。荷人起初為了他的商業利益，還間接支持生產工作，如吸收移民、開闢農田水利之類，後來只知重利盤剝，專事掠奪了。故在荷人統治三十八年期間，臺灣土地並無私有的形態出現，人民（漢人和番人）在協墾關係下而為所謂的「王田」工作，重重的田賦、佃租壓得他們透不過氣來。到了鄭成功時代，延平王本來是藩主，而他的宗黨和文武官員是領主，百姓和土民是佃農，也是商人，是小手工業者，頗有構成一個初期封建制度社會的可能。因為它的屯田辦法，已將人和土地關係改變了，田有官私，則資本的原始積累已有可能。同時因土地私有一出現，農民的勞動興趣提高，而生產力便逐漸發達了。

就文化上的意義而言，鄭成功不但延續了明朝的正朔，也把大陸的制度文化隨著大量移民而移入臺灣，成為引導臺灣社會發展的一個精神力量。這種精神力量分開而言，有移民精神、革命精神、創業精神和愛國精神，而歸結於「愛國保種」四個字。正如德人魏斯（Dr. Albrecht Wirth）所言：「對於台灣，中國血統和文化之侵入是一件劃時代的事件。這件事在整個延續數千年的本島發展過程中是最重要的。」

綜上所述，鄭成功的復臺，不論從哪一方面來說，都有它的重大意義。這也正是鄭成功在歷史上的地位特別值得大家推崇的理由！

五、壯志未酬，缺憾還諸天地

「創格完人」鄭成功在性格上並非完全沒有可議之處。臺灣史學界對此雖不諱言，但往往給予合理化的解釋。譬如有人評論他「英年得志，局量未宏，不能容人」，郭廷以指出，這是只知其一不知其二，這正是他崇尚法治，不徇私情之處。論者又以為，鄭成功的「用法嚴峻，果於誅殺」，造成了「人心惶惶，諸將解體」的局面。李國祁認為，鄭

成功治事嚴峻實是儒者公忠體國的表現，希望經由嚴刑峻法的治事風尚，而達成建立仁義之師，扭轉世風，實成反清復明的大業。事實上，鄭成功並非嚴厲到只罰不賞，毫無人情。個人以為，嚴刑峻法在開國創業的非常時期，在大敵當前的生聚教訓時候，自有它的合宜之處。問題在於執行時，必須絕無偏私，一秉至公，如此官吏軍民均有所畏懼，而不敢不守法，然後才能建立一個有組織有綱紀的政府。鄭成功在世之際，由於這種大公無私政策的貫徹實行，結果所致，百姓安堵，社會熙縕，秩序井然，其治績之昌明，甚至清代史家也對之頗有好評。

鄭成功畢生最大的憾事，當為未能為明朝光復大陸，這是他十餘年來枕戈泣血，朝夕所不能忘懷的奮鬥目標。

但歷史不該以「成敗論英雄」。張雄潮說得好：「鄭成功的一生，處於可如何之境，得未曾有之局，以其螳臂之勢，縱橫大敵，逐紅夷於海上，闢地千里，為有明碩果之存，……一個對民族國家創下英雄事業的人，固然有他部分先天的稟質，不一定是『出乎類拔乎萃』的天才，何況『人而不遇，雖天生俊傑，亦未嘗得伸其志』。故自古埋沒的英雄，多於出頭的英雄，凡是英雄的志業，無論所謂英雄造時勢，亦無論理論與事實，都有其環境的趨勢和時代的背景，是英雄的造就，屬於稟質的，僅有十之二三，寓於後天的，則有十之八九，而先天的稟質與後天的造就，都有其淵源，既非神化，亦非特出，……總之，鄭成功於父降母殉之後，負彈丸二島以當大敵，其遭際處境，雖有其千古之所難者，但亦有其千古難遇的幸運，其功業雖非超前邁古，但亦有其千古所未見的創勳，皆不可『一以方之』，只從一個角度來論斷其得失。綜其一生志業之成就，實有各方面的原因，各方面的憑藉，同時亦有其必走的道路，並非偶然，亦無奇蹟」。

張旭成認為鄭成功是一位愛國者、民族主義者與開國者。他這樣說：「雖然鄭成功未能完成驅逐韃虜、恢復大明的壯志，但他從荷蘭人殖民枷鎖中拯救臺灣，仍堪稱一項偉大的成就，足使他成為中國歷史上的民族英雄。他將中國百姓移往臺灣，樹立各項宏規，為臺灣未來的發展奠定了基礎，遂使他自己成為傑出的臺灣創造者。尤有進者，他收復臺灣，並使臺灣成為純中國的社會，所具歷史性結果影響到19世紀，乃至目前的東南亞國際關係；就此而言，其功績即足以使他永垂不朽」。

以上所述，大致可以反映，臺灣多數人對鄭成功的看法與評價。

六、三百年來，常留民族師表

　　1961年4月29日，臺灣省各界曾假台南舉行「鄭成功復臺三百周年紀念祭典」，一時盛況空前熱烈，臺灣郵政管理局也發行「鄭成功復臺三百周年紀念郵戳」，以為紀念。此後每逢鄭成功登陸的這一天，各界都有紀念慶典，今年屈指算來將屆三百二十九年矣。

　　台南延平詩社為慶祝鄭成功復臺三百周年，曾舉辦徵詩活動，茲選錄其中一首七言詩，做為本文的結束。詩云：

　　　　孤臣矢志誓扶明，半壁河山一柱撐；
　　　　大義精忠參武穆，驅荷抗滿憶延平。
　　　　雄風永逗紅毛井，偉績長留赤崁城；
　　　　盛典恭逢三百載，咸歌聖德拓蓬瀛。

（原載《國文天地》，第5卷第11期，1990年4月）

近代法國史上的黨爭

　　德雷福斯事件是近代法國史上影響最深遠的一次政治鬥爭事件。這個事件原為單純的疑似間諜事件，然而事件的發展過程卻捲入了國內左右派系相互攻訐、傾軋的鬥爭；最後幾乎導致整個國家的內戰與分裂。事件最後的結果，德雷福斯雖然被證實清白而獲平反，但從整個事件發展過程來看，這場派系鬥爭所引發的創傷，豈是德雷福斯個人而已。

　　法國素來以情緒紛爭（conflits sentimentaux）頻仍著稱，因而黨爭連綿不斷，且常與宗教信仰糾纏不清，1894年發生的德雷福斯事件（Dreyfus Affair），便是一個極顯明的例子。此一事件不僅引發了法國長達七年的第三共和內政危機，且導致日後派系壁壘分明，政潮澎湃，幾致國家分裂，對法國政治、社會、文化等各方面均造成莫大的損害，並帶來無比的衝擊。

一、一位猶太籍的法國軍官

　　阿弗列‧德雷福斯（Alfred Dreyfus, 1859-1935）是位法國陸軍上尉，1859年10月9日出生於法國東部阿爾薩斯（Alsace）省的木路斯（Mulhouse）市的一個富裕猶太家庭。法國在普法戰爭戰敗後將阿爾薩斯割給了普魯士，不願作亡國奴的阿弗列遂於1871年離開故鄉，遷居法國；其後並考入軍校就讀，二十一歲擔任軍官，1894年被分發至陸軍參謀本部工作。雖屬棄地遺民，但能力爭上游，看來前程似錦。

　　新挫後的法國，可謂屈辱之情與悲憤之感雜然並陳，因此在政治上出現兩種極端難以相容的主張：一是所謂「復仇派」，雖則懷憂喪志，一心韜光養晦，但無時無刻不以復仇為念，眼光一直停留在「臥茲山翠綠的邊界」（Ligne bleue des Vosges），主要以收復阿爾薩斯、洛林二省為目標；一是所謂「殖民派」，認為法國雖遭挫敗，但並未窒息國人對外擴張的天才；挽回一時失勢的最佳辦法，莫過於對外殖民。誠如有「近代法國殖民擴張使徒」之稱的茹費理（Jules Ferry）所言，「法國

不該沉湎於對流血不止傷口的沉思，不能永遠想著阿爾薩斯、洛林的問題，而應該從『臥茲山翠綠的邊界』轉移目標到別處」。換言之，法國若不對外殖民，這個國家就會從第一等強國，一降而為三等或四等國家。

而無論對德國復仇或對外殖民，其終極關懷無非想帶給法蘭西以光榮和偉大。而要帶給受挫後的法蘭西以光榮和偉大，一切唯有寄託在軍方和軍人身上。軍人身負此重責大任，無形中變成「天之驕子」，其一舉一動也就成為全國注目的焦點。軍人講求紀律和效率，與腐敗而綱紀不振的行政體系相比，自然在自信中亦流露出幾分自傲，但自信過度易流於偏執，自傲也容易償事，以上可以說是德雷福斯事件發生的時代背景和社會心理因素。

二、事件的來龍去脈

事件始於1894年9月。在巴黎的德國駐法武官已丟棄的字紙簍中，被發現一封類似「清單」（bordereau）而未署名的信件，允諾提供德方以各種軍事情報，其中不乏屬於高度機密者。這可以說是件單純的販賣軍事情報案。事件一發生，包括陸軍部長墨西耶（Auguste Mercier）在內，幾乎人人相信，必是某位消息靈通人士所為。當德雷福斯的筆跡被證明與「清單」上的筆跡相吻合時，他便於10月15日遭到逮捕。經過軍法審判，同年12月，以間諜叛國罪被處以終身監禁，發配到法屬圭亞那附近的惡魔島（Devil's Island）執行。

德雷福斯雖然在審判過程中提出申辯，筆跡專家其實也難以完全斷定筆跡的真假，但在當時排猶主義聲浪高漲下的法國，這位不幸的被告仍然做了時代的犧牲者，一者因為血緣上他是猶太人，信仰猶太教；一者他與德意志佔領下的阿爾薩斯尚有一層地緣關係。所以在「欲加之罪，何患無辭」的情況下，他真是孤掌難鳴，百口莫辯，獨力難回天！

不久，新上任的情報司長皮卡上校（Colonel Picquart）發現，法方軍事情報照樣繼續出售，於是著手展開調查，且將箭頭逐漸指向伊斯特哈齊少校（Maj. Ferdinand Esterhazy），因其手跡與德雷福斯文件相近似，種種跡象更顯示，德雷福斯不過是別人的替罪羔羊。皮卡上校於是向上級報告，並請求重開法庭審判。令他驚訝不已的是，軍方為了榮譽並不使政府蒙羞，卻選擇息事寧人的淡化措施。皮卡旋即遭到調職處分，代之以亨利少校（Maj. Hunert Henri）。亨利少校不但效忠軍方，

且與涉嫌最大的伊斯特哈齊少校是好友，在上下天衣無縫的配合下，他不僅竄改了皮卡所搜集的證據，並力圖讓事件的發展對德雷福斯更加不利。所幸，皮卡上校在被調職之前，已將所有證據拍照存真，使製造偽證者無所遁形。

至此，伊少校這個「藏鏡人」已成為媒體公開點名，呼之欲出的人物。不料經過一場審判，軍事法官仍然相信德雷福斯有罪，因為更多有關他的犯罪資料不斷湧入祕密檔案中，因此法官們得以振振有詞地為伊少校洗脫。結果於1898年1月，伊少校竟獲判無罪開釋。

三、大文豪左拉挺身而出

前後兩次的判決，是否公正？軍方的立場是否不偏不倚？引發法國社會的熱烈質疑，稱得上群情洶湧，各黨各派也藉機蠢蠢欲動。

其中以自然主義的宗師大文豪左拉（Emile Zola, 1840-1902）的持論最為尖銳激烈。在激進派眾議員克里蒙梭（Georges Clemenceau, 1841-1929）的支持鼓勵下，在《震旦報》（L'Aurore）上發表致總統的公開信，並以「我控訴」（J'accuse!）為題，直指參謀本部罪證薄弱，蔑視人權，誣陷無辜！法陸軍當局因而惱羞成怒，反控左拉毀謗罪，隨後並公開通緝左拉，迫使左拉不得不流亡海外，避居英國。

其後，事情有一連串戲劇性的發展。

先是，義大利駐法大使向法政府表示，有一份用以指控德雷福斯罪名的文件是偽造的。

接著，有偽造文件之嫌的亨利少校畏罪自殺。

最後，真正的間諜伊少校一度出逃至英國，終於俯首認罪。儘管有這急轉直下的發展，但德雷福斯尚未獲得平反，事件並未結束。

自德雷福斯間諜事件發生後，法國幾乎全國騷動，呈現熱鬧滾滾的現象，因此而把法國劃分成兩大壁壘分明的陣營：

一稱「擁德雷福斯派」（Dreyfusards），主張德雷福斯案應加重審，成員以激進派（Les Radicaux）、社會主義者為主，並包括部分反軍國主義的中產階級以及反教權派人士，他們組織「人權同盟」（La Ligue des Droits de l'Homme），以為聲援。

一稱「反德雷福斯派」（Anti-Dreyfusards），多屬右派人士，包括保皇派、軍國主義者、主張教權人士以及仇猶、排猶分子，他們先後組

織「排猶同盟」（La Ligue Antisémite）、「愛國者同盟」（La Ligue des Patriotes）、「法蘭西祖國同盟」（La Ligue de la Patrie Française）等團體鼓吹，並有《十字架》（La Croix）、《自由言談》（La Libre Parole）兩報為其喉舌。

雙方旗鼓相當，為德雷福斯案叫陣對罵，層次節節升高，甚至發生新總統在跑馬場當場受辱事件，可見左右兩派政爭之激烈。

1899年，該案經軍事法庭於雷恩（Rennes）複審，仍判德雷福斯十年徒刑，但總統為消弭支持與反對德雷福斯兩派的政治爭端，以「罪情可憫」實施特赦，但直至1906年7月始由最高上訴法院推翻以前全部罪名，德雷福斯終於獲得平反。

平反後的德雷福斯晉升少校，並獲頒榮譽勳章。其後參加第一次世界大戰，並以中校職位退役，1935年7月12日在巴黎逝世。為德雷福斯案平反建功的皮卡上校，其後升為將官，並於1908年出任陸軍部長。

四、衝擊及其餘波

德雷福斯事件最初只是一個單純的間諜事件，其後卻成為左右兩派較勁的對象，其爭執的焦點主要有二：（一）該不該以國家的理由或軍事首領權威為名，而將一位無辜者定罪？（二）人權的考慮是否應置於其他一切考慮之上？

德雷福斯事件前後擾攘十多年，對法國自是有重大的影響，主要有以下幾方面：

（一）法國自經歷布朗熱主義（Boulangisme）、巴拿馬醜聞以至德雷福斯事件之後，社會呈現空前混亂，一股與共和作對的勢力死灰復燃，不但險些釀成1899年的一場政變，且幾乎引領法國走向內戰的邊緣。

（二）法國因德雷福斯事件政爭不斷，一方面轉移了國內輿論的注意方向，使之無暇外顧；一方面又因「家醜」外揚，為歐洲強國所輕視恥笑，失去應有的尊敬與尊重，在外交上呈現孤立，更難以在國際事務上採取積極的回應。

（三）德雷福斯事件結束投機派（Opportunists）的統治與中產階級政府的支配。激進派共和黨人取而代之，他們特別代表小資產階級，諸如店鋪主、事務員、中小學校長與小公務員

等。激進派在社會黨支持下，控制了政府，並在第三共和所剩餘的大部分時間裡，一直是個有影響力的執政黨。

（四）在事件的餘緒裡，軍隊亦趨於共和化，政府得控軍權。在此事件中妥協的軍官，有的被解職，有的改調，國防部也取代軍官團而掌管人事的升遷。

（五）此案當然也瓦解了保皇黨的勢力，使他們從此一蹶不振，復辟成為夢想。

（六）而受衝擊最大的，乃是天主教勢力。自1901年至1905年間，第三共和通過一連串的法案並採取各種措施，以打擊教會。其中較著者有1901年的「結社法案」（Association Act），禁止未經政府許可之宗教團體存在（有一百三十五個宗教教團被解散，財產被充公），其會員不得充任教職，教會學校被封閉者約一萬間左右，其仍在國立學校教書的修士與修女悉遭開革。1905年有「政教分離法案」（Separation Law），保障信仰自由，解除政府和教會的關係，政府不再任命教職和支付教士薪水，取消了自1801年「政教協定」（Concordat）以來所建立的政教關係。

這一連串法案和削弱天主教勢力的措施，使得法國與梵蒂岡的關係惡化，雙方終於斷絕外交關係。

（原載《歷史月刊》，第71期，1993年12月）

口述歷史的理論及其史料價值

　　所謂「口述歷史」（oral history），套一句旅美史學家唐德剛先生的話，並不是個「新鮮的玩藝」，而是「我國歷史學裡的古老傳統」。十口相傳，即為「古」，可惜這個了不起的「口述」傳統，後來我國的史學界卻沒有認真的承繼。

　　在西方，口述歷史也與歷史一樣的古老。人類在尚未發明文字以前，已經在地球上不知生存了若干世紀了，其間發生過多少驚心動魄或者神祕美妙的事件，往往在人們口中輾轉的流傳著；一旦文字發明了，又遇到像希羅多德（Herodotus）一般善於敘述故事的史學家，於是便記述下來，而變為遠古時代的重要史料或即成為古史的一部分。再如希臘著名的荷馬史詩，即先經口傳數世紀之後，始有文字記載的流傳。

　　口試歷史的應用，今天已成為世界性、普受重視的一種事業化工作。其定義是什麼？是怎樣演進發展的？其史料價值究竟如呵？這是本文所要探討的主要內容。

一、口述歷史的定義

　　嚴格來說，「口述歷史」只是一種蒐集史料的方法和技巧，有人看成「雕蟲小技」，甚至視為「旁門左道」。雖然美國哥倫比亞大學每年秋季已開講「口述歷史」的課程，講授其方法與理論，但目前還談不上是一門可以單獨成立而有系統的學問。不管如何，這是一個舶來的新名詞。談到這個時髦的新名詞，不能不提一提美國口述歷史的靈魂人物，美國哥倫比亞大學口述歷史的創辦人芮文斯（Allan Nevins）教授。他說：「口述歷史，係透過慎重訪談，能抓住私人思想、個人願望以及因太忙致無法撰寫個人紀錄之領導人物的生活。」作為一種定義，這並沒有說得很完整；事實上，也很難為「口述歷史」下一個「放諸四海而皆準」的定義，美國口述歷史學會前會長唐諾・里齊（Donald A. Ritchie）則說：「口述歷史是以錄音訪談（Interview）的方式蒐集口傳記憶以及

具有歷史意義的個人觀點。」由此可見，口述訪談應以具有歷史意義的人物和材料為前提。

中央研究院近代史研究所的〈民國口述史訪問計劃大綱〉曾特別指出，「凡與民國軍政、外交、文教、經濟、社會直接有關之重要人物，均在訪問之列」，旨在「保留一忠實而深入之紀錄，以供歷史之研究。」這說明了口述歷史的宗旨和訪問對象。

可見，口述歷史計劃，乃由從事工作人員訪問有關人物，紀錄並整理其一生經歷，例如依時序詳述其家世、教育、師友、生平經歷、思想事功，送交當事人核閱校正後，再繕寫成定稿，以一份送交當事人收存。至於是否立即公開或出版，或俟當事人死後若干年後方行出版，則悉聽當事人自行決定。

二、史家的口述傳統

口述歷史並非史家的專利，但史家運用口述訪問的方法獲得史料，以補充文獻的不足，則是古今異曲同工，中外早有先例。

在中國，最著名而常被引用的例子是太史公司馬遷。當其撰寫《史記》時，除了「網羅天下放失舊聞，考之行事，稽其成敗興壞之理」外，也曾兼採訪問當事人的口述歷史辦法，所以他寫「荊軻刺秦王」的「圖窮匕見」，才會那麼逼真，寫「鴻門宴」，則儼然身歷其境。司馬遷的時代雖然還不曾發明錄音機，但「口述歷史」的筆記紀錄，這位傑出的史家倒充分利用了。

闡發「六經皆史」說，力倡史學經世致用，史家除才、學、識「三長」之外，更需具備「史德」的清代大史學家章學誠（實齋，1738-1801），在主持修纂直隸《永清縣志》時，為了要將「貞節孝烈」婦女們的事蹟，採入縣志的《烈女列傳》之中，而又不滿意一般方志的《烈女列傳》的體例，以為「文多雷同」，使「觀者無所興感」。因此，他特別親自訪問永清縣「貞節孝烈婦女」中的「見存者」五十餘人，或「安車迎至館中」，或「走訪其家」，讓他們自述生平，並且「引端究緒」，詳為發問，然後根據她們所說的種種「悲歡情樂」的各個不同材料，分別為之詳寫傳記。這種傳記，不只是確實可信，而且也特別生動感人，和通常各州縣地方志的《烈女列傳》，都是寥寥數十字或百餘字，千篇一律的公式化刻板文章，便大不相同。章氏所用的這種方法，

不正是現在中外流行的所謂「口述歷史」嗎？國人每以為「口述歷史」也是西風東漸，其實，距今二百多年以前，章實齋早就利用過了。

太平天國覆滅時，忠王李秀成的「供辭」（口供），也是我國傳統「口述歷史」的上品。據說當李秀成被捕時，忠王用廣西話口供，曾國藩聽不懂，只好叫李秀成自己寫。李秀成一面講一面寫，完成了這篇至情至性的好文章〈忠王李秀成供狀〉。

因感嘆「台灣無史，豈非台人痛歟？」而倣傚《史記》體例，歷時十年始撰成《台灣通史》的連橫（雅堂，1878-1936），在自序中曾指出，修台之史有二難：一為斷簡殘篇，故徵文難，蒐羅匪易，郭公夏五，疑信相參；一為老成凋謝，莫可諮詢，巷議街譚，事多不實，則考獻難。這裡提到的「老成凋謝，莫可諮詢」，可見雅堂先生亦有心採用訪問者宿，求證歷史的口述歷史方法，但時不他予，只有徒呼奈何了。由此可知，口述歷史還必須與時間賽跑，負有搶救史料的重責大任！為了避免老成凋謝，必須趕快著手，否則就會有「今天不做，明天便後悔」的遺憾！

西方史家運用口述歷史撰寫史書，更是屢見不鮮之事。有「歷史之父」之稱的希臘史家希羅多德在撰寫《波希戰史》（*The Persian Wars*）時所採用的資料，便以口述訪問為最多。隨著廣泛的旅行，他與各色各樣的人接觸，從這些人口中，他得知許多人類過去的故事。他也從戰爭生還者口中，獲得第一手的資料，所以才能為我們留下一部敘述生動、美妙而又包羅萬象，極富歷史價值的《波希戰史》。

法國啟蒙大師伏爾泰（François-Marie Arouet de Voltaire, 1694-1778），也是一位傑出的史家，當他撰寫《瑞典國王查理十二的歷史》（*Histoire de Charles XII, Roi de Suede*）時，不僅檢查了多政府文件，甚至去諮詢許多可以提供第一手資訊的人，包括退位的國王Stanislas本人、Maréchal de Saxe、馬爾勃羅公爵夫人、波林布洛克、Axel Sparre（曾參與Narva戰役）、Fonseca（一位葡萄牙籍外科醫生，當查理留在土耳其期間，也在土耳其效命）與Fabrice爵士（曾做過查理的秘書）。他也曾與查理最寵愛的部長von Görtz共住過一段時間。經過這樣的謹慎處理，伏爾泰終於為歐洲人留下一部敘述非常生動，學術作品兼具藝術風格的「查理十二的歷史」。

十九世紀的法國大史學家米西留（Jules Michlet, 1798-1874），曾任法國國家檔案局歷史部門主管，當其準備撰寫《法國革命史》（*Histoire de la Revolution Française*）時，曾先花費十年的時光在巴黎郊區收集相關的口頭證言，以平衡官方文件偏重政治面的特性。

　　法國「年鑑學派」（L'Ecole des Annales）的創始人布洛克（Marc Bloch, 1886-1944），是歐洲中古社會經濟史的權威，主張史學致知必須超越文獻檔案之考訂與纂述，更要包括地圖分析與田野考察。他生平最精采的作品有《法國農村史的特徵》（*Caracteres Originaux de l'Histoire Rurale Frnaçaise*）與《封建社會論》。當他撰寫《法國農村史的特徵》時，為了蒐集資料，除熟讀文件外，更周遊全國視察山川形勢，以本身經驗探討地理對各地域農村社會的不同影響。他曾批評那些終日埋首案牘的學者，不單對農業生產一無所知，連農具也沒有見過而居然寫農業史之可笑。所以，他到處搜集農村俗傳，親眼觀察農業生產各步驟，親手試驗古今農具，務求以實踐與親身經驗以補充文件之枯燥與遺漏。把口述歷史與田野調查密切結合，讓歷史成為芸芸眾生的歷史，而不再是帝王將相、王公貴族的歷史，這也是「年鑑學派」所揭櫫的努力目標。

　　英國工人史家波特（Beatrice Potter, 1858-1943），出身上層社會，當其撰寫《英國的合作運動》（*The Cooperative Movement in Great Britain*）時，曾訪問工人及工會團體之領導人物，收集其口頭證言。其丈夫韋布（Sidney Webb）所作有關「工會主義」及「工業民主」的調查，不僅向英國經濟學家及歷史學家介紹他們從未注意到之英國人生活的一面，更重要的是讓他們直接瞭解勞動階級的生活。

　　在美國，一位年輕的西部史家班克勞夫特（H. H. Bancroft, 1832-1918）曾主持對西部開拓先鋒之龐大訪問計畫，約五十年間，其數百位工作贊助者自早期定居者口中採得口述證言，這些資料現均保存於加州大學（柏克萊）的班克勞夫特圖書館。在1930年代的不景氣時代，美國曾推動一項大型訪問計畫，系列訪問農夫、工人、黑人，口述其生活歷史，其後這些資料曾編輯出版，共十八冊，題為《這即是我們的生活》（*These Are Our Lives*），為瞭解美國黑人的歷史提供一些可貴的史實基礎。

　　由上述舉證可知，口述歷史的運用，古今中外早有先例，並已成為史家的一項優良傳統。所可斷言的是，口述訪問的對象不但適用於達官貴人，同樣也適用於芸芸眾生，其選擇與運用之妙，純視計畫的安排與主訪人的意念而定！

三、口述歷史的史料價值

　　基本上，口述訪談所得的史料，與其他文獻史料一樣，當然都具有一定的史料價值。其最大的價值，在於對當代人物或事件的研究，可以補充文獻資料的不足，解決文獻資料無法解決的問題，得到文獻資料難以獲得的滿足。更明白的說，口述歷史的工作及證據可以使歷史更具說服力，使「主觀」的研究，變成「客觀」的表現方式，讓歷史更為生動有力。蓋史家針對某一位歷史人物或某一歷史事件的研究，由於時空的距離，因為生活情境的不同，有時難免不是出之於史家自己的想像或個人生活經驗的反射動作，稱之為小說的學術形式，一點也不為過，經過口述訪問，至少可以把這種單向的、無法求證的，表面看來客觀而實際卻漏洞百出的研究，變得較為真實，甚至充實，而且生動活潑，充滿趣味性。換句話說，文獻本身並不能完全回答過去，有問題必須靠史家自己去重建或尋求解決；但被訪問的當事人卻能為歷史作見證，為史家指點迷津，幫助史家找到更確實而合理的答案。口述歷史還有一個更大的作用，那就是可以幫助史家走出學術的「象牙之塔」，走向社會，走入群眾，發揮應用史學的功能。誠如英國口述史家湯普森（Paul Thompson）在其名著《過去的聲音：口述歷史》（*The Voice of the Past: Oral History*）中所說：「大部分歷史均查之於圖書館，但口述歷史則可到處進行。它將歷史學家從與世隔絕的深院，帶進群眾生活圈，而並非與其同隸屬之社會群活生生之世界。它將新生命投入於圍繞群眾而建立之歷史。它扶助非特權階級，尤其賦予老者尊嚴與自信。它促成階級與世代間之接觸，並達成彼此間之更加瞭解。」

　　口述歷史的價值，當然有其限度，並非百分之百的正確或完全可信。文獻史料如官文書、電報、信牘、日記等尚且可能有作偽的現象，何況當事人事過境遷的口頭回憶?!口述史料不僅是一種個人記憶，無疑也是一種社會記憶；與自傳、回憶錄一樣，多少經過選擇性的重建和有意識的修飾，其可信度多少，有史家則持保留的態度，甚至批評說：口述歷史只是蒐集大批無價值的廢物，利用者有如沙裏掏金，而能否從一大堆垃圾中尋找到有價值的金塊，誠屬疑問。

　　事實上，史料的價值，往往隨時代而轉變，亦隨史學家而轉變，史學家能善用史料，則史料的價值自然就存在。口述回憶是否有價

值，大部分取決於受訪者（informant）是否對歷史具有正確的認知，而能在一己由燦爛歸於平淡時，針對過去一生的經歷，冷靜而不偏頗的作一供述，對歷史有個俯仰無愧於心的交待。部分要依靠訪問者（interviewer）的能力和功力，是否仔細研究過所要訪問的對象與相關的問題？一些關鍵性的問題是否問得有意義及有深度？能否指出矛盾（inconsistencies）及「時代錯誤」（anachronism）？更重要的是，訪問者能否與受訪者建立其互信的關係，而使對方敞開心扉，到達一種無所不談的共鳴境界？這些因素無疑都直接間接關係到訪問的成敗，並決定訪問記錄的史料價值之高低。

參考書目

1. 杜維運，《史學方法論》，華世出版社，1979。
2. 李美月，《希羅多德波希戰史之研究》，正中書局，1972。
3. 威爾‧杜蘭，《世界文明史28—伏爾泰時代的歐洲》，幼獅文化，1977。
4. 唐德剛，《胡適雜憶》，傳記文學出版社，1979。
5. 沈雲龍，〈口述歷史與傳記文學〉，《傳記文學》，2卷5期。
6. 程大學，〈口述歷史之理論與實際〉，《台灣文獻》，38卷3期。
7. 《中央研究院近代史研究所三十年史稿》，1985。
8. 《口述歷史》，1期（1990.02）、2期（1991.02）。
9. 唐諾‧里齊（Donald A. Ritchie）著，王芝芝譯，《大家來做口述歷史》，遠流出版公司，1997。
10. Paul Thompson, *The Voice of the Past: Oral History*, Oxford, New York: Oxford University Press, 1988.
11. Stephen Humphries, *The Handbook of Oral History: Recording Life Stories*, London: Inter-Action Imprint, 1984.
12. Martin Wilbur, "Reflections on the Value of Oral History in Chinese Historiography"，《國際漢學會議論文集》，歷史考古組，下冊，中央研究院，1981。

（原載《當代》，第125期，1998年1月）

三月走山東，滿眼盡芳菲

　　冰冷的寒冬尚未完全遠去，初春的腳步猶未及時來到，我便迫不及待地與友人揪團於三月梢走訪了一趟山東。旅遊歸來，思緒萬千，所見所聞亦多，願不揣疏陋，筆之以書，與讀者分享。

　　山東八日行，從台北到煙台直航進出，經威海、榮成、文登、青島、日照、臨沂、棗莊（含台兒莊）、泰安（含泰山）、曲阜到濟南，全程逾2300公里，最後再搭飛機從濟南轉煙台返台。碧海（渤海、黃海、膠州灣）、藍天、湖泉（例如「泉城」濟南的「家家泉水，戶戶垂柳」，大明湖的「四面荷花三面柳，一城山色半城湖」）等天然風光，不是我這枝禿筆所能刻劃盡描的；殖民時代的紅瓦白牆，加上綠樹的建築風格，甚至橫跨膠州灣的雄偉大橋，也不是我關注的焦點。

一、酒食文化有意思

　　旅行中不能無酒，何況青島盛產山東啤酒、嶗山啤酒，偶而亦有孔府家酒助興。我不善酒，僅能減嘗即止。聽聞山東人能酒善飲，有打油詩為證：

　　　　一瓶兩瓶不算酒，
　　　　三瓶四瓶漱漱口，
　　　　五瓶六瓶剛剛有，
　　　　七瓶八瓶才算酒，
　　　　九瓶十瓶牆走人不走。

　　山東是出孔孟有文化的地方，難怪端出的菜餚盤盤有名堂，酒店食坊家家牆頭上貼有精彩的生活「學問」。且看「梁記粥鋪」的四句好詞：

人生好似一鍋粥，
滾煮煎熬無盡頭；
宜疾宜徐看火候，
酸甜苦辣寫春秋。

又見「鼎盛食府」的八段錦語：

一店盆景熱騰騰，鍋底未見火焰升，
紅湯蕩起友情味，豔福滿嘴品溫馨；
又開九泉翻天地，沸騰江河滿京津，
有道此香天上有，何故人間今又聞。

二、文明的核心價值

大陸正在如火如荼的宣傳推動「文明」的政令，講文明，樹新風，標榜文明旅行、文明候機，甚至連男廁內也搬出李白的詩附庸一番。中宣部宣教局有個中國文明網，宣導「社會主義的核心價值觀」，從機場到火車站，從電視廣告到機關大門的跑馬燈，還有景點大街的特製看板，都可以看到這類宣導的主要內容。大致可分為三大項、十二目，即是：

國家――富強、民主、文明、和諧；
社會――自由、平等、公正、法治；
公民――愛國、敬業、誠信、友善。

它特別訴求的是：

中國向善，百姓福。
與人為善，一路吉祥。
助人為樂，人間大美。

方向正確，令人不禁舉手按讚，並馨香禱告樂觀其成。

三、紀曉嵐的妙聯

　　在曲阜，我們參觀了「三孔」之中的孔廟、孔府，知悉乾隆帝八次下江南與孔家的姻親關係，也聽聞文革時期孔府所受到的破壞情形，但印象最深刻的卻是大學士紀曉嵐所送的一副楹聯：

　　　　上聯：與國咸休，安富尊榮孔府第，
　　　　下聯：同天並老，文章道德聖人家。

　　此聯的巧妙處在於，紀老故意別具用心的寫錯兩個字，即上聯第六個字的「富」少上面一點，暗喻富貴無「盡」頭，告誡子孫不可貪求無厭；下聯第六個字「章」字一豎出頭，特別誇讚孔子的文章通天，為歷代執政者所重視。

　　　　　　　　　　　　（原載《僑協雜誌》，163期，2017年5月，頁62-63）

西南歐攬勝之旅

一、話在前頭

在馬英九擔任總統的八年間，雖然中華民國的正式邦交國並沒有增加，但在兩岸關係解凍下，台灣不再是一個「麻煩製造者」，因此免簽國增加到158個之多（這也是馬前總統常掛在嘴邊的政績之一），尤其受申根條約之惠，使得廣大民眾可以省去多國簽證的麻煩和一大筆簽證費，而自由自在地悠遊於歐美和日韓等國之間，這難道不是一項功德無量的德政嘛！

繼去年的北歐五國之旅後，筆者復於今年九月中旬參團，走一趟結合南法、安道爾、西班牙、葡萄牙、直布羅陀以及北非摩洛哥的六國之遊。平心而論，遊覽歐洲最適宜的季節，僅只九、十兩月，因為可以稍微避開暑假人潮和酷熱或寒冷天候，更不用穿著厚重衣服穿梭於各景點之間，多麼逍遙舒適啊！

雲遊歸來，於觀賞各式各樣雄偉建築之後，在飽覽各地湖光山色之餘，特別是得緣遍嘗各國風味餐之下，亦感觸良多，不能留白。個人不擅長寫遊記，還是不揣疏陋，選精擇要，再揮禿筆，與讀者分享，或有可供他日參考之處。

二、古城卡爾卡松驚豔

到了歐洲，我喜歡看古堡，那是中世紀以來封建領主的居住或防禦處所，多半矗立在山上，有的則建築在河濱或懸崖之頂。

論古堡，我最欣賞法國羅瓦河（La Loire）一帶，散佈在兩岸的數十個大小不等的古堡，不但建築風格與形狀迥異，而且各具特色，精緻無比，令人流連忘返。

此行重遊南法，再走尼斯、蒙地卡羅、坎城、馮斯（Vense）、艾

克斯馬賽、亞維儂、勾禾德（Goardes）之後，終於來到古城卡爾卡松（Carcassonne），不但大開眼界，而且和羅瓦河的袖珍古堡相比，大為驚豔，真是不虛此行！

　　卡爾卡松是中世紀古城，有兩大特色：一者，它是罕見的雙城牆，環城圍牆內尚有古堡；二者它是封建領主與庶民共住，兼具防衛和住家雙重功能，不像羅瓦河古堡大多僅供王公貴族獨享。我們雖然買票入場看影片簡介，也曾沿著城廊巡禮一番，更花錢購買數本導覽手冊，對於古城的起源以及各個時代的修復和重建工作有粗淺的認識，惟限於篇幅，在此不能多著墨。

　　中午，我們在古街道上一家名為「卡兒卡斯夫人餐廳」（Auberge de Dame Carcass）樓上用餐，也憑窗眺望古街上熙來攘往的觀光客，一邊享用特別為我們烹煮的名菜「粉蒸鴨」，心情放鬆，頗有「偷得浮生半日閒」之慨！

三、神祕國度安道爾

　　安道爾（Andorra，有稱親王國、侯國），位於南法與西班牙之間，是中世紀的一個古國。相傳，法國的查理曼大帝為回報安道爾人與摩爾人作戰，曾頒布特許狀，在安道爾設立教區，命西班牙的烏格爾伯爵擔任主教一職。安道爾憲法於1993年生效，明定設國家元首兩位，稱為親王，分別是法國總統與西班牙加泰隆尼亞羅馬天主教烏格爾教區主教。安道爾也是聯合國成員之一，其國防則由法國和西班牙共同負責。

　　安道爾國土面積僅468平方公里，人口約8萬人。高山峽谷遍布全境，平均海拔高於1,100公尺，也是歐洲地勢最高的國家。從卡城到安道爾約220公里，但見我們的遊覽車沿著狹窄的山路蜿蜒爬升，處處仍可見山頂上皚皚的殘雪。全程需三個半小時始到達。

　　安道爾長期與世隔絕，就像一位神隱的老道士，遺世獨立而不過問江湖俗事一般。安道爾的建築沒有特色，除了一、二條行人徒步區可供遊客逛逛百貨公司精品店外，乏善可陳。前兩站分別住過馬賽和貝濟耶（Beziers）IBIS連鎖店的簡陋旅舍，在此住得稍覺寬敞，令人滿意！反正，不喜歡逛街的人，至少達到了「到此一遊」的目的了。

四、美不勝收話西班牙

西班牙是此行的重點,更是重遊的主要目標。很高興遊覽了巴塞隆納附近山上的鋸齒山(Mont. Sarrat)與修道院、1992年巴塞隆納奧運會場,以及建築怪傑高第(Antoni Gaudí, 1852-1926)所已完成的「米拉之家」等與尚未完成的「聖家堂」(1882年動工建造,至今未完成,被後人稱為「未來的廢墟」)奇特建築,也參觀了享譽全球的畢卡索美術館。

在馬德里及其附近,更令人感到美不勝收。我們參觀了純白色外觀的皇宮、西班牙廣場、哥倫布廣場還有普拉多美術館。附近一、二百公里內的托雷多(Toledo)、阿維拉(Avila)、塞哥維亞(Segovia)和塞爾維亞(Sevilla)等地,更是古城、城牆、教堂和羅馬引水道的總匯,令人印象深刻。又白色山城「米哈斯」(Mijas)的清秀高潔,讓人覺得這才是真正的世外桃源。位在西班牙南部的哥多華(Cordoha),我們看到基督教文化與伊斯蘭文化的交融,也即天主教大教堂與回教清真寺的並存爭輝,它跨越了宗教的藩籬,化解了宗教的分歧,創作了登峰造極的建築藝術,為世界帶來和平,希望這是上帝和真主阿拉「與人為善」的本意。

五、加泰隆尼亞獨立公投問題重重

西班牙全國劃分為17個自治區,下設50個省,以巴塞隆納為首府的加泰隆尼亞,是其中一個自治區。該區土地肥沃,物產豐饒,是西班牙最繁榮、工商業最發達的地區,說它是「金雞母」,一點也不過分。加泰隆尼亞僅佔全國15%的人口,但總產值占20%,出口占25%。

加泰隆尼亞想公投獨立,由來已久。自2015年自治區議會選舉,支持獨立的勢力在議會中過半後更積極進行。當我們抵達巴塞隆納時,獨立運動正如火如荼的展開,公司行號、商家和住戶處處飄揚著紅黃條旗(加泰隆尼亞自治區旗)以示支持。廣場街角但見一場場的造勢活動相繼舉行,甚至群眾與警察的衝突已接近臨界點,隨時有爆發的可能。

2017年10月1日的獨立公投,雖獲得投票選民壓倒性的支持,但不為西班牙總理和憲法會議所認可。歐盟的幾個重要國家如德、法等國也不支持加泰區獨立。雙方經過幾回合的叫陣之後,西班牙的政治危機

正持續升高中。據最新消息，西班牙政府為阻止加泰隆尼亞的獨立，宣布解散該自治區獨派政府並改選區議會，自治區的多位強硬派領袖則堅拒中央直接接管的意圖，並指控對方的作為「不符民主素養，不尊重法治」，是繼上一世紀佛朗哥獨裁政權後，「對憲法和加泰隆尼亞人民的最大羞辱」。10月27日，加泰隆尼亞自治區議會宣布獨立，西班牙政府則順勢解散加泰議會，並訂於12月21日重新選舉。統獨拔河，勝負尚未落幕。

六、畢卡索與「四隻貓」酒館

西班牙天才畫家畢卡索（Pablo Picasso, 1881-1973），生於西班牙南部安達盧西亞自治區的馬拉加（Malaga），但他的童年與青年時代卻因父親的關係，與東部加泰隆尼亞自治區的首府巴塞隆納結下不解之緣，並以加泰隆尼亞人自居。這是為何畢卡索美術館設立在巴塞隆納的主要原因，而畢卡索與「四隻貓」（Els Quatre Cats）酒館也有一段動人的故事可以敘述。

「四隻貓」原是巴塞隆納老街的一家咖啡館，於1897年開業，也充當餐館、夜總會、酒吧和餐廳。「四隻貓」曾是巴塞隆納現代主義運動的主要中心之一，藝術家卡薩斯（Ramon Casas）曾大筆資助這個咖啡館，幫助他經營「四隻貓」的是羅梅烏（Pere Romeu）其人。

畢卡索在其藝術生涯的早期，為了與藝術家多聚會並打響自己的知名度，曾頻繁地光顧這家酒吧、餐館，他的第一次個展就是在此舉行的。而且，他還為「四隻貓」酒店製作宣傳海報（後來成為菜單的封面）。總之，「四隻貓」稱得上是巴塞隆納藝術家的聚會之所，它的靈感來自巴黎的「黑貓夜總會」（Le Chat Noir），在此舉辦美術展覽、文學和音樂發表會，有時還有木偶和皮影戲表演。

在我們緊湊的行程中，於蹓躂人山人海的蘭布拉行人徒步大道（八月曾發生恐攻事件）之餘，下午也來到「四隻貓」咖啡館，每人品嘗一杯濃郁的巧克力，尋找並緬懷藝術家們高談闊論，靈感四溢的往日時光。

七、哥倫布紀念建築無所不在

發現新大陸的哥倫布（Christopher Columbus, 1446-1506），原籍義大利熱那亞，他的偉大貢獻卻最受西班牙人的稱道和紀念。在近代以

前，也即新航路、新大陸發現之前，居住在世界上某一角落的人們，對於其他另一遙遠區域的人們，實在所知有限，更不相往來。

哥倫布堅信可以沿著大西洋西航而到達日本、中國和印度。他首先向葡萄牙王約翰二世獻計，但葡王認為他吹牛，不肯予以資助。哥倫布乃轉而到西班牙向卡斯提爾（Castile）女王伊莎貝拉一世的王廷遊說。伊莎貝拉女王接受他的計畫，於是哥倫布率領三艘小而堅實的船隻，和83人於1492年出發，經70天的航行終於登陸今之巴哈馬群島，而他自己以為到達了印度外圍。他回到西班牙後，受到英雄式的歡迎，被稱為海洋元帥，被封為所發現地區的世襲總督。此後他又有過三次遠航，但終其一生，哥倫布並不知道他所發現的實係一新世界，仍在拼命地尋覓中國與印度。

探險家鍥而不捨地向外探險，另有傳教士與商人的推波助瀾，再加封建領主的支持和資助，終於拓寬歐洲人的視野，造就了大航海時代西、葡兩國的強權地位。緬懷光輝的過去，西班牙不少大城市的廣場或濱海的碼頭曠地，都不約而同的塑立著哥倫布的巨大雕像來紀念他，成為觀光客拍照的景點。像馬德里闢有哥倫布廣場，幾塊大石記載他偉大的探險經過。還有，在塞爾維亞教堂，哥倫布長眠於此，有四個王國代表為他抬棺。

馬德里皇宮的一幅天庭巨畫，也把哥倫布晉見伊莎貝拉女王的場景入畫展示出來，在在顯示哥倫布其人在西班牙所獲得的尊崇地位。

妙的是，被哥倫布發現的美國，早就訂10月12日為「哥倫布日」，舉辦各種紀念活動。

八、葡萄牙的洛克岬：歐洲之盡頭，海洋之開端

葡萄牙人的祖先，是公元前在伊比利亞半島定居的塞爾特人（Celts），其後相繼遭遇羅馬人、日耳曼族以及穆斯林的入侵。十五、六世紀乃葡萄牙的全盛時代，在非、亞、美擁有大量殖民地，為海上強國。在大航海時代，亨利王子曾創立航海學校，培養無數人才，為新大陸和新航路的發現做出了巨大貢獻。

在葡萄牙，我們參觀了波多（Porto）、法蒂瑪（Fatima）與洛克岬（Cabo da Roca）三處，卻因行程太緊，除了安排到百年蛋糕老店享用蛋塔之外，並沒有仔細拜訪里斯本。波多是葡國第二大城，產葡萄酒，

比美法國的波爾多（Bordeaux），此地有鐘樓、教士塔、廣場、主教堂等古蹟，較特別的是路易一世鐵橋，分上下二層，上層行駛地鐵，下層走汽車和行人。聞設計師與巴黎艾菲爾鐵塔同屬一人。法蒂瑪是天主教徒的朝聖地。其廣場之宏偉可容百萬人，建於1928年，但見虔誠教徒一進廣場便沿途跪拜直上教堂。路旁豎有葡、西、法、義、英、德等六國語言標語，茲錄其英文標語如下：Fatima is a place for adoration enter as a pilgrim。

　　行程的高潮是次日上午冒著強風抵達大西洋邊的洛克岬，那是當年歐洲人以為的「大地之盡頭，海洋之開端」，有地標為證，少不得拍照留念。面對浩瀚的大西洋，撫今追昔，令人感慨萬千。每人獲頒一紙精緻證書，強調我們曾抵達「歐洲大陸的最西點，陸止於此，海始於此，充滿著推動葡萄牙帆船去找新世界的信仰與冒險的精神」。這些，當然不外乎招徠觀光客的一種美麗噱頭！嗣參觀素有「伊甸園」美譽的「仙達宮」（Sintra，葡王室夏宮），皇宮藏身於叢林百花之間，就像童話一般，益發艷麗神祕。

九、直布羅陀之匆匆過境

　　直布羅陀（Gibraltar）是14個英國海外領土中最小的一個，位於伊比利亞半島的末端，掌控進出地中海重要的咽喉，自古以來便是兵家必爭之地。它的面積僅約6平方公里，總人口稍逾三萬人。它的經濟以服務業為主，每年吸引約二百萬的觀光客。

　　彈丸之地的直布羅陀，矗立眼前的巨岩是它的地標，英國式的紅色郵筒是大家競相拍照入鏡的對象。聞這裡也是許多電影明星心血來潮，臨時起意註冊結婚的天堂。大家熟知的一個笑話是，因為地方小，飛機場與汽車公路合而為一，交互使用。當飛機使用跑道時，警察便關起柵門阻斷車流，讓飛機順利起飛。這是「窮則變，變則通」的道理。我們匆匆過境直布羅陀，只是為了搭渡輪到對岸非洲的摩洛哥，故停留時間不長。

十、「北非諜影」現場一瞥

　　為何行程中排上北非和卡薩布蘭卡，主要是受電影「北非諜影」的影響。「北非諜影」是50年代的黑白片，男主角是亨佛萊鮑嘉，女主角

是英格麗褒曼，故事開始時，已是二戰時期的1941年12月，一位玩世不恭的美國人銳克（Rick Blaine）在卡城開了一家名為「銳克美式咖啡」的酒吧，生意興隆，顧客龍蛇混雜，也是歐洲難民常去尋找逃往自由世界之路的窗口，更是納粹黨徒與維琪法國官員和義大利人，甚至地下工作人員經常出沒的場所。中間穿插一段「卡城最美麗的女子」與兩男之間的傳奇愛情故事。如今咖啡館的招牌依舊掛著，而彈奏「時光流轉」名曲的那架鋼琴尚在，只是後來的經營主人已不歡迎觀光客的不斷參觀騷擾，故只能在遊覽車經過時驚鴻一瞥，迅速拍照留念，已失掉多此一景的旅遊意義了。

十一、海峽渡輪與卡薩布蘭卡機場

　　從直布羅陀搭渡輪過海峽到對岸，只需一小時，卻是一次不愉快的經驗。登輪後，但見許多觀光客不坐在椅子上，卻站著排隊，而且長龍不斷，起初不明所以，後來才知道他們在等著辦理摩洛哥的入境簽證。窗口只有兩個，而排隊長龍卻過百。等船一開動，摩國海關人員才開始作業，而且動作緩慢（因得核對電腦與入境簽證上的個人資料），又極官僚。等我們全團33人都辦好手續，已是停船後一個小時的白白浪費。入關後第一個印象大打折扣，自然影響遊興和對該國的觀感了。

　　不料，回程在卡薩布蘭卡機場又歷史重演。機場不大，排隊等行李安檢和出境簽證的人又多，一切又沒有好好管制，插隊搶位的旅行團和個人（連趕飛機的日本團也不例外）不少，鬧得人仰馬翻。我們碰到的窗口又特別嚴格，除要求我們補送團體名單外，還要我們重填出境單，一切像打仗一樣心情十分緊張。官僚而又沒效率，真是標準的「沒落國」，不管風景再好再美，心中發誓，此生再不會也不想再來。希望有興趣到摩洛哥一遊的讀者留意，記取教訓！

（原載《僑協雜誌》，166期，2017年11月，頁62-67）

《賭鬼的後代：魏廷朝回憶錄》讀後感

> 你要抓我坐牢，我就坐牢，
> 反正抓我坐牢就是你不義。
> 民主改革不是一朝一夕的，
> 一定要有幾個人站出來犧牲。
>
> ——魏廷朝

一、前言

在網路通訊發達和電子書風行的今天，筆者仍然維持定期光顧書店購買紙板書的習慣。日前在誠品書店的書架上，偶然發現《賭鬼的後代——魏廷朝回憶錄》一書，便毫不猶豫地把它買下，原因有二：

其一，魏廷朝曾是當年在中研院近史所（即書中所謂的「史學少林寺」）共事近兩年的同事，自然有興趣想拜讀老朋友的回憶錄。

其二，魏廷朝曾是1964年發生的「台灣人民自救宣言案」的三位主角之一（另兩位是謝聰敏與彭明敏）。筆者和大家一樣，也希望多瞭解事件的經過，特別是想知道他為何「三進宮」（坐牢）的原因。

二、賭鬼的後代

全書除彭明敏和桃園市長鄭文燦的序外，共分六章，標題分別是：一、賭鬼的後代；二、反獨裁政權的孤獨路；三、台灣人民自救宣言案；四、美麗島事件再入獄；五、「三進宮」後的人生；六、回顧與感念。

本書於2017年9月由前衛出版社出版，共335頁，書中沒有註明作者的名字，而是由魏廷朝的未亡人張慶惠女士掛名總策畫，另有李俊達、劉慧真、邱萬興、廖紫妃四人列名編輯小組。

主人翁魏廷朝（1936-1999）是客家人，1936年3月生於桃園縣八德

鄉，1999年12月28日清晨在中壢市興國國小操場慢跑，因心肌梗塞昏倒送醫不治，享年64歲。

綜觀全書，關於魏廷朝的家世和青少年，有幾點比較突出的是：

（一）魏家和早年的許多台灣家庭一樣，是一個兒女眾多、子孫滿堂的家庭。祖父魏學盛前後結婚兩次，生十子一女（但有四個兒子夭折），排行第十的魏維崇是老么，即是魏廷朝的父親。魏維崇夫婦亦先後生有五男六女，因食指浩繁，和許多家庭一樣，有一子三女送給別人當養子女。

（二）魏廷朝的曾祖父魏蘭帶因嗜賭如命而被逐出家門，傳說因此發憤圖強，在龍潭重建家業，富甲一方；但傳到父親這一代，可能基因作祟，再次成為賭鬼，不但賭輸了家產，連國家都賭，甚至將長男取名為「顛覆朝廷」的廷朝。魏廷朝從小耳濡目染，雖未沾上賭博惡習，甚至痛恨賭博，但在他父親眼中也是個「賭鬼」，只是他跟曾祖父、父親賭的不一樣，也賭得更大，賭的是朝代，是自由，爭的是民主，賭的是性命與個人和家庭的幸福，因此他也是「賭鬼的後代」。

（三）魏廷朝自小天資聰穎，從小學到中學的功課成績都名列前茅，後考進台北成功中學就讀。唸完高二，卻因拒絕加入救國團而選擇自動退學，並以同等學歷資格考取台灣大學法律系，其同班同學如施啟揚（前法務部長、司法院長）、蕭天讚（前法務部長）、蘇俊雄（前大法官）、張京育（前政大校長、新聞局長、陸委會主委）、丘宏達（旅美教授）、蔡同榮（前立委）、謝聰敏（前立委）、張偉仁（中研院史語所研究員）等，皆為一時俊彥。

三、「三進宮」的經過

綜魏廷朝一生，曾三度入獄，總計在監牢中度過17年又100天。

第一次入獄，在1964年9月，因為與謝聰敏、彭明敏三人共同完成了「台灣人民自救宣言」。事實上謝是主稿者，他首先以兩個多月時間撰寫了四、五萬字的初稿，彭看完後認為太學術性，過於生硬，建議找文筆好的魏修改成內容簡潔生動，約六千多字的宣言，而彭在結尾加上二、三百字具煽動性的話語。所以「自救宣言」可以說是謝起草、魏修

改、彭審核定稿。但「宣言」印好尚未外洩，三人便被捕，最後謝被判十年，魏廷朝、彭明敏各判八年徒刑。魏廷朝服刑四年，於1968年9月假釋出獄，彭被關13個月後由總統特赦，遭「軟禁」在家，並於1970年1月化裝逃到瑞典，尋求政治庇護，此是後話。

第二次，在彭明敏逃亡後，於1971年2月，魏廷朝與謝聰敏（晚一年出獄）兩人再度被捕入獄，隨後李敖亦被逮捕入獄，罪名是涉及台南美國新聞處與美國花旗銀行台北分行兩起定時炸彈爆炸案。結果魏廷朝、謝聰敏各判十二年，李敖以替彭明敏傳遞密函等罪名，判處徒刑十年，後因蔣中正總統去世獲減刑，魏廷朝坐牢五年八個月後於1976年9月出獄。

第三次是1979年12月高雄發生「美麗島事件」，全台大搜捕，三天後魏廷朝亦被捕入獄，這次被判刑六年，直至1987年5月始第三次出獄。

四、風雲際會──魏廷朝與近史所

在沒有指出本書的缺失之前，先得說明當年郭廷以（量宇）先生創立近史所的背景以及魏廷朝進所的經過。近史所創所於1955年，初期是個慘澹經營的年代，但到了1960年代初因有美國福特基金會（Ford Foundation）的資助，加上許多中美合作計畫的展開，故延攬了許多年輕有潛力的學者加入工作，所以那是一個風雲際會的年代。茲簡要將相關計畫與參與者名單臚列如下：

1. 口述訪問計畫（與哥倫比亞大學合作）──由沈雲龍主訪，工作同仁先後有謝文孫、夏沛然（以上皆為台大外文系）、馬天綱（台大歷史系）、陳三井（師大史地系）。
2. 近代中國對西方列強認識資料彙編──由胡秋原主持，工作同仁有史靜波（政大政治研究所碩士）、吳章銓（台大歷史所碩士）、魏廷朝（台大法律系）。
3. 中日關係史料編纂計畫──工作同仁有高準（台大政治系）、許大川（政大外交系）。

加上先前已在所的尚有張存武（台大歷史所碩士）、李念萱（台大歷史系）、賈廷詩（東吳法律系）等。從這份名單看，可見郭所長十分愛才，用人並無門戶之見。這批朝氣蓬勃的年輕同事，當年均係單身未婚，精力充沛，又喜歡抬槓，台北沒有家的，往往以研究室為家，早到

晚歸，在一起高談闊論，月旦人物，樂在其中。根據個人印象，魏廷朝體型壯碩，皮膚黝黑，乒乓球打得相當好。平日沉默寡言，但與同事相處甚得，也頗能融入「南港少林寺」的清修生活。

五、疏忽、錯誤與補充

本書因不是魏廷朝本人親自撰寫（可能取自其片斷遺墨），故疏忽與錯誤之處在所難免。又該書引用過多彭明敏的《自由的滋味》、謝聰敏的《談景美看守所》和李敖等人的書或文章，有時甚至一再重複，反於魏廷朝個人本身的描繪稍嫌不夠深入，這無疑是本書最大的敗筆。尤其遺憾的是，竟不知參考中研院近史所出版的《郭廷以先生門生故舊憶往錄》（以下簡稱《憶往錄》，近史所，2004年出版）與《郭量宇先生日記殘稿》（以下簡稱《殘稿》，近史所，2012年出版），以及《近史所一甲子：同仁回憶錄》（上下兩冊，近史所，2014年，以下簡稱《一甲子》）三書，幾位早期共過事的同仁，如張朋園、張存武、賈廷詩、陳三井、黃福慶、林明德等，都在回憶中提到魏廷朝。這種遺漏毋寧是一項美麗的疏忽。若不然，一些細微的錯誤當可避免。

首先，談魏廷朝何時進近史所？是誰介紹的？

對於前一個問題，本書頁87與年表（頁323）均載明係1963年，這顯然不正確。因為筆者於1962年10月18日到所時，魏廷朝已在所，時間相差一年。又《殘稿》頁339，1962年7月21日條，郭廷以先生已對史靜波、魏廷朝說明今後工作重點。可見他們剛進所，進所時間就在7月，稍早於21日。

對於後一個問題，本書頁86提及，是台大心理系助教楊國樞告知他近史所徵才的消息。楊是警總副司令李立柏女婿，郭廷以與李立柏熟，本所也聘用過李子（李本唐），故應屬可信。又《憶往錄》中據賈廷詩自稱，魏廷朝進所是他介紹的（頁344）。雖然賈交遊廣闊，但這只有一半可信，因為郭先生用人一向慎重，他必定多方徵詢，不會光聽一人片面之詞。

其次，再談魏廷朝進所的名義和負責的工作。本書頁87和頁323說，魏廷朝進入近史所擔任助理研究員，這是不正確的。近史所編制內名額有限，他剛進所的名義是約聘助理員（大學畢業，一年一聘的臨時聘僱人員）。在那麼多的新進人員中，只有拿到政大碩士的史靜波，是

以正式員額助理研究員的名義進所的。

又魏廷朝進所，與史靜波、吳章銓（同年10月入所，書中頁98誤為吳彰全）共同負責整理「近代中國對西方及列強認識資料」，分別擔任民主思想、經濟發展、科學知識等資料的整理工作。郭先生愛才，取其懂日文，應與他是客家人，郭先生研究太平天國等事無關。郭先生目光遠大，培植日語人才，整理相關日文材料是他的構想計畫之一。後來較晚進所（當兵退役後）的林明德也是因日語專長，以編制內助理員的名義延攬入所的，負責整理袁世凱在朝鮮的檔案。

郭先生愛才，在學術上並無門戶之見。他用師大自己教過的學生，亦能欣賞親朋好友為之介紹的他校人才。《殘稿》頁355，留下「台大學生吳章銓有意入近史所工作，氣質頗佳，確為一好學之士，允之」，可為證明。

吳章銓這時已研究所畢業，他的碩士論文〈唐代農民問題研究〉甫通過中國青年學術著作獎，正在修改出版中。他把論文送魏過目，請其提供修改意見，不料恰逢魏因「自救宣言」案被捕，吳因此遭連累同時「失蹤」七天，引起郭先生和所內同仁關注，此為後話。

六、尾聲

魏廷朝是個很特別的人，像苦行僧般生活刻苦簡單；又是條硬漢，能忍人所不能忍。據張朋園回憶，魏曾向他提過，在生活觀念上有「三不」，即不看電影，不洗熱水澡，不談戀愛（《一甲子》，上冊，頁148）。魏書讀得不錯，中文、英文和日文都很好。他也是個很念舊的人，出獄後，經常和所中幾位同事有電話聯絡，也偶爾回近史所與故友餐敘。猶憶1968年11月1日（星期五）晚在「雲海餐廳」的一次餐敘，參加同仁有李念萱、王璽、王萍、蘇雲峰、魏仲韓等共十位。魏對被用刑修理經過津津樂道，只是後悔被謝聰敏所利用，為彭明敏所誤。

據《憶往錄》賈廷詩回憶，「魏廷朝父親在日治時期曾任小學校長，因偷偷教小孩子學漢語，被發現後革除校長職務，也不讓他再有教書機會，從此悶悶不樂，每天在家喝酒。他的媽媽含辛茹苦，上山打柴，下礦挖煤，回家做飯，把幾個孩子拉拔長大。魏的日文不錯，閱讀不少日本譯自俄國的東西，因此他對唯物史觀、共產思想頗有一些感情。」賈廷詩又補充說，「他的民族主義色彩很濃，前幾年我聽說他擔

任了民進黨桃園縣黨部的主任委員，這真是歷史的扭曲。他應該是主張統一，而不是搞台獨的人。」（頁345）

做為一篇讀後感，因篇幅有限，就此打住。

（原載《傳記文學》，112卷3期，2018年3月）

台海風雲：憶述毛澤東「武力犯台」政策

一、台海風雲再起

自民進黨政府於2016年5月上台以後，大陸從期待、等待台灣當局接受「九二共識」未果，已失去耐心，對台政策轉向以反獨、遏獨為主軸，兩岸冷對抗結束，進入「文攻武嚇」的熱對抗階段。

最近台灣戰雲再起，中共轟六轟炸機一再分批繞台，而國軍戰機亦升空伴飛監控，同時又發生大陸殲十戰機攔截美偵察機情事，隨時有擦槍走火的可能，兩岸關係暨西太平洋安全頓形緊張，頗有當年「八二三」的態勢。問題在於，時移勢遷，中共海空軍實力已今非昔比，何況兩岸領導人的盤算亦復不同。撫今追昔，令人憂心不已！

回首中共建國以來，對台政策大抵經過三部曲：第一部曲即毛澤東的「武力犯台」政策；第二部曲是周恩來的「和平解放」政策；第三部曲則為鄧小平所提出的「一國兩制」政策。

兩岸關係再度陷入劍拔弩張的局面，絕非人民之福，更非中華民族之福！西哲有云：「歷史使人聰明」，讓我們一起來簡單回眸過往這段歷史，多少有助於「鑑往知來」的功用，幸讀者諒察！

二、毛澤東「武力犯台」的構想

武力解放台灣，完成祖（中）國統一大業，一直是毛澤東的一個夙願！

早在所謂新中國建立之前，中共在解決國軍主要力量之後，便已決定以武力犯台。1949年3月15日，新華社即發表上述意圖：「中國人民包括台灣人民，將絕對不能容忍國民黨反動派把台灣作為最後掙扎的根據地。中國人民解放鬥爭的任務就是解放全中國，直到解放台灣、海南島和屬於中國的最後一寸土地為止。」

這是最早的一篇關於「武力解放台灣」方針的文獻。明白言之，對敵人一向趕盡殺絕的毛澤東絕不允許蔣介石和國軍在復興基地的台灣，有朝一日玩起捲土重來、東山再起的戲碼。不久，《人民日報》也於同年9月4日響應發表了「打到台灣去，解放台灣同胞」的時評。

1949年12月31日，中共中央發表「告前線將士和全國同胞書」，明確指出：「中國人民解放軍和中國人民在1950年的光榮戰鬥任務，就是解放台灣、海南島和西藏，完成統一中國的事業。」

1950年1月1日，《人民日報》發表「完成勝利、鞏固勝利」的元旦社論，提出本年所要完成的四項任務，其中把武力解放台灣例為第一項。

據毛澤東當時的構想，武力解放台灣可以分成三個步驟：

首先，組建海、空軍，掌握制海權、制空權。

其次，解放東南沿海各島，掃清外圍建立起攻台的前進基地。

最後，預定在1950年至1951年，發動解放台灣本島和渡海戰鬥。

按照此一既定構想，共軍先後佔領了海南島、萬山群島。其後，國軍亦從舟山群島撤退到台灣。

同時，中共空軍一面從蘇聯購進作戰飛機，一面訓練飛行員。在六個月內，訓練出兩個殲擊機團隊、一個轟炸機團隊的全部空、地勤人員。

1950年6月，中共中央召開七屆三中全會，毛澤東重申「解放台灣、西藏，跟帝國主義鬥爭到底」、「武裝解放台灣」的既定方針，使軍事鬥爭無論在形式上或內容上，都成為當時中共對台政策和國共關係的主調。

三、兩次金門危機

1950年6月25日韓戰爆發，美國宣布派軍援助南韓，同時下令派第七艦隊協防台灣，阻止共軍攻台。當韓戰於1953年結束後，毛立即再思攻台之策，因為當時美國已經軍事協防台灣，他便以國軍占據的大陸沿海島嶼為首批攻擊對象。因為金門的面積最大，又為國軍主力之所在，毛曾兩次下令砲擊沿海島嶼，通稱為金門危機或金門砲戰。第一次危機從1954年9月3日開始，至1955年5月1日結束；第二次危機起自1958年8月23日，止於10月6日。

　　金門砲戰變成毛蔣的意志決鬥。毛澤東想以這些島嶼為踏腳石攻取台灣；蔣介石想用這些島嶼作為反攻大陸的跳板。金門危機立即將美國和蘇聯捲入其中，美國認為這些島嶼在地理上既然屬於大陸，距離台灣過遠，防守極為困難，一再要求蔣撤回守軍，以便加強台灣本身的防衛力量。蘇聯是中共的盟邦，全力支持毛的砲擊海島之舉。

　　限於篇幅，本文僅略述第二次金門危機中的「八二三砲戰」。1958年台灣海峽形式驟然緊張的一個重要原因是中東危機的發生。中東地區的民族獨立運動及其與美、英、法等國的矛盾，在當時確實是國際鬥爭的頭等熱點之一。在此無法詳述。

　　為了配合當時中東人民的反美侵略鬥爭，共軍迅速做好了砲擊金門的一切行動：既是一項外交行動，又是一項宣傳行動。正因為這是一次極其複雜又特殊的行動，毛澤東自始至終親自籌畫並直接指揮了這次行動。7月18日晚，毛澤東召集中央軍委副主席和空軍、海軍等單位的負責人，其談話要點有三：

1. 美軍在黎巴嫩、英軍在約旦登陸，企圖鎮壓黎、約兩國人民及中東人民的反侵略鬥爭和民族解放運動。支持阿拉伯人民的反侵略鬥爭，不能僅限於道義上的支持，還要有實際行動的支援。

2. 金門、馬祖是中國領土，砲打金門、馬祖，懲罰國民黨軍，是中國的內政，敵人找不到藉口，面對美帝國主義則有牽制作用。

3. 決定以地面砲兵實施主要打擊，第一次發射十八至二十萬發砲彈，以後每天打一千發，準備打兩、三個月；以兩個空軍師分別進駐汕頭、連城。

　　後來據福州軍區政委葉飛在其回憶錄《征戰紀事》一書中披露：「毛主席選擇這個時機砲擊金門，擺出我軍要解放金門以至台灣的姿態，一是要警告蔣介石，二是同美帝國主義較量，把美國的注意力吸到遠東來，以調動當時正在侵略中東的美國第六艦隊，支持中東人民的鬥爭。」

　　同年8月17日至30日，毛澤東在北戴河主持召開中央政治局擴大會議。在這期間，做出砲擊金門的最後決定。

　　對世界情勢充分掌握，研判共軍對金門行動正確的蔣介石，除指示前線加強防務外，並於8月19日巡視金馬，勉官兵「要與陣地共存亡」。

　　聞名世界的「八二三」砲戰，終於在8月23日17時30分爆發，據《毛澤東傳》之記載，大規模的砲擊持續了兩個多小時，發射砲彈近三萬發（其中海岸砲兵發射二千六百發），擊斃、擊傷國民黨軍中將以下

官兵六百餘人，兩名美軍顧問也在砲擊中喪生。島上的大批軍用設施被摧毀，通信系統被嚴重破壞。

蔣介石於當日下午至角板山，至八時，獲共軍砲擊金門五萬餘發之報告，並於日記上記曰：「金門對岸共匪東自圍頭，西至南太武山匪砲五百餘門，環攻金門各島，全面砲擊，在八十分時間內發砲彈五萬餘發，我軍傷亡五百餘名，其中趙家驤、吉星文、章傑各副司令皆陣亡，其參謀長劉明夏亦重傷，可謂悲慘極矣，哀痛無已。幸俞（大維）部長與胡（璉）司令，皆平安無恙也。」

四、小結

讀史的功用，尤其對政治人物而言，除了長知識和見識外，主要是鑑往知來，可以避免重蹈覆轍。毛澤東引以為傲的是大量閱讀傳統小說，吸取其中謀略，以致用兵政爭，常見《水滸》、《三國》的痕跡，但他對世界的歷史並不深究，故於外交的肆應並非其所長。

戴鴻超論《蔣介石與毛澤東治國之道》一書，指出毛在建國之初，有兩大外交上的失誤，其一是為抗美援朝付出了慘痛的代價，不但推遲了急待重建的中國經濟，而且在傷亡軍隊五十三萬之後，非但沒有贏得戰爭，反而失去在1950年代征服風雨飄搖中的台灣，完成中國統一的機會。這樣的失誤，完全是他遵循「一邊倒」政策，積極向史達林輸誠，以及想要稱霸遠東共產國際陣營這些因素所造成的後果。

毛澤東所發動的金門危機，是另一項外交失誤。他大規模的砲擊金馬，並沒有實現他阻止美國與台灣軍事結盟的目的，卻促使美國與中華民國政府簽訂《中美共同防禦條約》，進而通過台灣決議案，保護金馬。直到今日，中共仍無法取得該兩島。而且，金門危機促使蘇聯停止援助中共發展核武，也是導致中蘇關係破裂的一項因素。

（原載《僑協雜誌》，165期，2017年9月，頁44-47）

周恩來的「和平解放」台灣政策

一、前言

筆者在上期所刊載的〈憶述毛澤東「武力犯台」政策〉一文中，曾說：「回首中共建國以來，對台政策大抵經過三部曲：第一部曲即毛澤東的『武力犯台』政策；第二部曲是周恩來的『和平解放』政策；第三部曲則為鄧小平所提出的『一國兩制』政策」。本文續述周恩來的「和平解放」政策。

周恩來（1898-1976），江蘇淮安人，15歲時到天津考入南開中學，較吳國楨、胡光麃、梅貽寶等人高一班，功課出色，曾獲全校作文會考第一名。後留學日本，五四運動發生乃回國全力投入學生運動。民國9年，與覺悟社若干社員至法國參加勤工儉學，並組織旅歐中國少年共產黨、中國共產黨旅歐支部。回國後，長期投入共產革命工作。中共建國後，曾任國務院總理等重要職位，通外語，富交際長才，在外交上折衝樽俎，有出色表現。

與毛澤東相較，周恩來或可稱之為外交上的鴿派，抑或與毛兩人合唱雙簧，相互配合，主導中共建國初期的外交或對台政策。

二、周恩來提出對台五項原則

從1955年春開始，中共中央有鑑於黨的社會主義建設，國內需要一個和平環境，加上國際形勢的新變化，於是提出了一系列關於緩和海峽兩岸緊張局勢，和平解決台灣問題的建議和主張。

1955年4月18日至24日，由亞洲和非洲的20多個國家在印尼的萬隆舉行會議，周恩來總理在會上強調了互相尊重領土主權、互不侵犯、互不干涉內政、平等互利、和平共處五項原則，闡明了中共對台灣的立場：台灣是中國的領土，中國人民解放台灣是中國的內政；美國造成台

灣地位的緊張局勢，這是中美之間的問題，為了緩和台灣地區的緊張局勢，中國政府願意同美國政府坐下來談判；中國政府願在可能的條件下，爭取用和平方式解放台灣。這是周恩來在國際會議上，首次提出通過和平談判緩和台灣地區緊張局勢和解決台灣問題的主張。

同年5月13日，周恩來在全國人大常委會上作關於亞非會議的報告時進一步提出：解放台灣有兩種可能的方式，即戰爭的方式與和平的方式（即今日所稱的武統和文統）。中國人民願意在可能的條件下，爭取用和平的方式解放台灣。

三、周恩來解決台灣問題的三個基點

1956年1月30日，周恩來在「中國人民政治協商會議第二屆全國委員會常務委員會工作報告」中，提出了「為爭取和平解放台灣、實現祖國完全統一而奮鬥」的號召，其具體基點有三：

1. 「愛國一家，愛國不分先後」——凡是願意走和平道路的，不管任何人，也不管他們過去犯過多大罪過，中國人民都將寬大對待，不咎既往。
2. 對於國民黨的台灣軍政人員，凡願意到大陸探親、會友、參觀、考察的，「我們都準備給予各種方便和協助，並保證他們來去自由」。
3. 我們願意同國民黨當局「在適當的時機」和「適當的地點」進行談判，商討和平解放台灣的重大原則問題。

同年2月4日，《人民日報》發表題為〈為和平解放台灣而奮鬥〉的社論，指出中國人民一定要解放台灣，台灣必須回歸祖國。其基本論述有三點：

1. 台灣是中國領土不可分割的一部分，台灣人民是中國人民不可分割的一部分，中國人民有決心把解放台灣的鬥爭進行到底。
2. 中國人民對自己的力量有充分的信心。
3. 台灣至今未能解放的主要原因，是美國霸佔了這塊地方，美國這種政策註定要失敗。

6月28日，周恩來在第一屆全國人民代表大會第三次會議的報告中，進一步提出解放台灣的方式和具體步驟。特別強調，「如果台灣能夠和平解放，對於全體中國人民，對於亞洲和世界的和平，都將是最為

有利的」。他希望，「台灣當局在他們認為適當的時機，派遣代表到北京或者其他適當的地點，同我們開始這種商談」。

7月29日，中共中央發出「關於加強和平解放台灣工作的指示」，爭取以蔣氏父子、陳誠為首的台灣高級軍政官員到大陸，或見面接觸或互通書信，多敘家常，由淺入深，逐漸影響，增進瞭解。

在此期間，中共中央特設立對台工作辦公室，由周恩來直接領導對台工作。他和毛澤東經常利用會見外賓的場合，提出對國共和談的一些具體設想和辦法。在此期間，為中共傳話、送信者，有前中央社記者曹聚仁（1901-1972）和交遊廣闊、一生經歷清末、中華民國、中華人民共和國三個時期的政治聞人章士釗（1881-1973）。在此不贅。

四、解決台灣問題的「一綱四目」

1957年下半年之後，中共關於和平解放台灣問題的政策雖然受到「左」的思想影響，但仍有所發展。1960年以後，毛澤東、周恩來又進一步制定了關於和平解放台灣問題的具體方針，其基本內容是：在台灣與大陸實現統一後，除外交必須統一於中央人民政府外，當地軍政大權、人事安排都由台灣當局自理；台灣所有軍政及經濟建設一切費用不足之數，由中央政府發給；台灣的社會改革可以從緩，待條件成熟並尊重台灣當局的意見，協商解決；雙方加強團結，不做破壞對方之舉。

於是，中共中央不久又形成了解決台灣問題的「一綱四目」方針。「一綱」是台灣必須回歸祖國，「四目」包括：

1. 台灣回歸祖國後，除外交必須統一於中央外，所有軍政大權、人事安排由蔣介石決定。
2. 台灣所有軍政及經濟建設經費不足之數，由中央撥付。
3. 台灣的社會改革可以從緩，協商解決。
4. 雙方互約不派人員破壞對方團結之事。

1966年，中國大陸發生了「文化大革命」。「文革」期間中共對台工作出現了變化。

這年6月27日，《人民日報》發表題為〈一定要把五星紅旗插到台灣省〉的社論。重新提出「一定要解放台灣」的口號。於是，「解放台灣」的口號取代了「國共和談」、「和平統一」的呼聲。

至1971年9月13日，在「林彪事件」發生後，根據毛澤東的提議，

周恩來又開始主持中央日常工作。周恩來抓住此一有利時機，對「文革」給黨的對台工作所造成的損害做了大量的修補工作。此前，周恩來在會見美國新聞界人士時，用了「台灣回歸祖國」的提法，而沒有使用「我們一定要解放台灣」的口號。這在「文革」期間尚屬首次。周恩來當時還提出了保持和提高台灣同胞生活水準的五個具體設想：

1. 不僅不增加稅收，還減少稅收。
2. 不需要付債，祖國可以幫助他們建設。
3. 在台灣的人，他們原來有多少收入，還可以保持多少收入。
4. 有些失業的人，若生活困難，可以回大陸，回到他們的家鄉，我們不會歧視他們。
5. 在台灣的人對祖國做出了貢獻，祖國就應該給他們報酬，所以，我們不僅不會報復，而且還會給他們獎勵。

1972年2月28日，周恩來和美國尼可森總統的代表在上海錦江飯店簽署了中美《聯合公報》，美國承認「只有一個中國」，對台灣是中國的一部分這一立場「不持異議」。其後，隨著中美、中日關係的正常化，由海外回到大陸的台灣同胞日益增多，周恩來並且指示，將人民大會堂一個較大的廳改為台灣廳，同時指示要邀請台灣同胞參加台灣廳的籌建工作。

至1975年，司法機關繼釋放全部在押戰犯之外，並寬大釋放了全部在押的95名台灣武裝特務和49名武裝特務船員，同時並對在押的原國民黨縣團以上的黨政軍特人員全部釋放。中共中央此一寬大政策的實行，主要在向台灣當局表示「和平解放台灣」的善意。

五、結語

1976年1月8日，周恩來病逝，享年78歲。綜周恩來一生，他最重要的貢獻是在打開外交新局中，推動了中（國）美關係走上正常化的道路。而最為人津津樂道的是，1971年7月9日，美國總統尼克森的國家安全事務助理國務卿季辛吉（Henry Kissinger）祕密到了北京，在北京逗留了48小時。在這期間，他與73歲的周恩來舉行了6次總計17小時的會談，雙方就台灣問題以及尼克森訪華時間等進行磋商。雙方商定尼克森總統於1972年5月前訪華，並確定中美之間今後用巴黎的祕密聯絡渠道。

季辛吉後來在他的回憶錄《白宮歲月》中，對周恩來有這樣的描

述，可謂備極推崇。茲引述兩段如下：

> 「他是一位傑出的歷史人物。……他長於歷史分析，足智多謀，談吐機智而風趣。……他對於情況的了解，特別是美國的情況（也包括我個人的背景），瞭如指掌，簡直令人吃驚」。
>
> 「他溫文儒雅，耐心無窮，聰慧過人，機巧敏捷。他在我們討論之際，輕而易舉地就點破了我們新關係的實質，似乎除此之外別無明智的選擇」。

季辛吉最後不得不承認，美國和中國在70年代初謀求和解，這是世界環境所決定的。但事情來得這樣快，發展又如此順利，這與周恩來總理的人格特質和遠見卓識，不無重大關係。

2017年10月 撰

鄧小平提出「一國兩制」的基調與變曲

一、中共「一國兩制」構想的形成

　　自中共政權成立後，即開始制定「祖國統一」的方針。大體而言，從1950年至1978年上半年，對台灣的方針是以武力解放為主，但並不排除和平解決。例如，1956年1月，周恩來在全國政協會議上說：「除了積極準備在必要的時候用戰爭的方式解放台灣外，也要努力爭取用和平方式解放台灣。」同年4月，毛澤東提出「和為貴」、「愛國一家」、「愛國不分先後」、「以誠相見」和「來去自由」的口號。

　　至1958年，以國防部長彭德懷名義（實際上是毛澤東起草）發表的《告台灣同胞書》有云：「我們都是中國人，三十六計，和為上計。」此後，毛澤東、周恩來還在各種場合表示，希望實現第三次國共合作。

　　在1978年下半年中美建交的談判過程中，鄧小平在一系列談話中，如10月8日會見日本著名文藝評論家江藤淳的談話，11月14日會見緬甸總統吳奈溫的談話，11月27日會見美國專欄作家羅伯特・諾瓦克（Robert Novak）的談話等，才把「一國兩制」構想的主要思想表述出來了。那就是「在解決台灣問題時，我們會尊重台灣的現實，可以保留原來的社會制度、經濟制度，生活方式可以不動。」這些話雖然沒有挑明「一國兩制」的提法，但已經把「一國兩制」的意思表示出來了。

　　1979年1月1日，中美建立了外交關係，緊接著全國人大常務委員會於同日發表「告台灣同胞書」，指出在解決統一問題時，除「尊重台灣現狀和台灣各界人士意見……不使台灣人民蒙受損失」外，並提出海峽兩岸儘快實現「三通」（即通商、通郵、通航）、「四流」（即進行經濟、文化、科技、體育交流）的建議。

　　1981年9月30日，全國人大常務委員會委員長葉劍英提出實現和平統一的方針政策（即俗稱的「葉九條」），茲摘其主要內容如下：

　　1.建議國共兩黨舉行對等談判，實行第三次合作，雙方可先派人接

觸，充分交換意見。
2. 建議兩岸人民共同為通郵、通商、通航、探親、旅遊以及開展學術、文化、體育交流等提供方便，達成協議。
3. 統一後台灣可作為特別行政區，享有高度自治權，並保留軍隊，中央政府不干預台灣地方事務。
4. 台灣現行社會、經濟制度、生活方式不變，同外國經濟文化關係不變，私人財產不受侵犯。
5. 台灣當局和各界代表人士，可擔任全國性政治機構的領導職務，參與國家管理。
6. 台灣地方財政遇到困難時，可由中央政府酌情補助。
7. 台灣人民願回祖國定居者，保證妥善安排，不受歧視，來去自由。
8. 歡迎台灣工商界人士回大陸投資，興辦各種經濟事業，保證其合法權益和利潤。
9. 歡迎台灣人民、各界人士、民眾團體通過各種渠道，採取各種方式提供建議，共商國是。

根據以上內容，對「一國兩制」有較明確的含義。

至1983年6月26日，鄧小平在與旅美學人楊力宇的談話中，又從「葉九條」的基礎上，進一步提出「六點辦法」，其主要思想歸納如下：
1. 問題的核心是祖國統一，和平統一已成為國共兩黨的共同語言。
2. 不贊成台灣「完全自治」的提法，「完全自治」就是「兩個中國」，而不是一個中國。
3. 統一後，台灣可以實行跟大陸不同的制度，台灣的黨、政、軍等系統，都由台灣自己來管。
4. 和平統一並不是互相把對方吃掉，但所謂「三民主義統一中國」並不現實。
5. 要實現統一，兩黨就得舉行會談，實行第三次合作。
6. 實現和平統一需要一定時間，希望早日實現。如果說不急，那是假話。

1984年2月22日，鄧小平在會見美國喬治城大學戰略與國際問題研究中心代表團時又做了以下補充：

「大陸與台灣統一後，台灣仍搞它的資本主義，大陸搞社會主義，但這是一個統一的中國，一個中國，兩種制度。香港問題也是這樣，一個中國，兩種制度。」

　　這是鄧小平第一次公開使用「一個中國，兩種制度」的提法。至此，中共「一國兩制」的構想終於形成。

二、中共「一國兩制」政策的演變

　　1978年12月，中共十一屆三中全會是中共歷史上一次重要的會議。為改善國共關係，爭取國共第三次合作早日實現，中共採取了一些因應措施：

1. 停止砲轟金門，逐漸減弱軍事對峙。
2. 落實居住在大陸的台胞台屬政策。
3. 落實原國民黨起義、投誠人員的政策。
4. 加強對台工作的法制建設。
5. 推動兩岸「三通」、「四流」的開展。
6. 對歷史上有罪行的去台人員不再追訴。
7. 以實事求是的態度對待因歷史原因造成的重婚和民事法律問題。

　　與此同時，中共和政府的主要領導人物江澤民、楊尚昆、李鵬等，也在各種不同場合、會議上發表談話，重申對台方針不變。綜合他們的發言，可歸納幾個要點：

1. 關於海峽兩岸的統一，沒有一定的時間表。
2. 堅決反對任何可能導致台灣獨立和分離的言論和行動。
3. 台灣應正視國際法和實際情況。「一國兩府」實質是「兩個中國」、「一中一台」，是走向分裂而不是邁向統一。
4. 實行國家統一，寄希望於台灣當局，更寄希望於台灣人民，國共兩黨應盡早接觸談判。談判可以在高層進行，也可以從較低的層次開始，可先談統一問題，也可以先談如何促進海峽兩岸雙向交流，實現直接「三通。」

　　在此一思維的基礎上，1991年12月16日，以促進海峽兩岸交往，發展兩岸關係，實現和平統一為宗旨的民間團體——海峽兩岸關係協會（簡稱海協會）在北京成立，並以汪道涵為會長，唐樹備為常務副會長。另一方面，國務院台辦將根據兩岸關係發展的實際需要，委請海協會與台灣的海基會，簽署協議性文件。

三、台灣對「一國兩制」政策的因應

誠如〈廖承志致蔣經國公開信〉中所強調，「祖國和平統一，乃千秋功業。台灣必回歸祖國，早日解決，對各方有利。」惟在對方一再倡議國共兩黨舉行談判，同捐前嫌的召喚下，於兩蔣時代則以「不接觸、不談判、不妥協」的所謂「三不」政策被動應付，僅有兩岸密使的穿梭往來，為兩岸領導人帶信、傳話。

面對中共的「一國兩制」和平統一政策，蔣經國所帶領的中國國民黨，除推行「革新保台」的方針，繼續堅持「反共拒和」的立場，決不與大陸協商、通郵、通航外，並在第十一屆四中全會上推出「三民主義統一中國」口號，以抵制中共和平統一的主張。1982年10月，台灣成立「三民主義統一中國大同盟」，何應欽出任「大同盟」主席，通過三大原則，要求中共：

1. 放棄共產主義，實行三民主義；
2. 放棄無產階級專政，實行民有、民治、民享；
3. 放棄馬列主義，統一在中華文化精神之下。

1986年3月，蔣經國推行「政治革新」，分別解除戒嚴，開放黨禁等措施，並於翌年9月，取消了實行38年的台灣人民到大陸探親的禁令。

1988年1月23日，蔣經國病逝，李登輝繼任了總統，並代理中國國民黨主席，除擴大探親、放寬兩岸貿易、開放雙向文化、學術和體育交流暨放鬆對「三通」的限制外，並於1990年10月成立國家統一委員會（簡稱國統會），作為處理國家統一問題的最高諮詢決策機構，並制定《國家統一綱領》。

《綱領》內容除強調統一分為近程、中程、遠程三個階段外，主調有四：

1. 大陸與台灣均是中國的領土，促成國家的統一，乃是中國人民共同的責任。
2. 中國的統一，不是黨派之爭，而應以全民的福祉為依歸。
3. 中國的統一，應以宣揚中華文化，維持人性尊嚴，保障基本人權，實踐民主法治為宗旨。
4. 中國的統一，其時機與方式，首應顧及台灣地區人民的權益、安全與福祉，在理性、和平、對等、互惠的原則下，分階段逐步達成。

　　據大陸的認知，這個《綱領》比以前「不接觸、不談判、不妥協」的主張已有了明顯的變化，它儘管包含了有利於祖國統一的內容，但也存在不利於祖國統一的成分。

　　在李登輝就任總統初期，隨著兩岸海協會、海基會兩會機構的先後成立，兩岸事務性的商談，更有突破性的進展，最後完成了歷史性的辜汪會談。會談的過程雖有波折，但會議的成就獲得雙方政府與領導人的高度肯定和國際媒體的一致好評。

　　曾任扁政府陸委會主委的陳明通教授，據吳玉山院士的理論指出：存在著主權相互衝突的大小兩政治實體之間，小國對大國只可能在「抗衡」（balancing）和「扈從」（bandwagoning）之間做選擇，因為平等對待的選項已被大國所排除。據此陳文評論台灣卅年來的兩岸政策，得到的結論是：

　　李登輝政府：先期採「扈從」，後來逐漸走向「抗衡」（如《國統綱領》），最後變成「對抗」（confrontation）。

　　陳水扁政府：先期採「抗衡」，最後變成「對抗」。

　　馬英九政府：始終採「扈從」策略。

　　蔡英文政府：試圖擺脫在「抗衡」與「扈從」之間做選擇，而改以維持兩岸間的「納許動態均衡」（Nash equilibrium）作為大陸政策的戰略目標。

　　新聞評論者黃年在〈納許均衡：不統、不獨、不武〉一文中，糾正陳文把「抗衡／扈從」二分法，變成了「扈從／抗衡／對抗」三分法，而且該文也認為，蔡英文的「善意不變，承諾不變，不會走回對抗的老路，但也不會在壓力下屈服」，即是「擺脫在對抗與扈從間做一選擇」的戰略。黃年進一步指出，馬英九的「一中各表」，其實就是：既不對抗，也不扈從。「一中」，不對抗；「各表」，不扈從，不屈服。這可說是「九二共識均衡」。馬英九不是「不抗衡」，他是用中華民國來抗衡，不像李、扁用台獨來抗衡或對抗。從這裡看出，馬在「中華民國抗衡」的操作，顯然優於李、扁。因為，馬英九執政八年，他在「九二共識／一中各表」下，維持了兩岸「不統、不獨、不武」的均衡，並發展出兩岸空前的和平交流成績，這正是「九二共識均衡」。

四、兩岸形勢的新發展

　　2016年5月20日，蔡英文宣誓就職，成為台灣第一位女性總統。北京政府透過各種文攻武嚇的手段，試圖對蔡政府施壓，希望她接受「一個中國」的觀念，但蔡英文貫徹台灣人民意志的決心絲毫沒有動搖，難怪國台辦主任張志軍直言「台獨之路走到盡頭就是統一」，但那樣的統一方式，一定會對台灣社會和民眾帶來傷害，「他們會付出巨大的代價」。

　　長久以來，北京政府一直把台灣當成「叛逆的一省」，喊出兩岸在「一國兩制」的模式下統一，意味者台灣的中華民國政府將主權交出給中華人民共和國政府，後者就可以將這個島國變成一個由專制政府管理的一塊領土，就像香港一樣。

　　自中共十九大以後，在集權強人習近平的領導下，隨著中國經濟和軍事力量的快速增長，邁向21世紀超級強權之路，據台灣國防部早已指出，中國已做出規劃，可在2020年之前進攻台灣。最近，美國學者易思安（Ian Eastman）更發表新書《中共攻台大解密》（*The Chinese Invasion Threat*）。台灣所受到的威脅，不僅只是主權和利益，而且是生死存亡的問題。台灣會面臨什麼樣的中共入侵威脅？易思安指出，其中牽涉太多變數，令人難以準確預測，儘管他強調：中國並無正當名義統治台灣，中國並無正當名義發動對台攻擊，中國無權攻擊美國及其他馳援台灣的部隊，而且中國的侵略行動難以成功。但易思安也建議，應從解放軍內部文件或其他紀錄去做判讀，比較能掌握真實的狀況，且應好好思考，研擬因應的對策。

　　時下台海風雲再起，例如共軍機艦在台灣周邊巡演，啟用M503航線，習近平首次舉行共軍全軍動員會議，並下令全軍做好打仗的準備。大陸官員暨學者也不斷的發出警告，除非台灣承認兩岸同屬一中的「九二共識」，否則前景將更加黯淡，具有影響力的中國議題專家更紛紛預估，北京當局會否在2020年以武力攻取台灣。陸委會除要求對岸必須立即停止相關的飛航行動外，蔡英文總統也為此召開國安會議，並做出五項裁示，包括呼籲北京應善盡區域責任，儘速與我恢復協商。在沒有協商之前，我陸委會暨民航局已祭出對岸春節加班飛機臨時喊卡作為反制，等於對返台過年的台商、台胞遭受池魚之殃，情何以堪。

　　從早年鄧小平所倡議的「一國兩制」到今日兩岸又恢復到「武力犯

台」的緊張形勢，轉瞬又經歷了三、四十年的光陰。兩岸問題未來究竟如何解決？那一年會有答案？是2021年（中共建黨一百周年）還是2049年（中國建政一百周年），如何撥雲見日？怎樣破解兩岸困局？看來只有留待時間提供答案了。

2017年12月撰

作者著作目錄

一、專著

1. 《近代外交史論集》，台北：學海出版社，1977年7月，246頁。
2. 《現代法國問題論集》，台北：學海出版社，1977年10月，236頁。
3. 《國民革命與臺灣》，台北：近代中國出版社，1980年10月，253頁。
4. 《中國國民黨與臺灣》，台北：中央文物供應社，1985年2月，202頁。
5. 《華工與歐戰》，台北：中央研究院近代史研究所，專刊（52），1986年6月，257頁。2005年8月再版，257頁。
6. 《勤工儉學的發展》，台北：東大圖書公司，滄海叢刊，1988年4月，228頁。
7. 《臺灣近代史事與人物》，台北：商務印書館，岫廬文庫（104），1988年7月，280頁。2008年再版。
8. 《近代中法關係史論》，台北：三民書局，大雅叢刊，1994年1月，306頁。
9. 《近代中國變局下的上海》，台北：東大圖書公司，滄海叢刊，1996年8月，280頁。
10. 《中山先生與法國》，台北：台灣書店，2002年12月，中山學術文化基金會叢書，217頁。
11. 《中山先生與美國》，台北：學生書局，2005年1月，中山學術文化基金會叢書，215頁。
12. 《舵手與菁英—近現代中國史研究論叢》，台北：秀威資訊，2008年7月，448頁。
13. 《中國躍向世界舞台——從參加歐戰到出席巴黎和會》，台北：秀威資訊，2009年7月，224頁。
14. 《四分溪畔讀史》，台北：秀威資訊，2011年3月，250頁。
15. 《輕舟已過萬重山——書寫兩岸史學交流》，北京：社會科學文獻出版社，2011年8月，220頁。
16. 《華工與歐戰》，長沙：岳麓書社，2013年1月，235頁。
17. 《旅歐教育運動：民初融合世界學術的理想》，台北：秀威資訊，2013年4月，274頁。
18. 《四分溪畔論史》，北京：九州出版社，2013年4月，393頁。
19. 《迢迢密使路——穿梭兩岸密使群像》，台北：秀威資訊，2016年10月，170頁。
20. 《八十文存：大時代中的史家與史學》，台北：秀威資訊，2017年6月，405頁。

二、合著

1. 《鄭成功全傳》（與王曾才等合著），台北：台灣史蹟研究中心，1979年6月，495頁。
2. 《中國的臺灣》（與陳奇祿等合著），台北：中央文物供應社，1980年11月，386頁。
3. 《人類的歷史》（與吳圳義、莊尚武合著），台北：國立空中大學，1987年3-5月，上冊，386頁；下冊，372頁。
4. 《近代中國青年運動史》（與李國祁等合著），台北：嵩山出版社，民國1990年7月，389頁。
5. *The Guomindang in Europe: A Sourcebook of Documents,* co-author with Marilyn A. Levine, Institute of East Asian Studies, University of Berkeley, CRM52, 2000, 303p.

三、編著

1. 《勤工儉學運動》，台北：正中書局，1981年11月，706頁。
2. 《台北市發展史》，台北：台北市文獻委員會，1981-1983年，第一冊，947頁；第二冊，1052頁；第三冊，1214頁；第四冊，1252頁。
3. 《羅浮博物館──世界博物館之十》，台北：出版家文化公司，1982年11月，190頁。
4. 《六十年來的中國近代史研究》（與朱浤源、呂芳上合編），台北：中央研究院近代史研究所，特刊（1），上冊，1988年6月，438頁；下冊，1989年6月，453頁。
5. 《中國文明的精神》（三冊）（與王壽南等合編），台北：廣播電視事業發展基金會，1990年7月，1050頁。
6. 《廿世紀中國全記錄》（與王爾敏等共同審定），台北：錦繡出版，1990年9月，1304頁。
7. 《先民的足跡──古地圖話臺灣滄桑史》（中文校訂），比利時Mappamundi、台北南天出版社，160頁。
8. 《郭廷以先生九秩誕辰紀念論文集》（二冊），台北：中央研究院近代史研究所，特刊（2），1995年2月，上冊，398頁；下冊，410頁。
9. 《走過憂患的歲月──近史所的故事》，台北：中央研究院近代史研究所，特刊（4），1995年2月，247頁。
10. 《旅歐教育運動》，台北：中央研究院近代史研究所，1996年5月，123頁
11. 《歐戰華工史料》（與呂芳上、楊翠華合編），台北：中央研究院近代史研究所，中國近代史資料彙編，1997年6月，868頁。
12. 《華僑與孫中山領導的國民革命學術研討會論文集》（與張希哲合編），台北：國史館，1997年8月，646頁。
13. 《居正先生全集》上、中、下三冊（與居蜜合編），台北：中央研究院近

代史研究所，史料叢刊（40），1998年6月－2000年10月，上冊421頁、中冊1104頁、下冊876頁。

14. 《加拿大華工訂約史料（1906-1928）》，台北：中央研究院近代史研究所，中國近代史資料彙編，1998年6月，722頁。
15. 《近代中國婦女運動史》，台北：近代中國出版社，2000年12月，664頁。
16. 《中華民國外交志》（與劉達人、周煦聯合主編），台北：國史館，2002年12月，全一冊，1115頁。
17. 《民初旅歐教育運動史料選編》，台北：秀威資訊，2014年6月，504頁。
18. 《吳鐵城重要史料選編》，華僑協會華僑華人叢書之七，華僑協會總會、中國國民黨文化傳播委員會黨史館編，2015年10月，上下二冊，792頁。
19. 《串起五大洲的彩鑽：僑協成立分會實錄》，華僑協會總會「再造會史‧鮮活記憶」叢書之一，2016年2月，上下二冊，728頁。
20. 《揮舞團結的大旗：僑協全球聯誼大會實錄》，華僑協會總會「再造會史‧鮮活記憶」叢書之二，2016年2月，200頁。
21. 《春江水暖我先知：僑協兩岸交流實錄》，華僑協會總會「再造會史‧鮮活記憶」叢書之三，2016年3月，360頁。
22. 《人間有情多歡樂：會員聯誼活動剪影》，華僑協會總會「再造會史‧鮮活記憶」叢書之四，2016年4月。
23. 《學海無涯：我們的研究活動》，華僑協會總會「再造會史‧鮮活記憶」叢書之五，2016年4月。

四、雜著

1. 《法國漫談》，台中藍燈公司，1976年12月，237頁。
2. 《學術的變形》，台中藍燈公司，1979年1月，194頁。
3. 《走過的歲月——一個治史者的心路歷程》，秀威世紀映像叢書13，2007年5月，195頁。
4. 《青史留痕——一個台灣學者的大陸之旅》，秀威世紀映像叢書18，2007年7月，226頁。
5. 《法蘭西驚艷》，秀威世紀映像叢書33，2008年1月，186頁。

五、論文

逾百篇，因篇幅所限，此處不及備載。

史地傳記類　PC0754　讀歷史77

結網集
——一位近代史學者的治史歷程

作　　者 / 陳三井
責任編輯 / 杜國維
圖文排版 / 莊皓云
封面設計 / 楊廣榕

發 行 人 / 宋政坤
法律顧問 / 毛國樑　律師
出版發行 / 秀威資訊科技股份有限公司
　　　　　114台北市內湖區瑞光路76巷65號1樓
　　　　　電話：+886-2-2796-3638　傳真：+886-2-2796-1377
　　　　　http://www.showwe.com.tw
劃撥帳號 / 19563868　戶名：秀威資訊科技股份有限公司
　　　　　讀者服務信箱：service@showwe.com.tw
展售門市 / 國家書店（松江門市）
　　　　　104台北市中山區松江路209號1樓
　　　　　電話：+886-2-2518-0207　傳真：+886-2-2518-0778
網路訂購 / 秀威網路書店：https://store.showwe.tw
　　　　　國家網路書店：https://www.govbooks.com.tw

2018年7月　BOD一版
定價：490元
版權所有　翻印必究
本書如有缺頁、破損或裝訂錯誤，請寄回更換

國家圖書館出版品預行編目

結網集：一位近代史學者的治史歷程 / 陳三井
　著. -- 一版. -- 臺北市：秀威資訊科技，
　2018.07
　　　面；　公分. -- (史地傳記類；PC0754)(讀
歷史；77)
　BOD版
　ISBN 978-986-326-568-9(平裝)

　1. 言論集

078　　　　　　　　　　　　　　　107009004

讀 者 回 函 卡

感謝您購買本書，為提升服務品質，請填妥以下資料，將讀者回函卡直接寄回或傳真本公司，收到您的寶貴意見後，我們會收藏記錄及檢討，謝謝！
如您需要了解本公司最新出版書目、購書優惠或企劃活動，歡迎您上網查詢或下載相關資料：http:// www.showwe.com.tw

您購買的書名：_____

出生日期：_____年_____月_____日

學歷：□高中 (含) 以下　　□大專　　□研究所 (含) 以上

職業：□製造業　□金融業　□資訊業　□軍警　□傳播業　□自由業
　　　□服務業　□公務員　□教職　　□學生　□家管　　□其它_____

購書地點：□網路書店　□實體書店　□書展　□郵購　□贈閱　□其他

您從何得知本書的消息？

　□網路書店　□實體書店　□網路搜尋　□電子報　□書訊　□雜誌
　□傳播媒體　□親友推薦　□網站推薦　□部落格　□其他_____

您對本書的評價：（請填代號　1.非常滿意　2.滿意　3.尚可　4.再改進）

　封面設計____　版面編排____　內容____　文／譯筆____　價格____

讀完書後您覺得：

　□很有收穫　□有收穫　□收穫不多　□沒收穫

對我們的建議：_____

_____

_____

_____

11466
台北市內湖區瑞光路 76 巷 65 號 1 樓
秀威資訊科技股份有限公司 收
BOD 數位出版事業部

....

（請沿線對折寄回，謝謝！）

姓　　名：＿＿＿＿＿＿＿＿　年齡：＿＿＿＿　性別：□女　□男

郵遞區號：□□□□□

地　　址：＿＿＿＿＿＿＿＿＿＿＿＿＿＿＿＿＿＿＿＿＿

聯絡電話：(日) ＿＿＿＿＿＿＿＿＿　(夜) ＿＿＿＿＿＿＿＿＿

E-mail：＿＿＿＿＿＿＿＿＿＿＿＿＿＿＿＿＿＿＿＿＿